Making Democracy Work:
Civic Traditions in Modern Italy

使民主运转起来

现代意大利的公民传统

[美] 罗伯特·D. 帕特南 (Robert D. Putnam) 著
王列 赖海榕 译

中国人民大学出版社
·北京·

中译本序

在 21 世纪，中华人民共和国民主建设的结果将比其他任何发展更加深刻地影响全球的和平与繁荣。毫无疑问，中国的民主进程将取决于许多因素，例如，经济发展的速度和稳定性、国际环境、哲学观、中国领导人的道德素质、技术的变化、政治制度和政府体制的精心设计、富有创造精神的改革者从中国政治传统中汲取支持性力量的能力等。但是，世界各国的经验表明，对于民主制度的绩效来说，至关重要的要素是普通公民在公民社会中充满活力的群众性基层活动。

社会资本指的是普通公民的民间参与网络，以及体现在这种约定中的互惠和信任的规范。许多不同社会背景的研究者——从北欧到拉美，从北美到亚洲——近年来已经发现了大量证据，证明社会资本的数量和质量对社会的健康和公民的福祉关系极大（详见脚注*）。

我自己关于意大利不同地区民主制度绩效的对比研究证明，社会资本是民主进步的一种重要的决定性因素。一些批评者以为我的研究成果是在证明“没有良好的公民传统就不可能有民主”这一“铁律”，我

---

* 例如，见帕特•达斯奎伯特（Partha Dasgupta）和伊斯梅尔•塞拉格尔丁（Isnmail Serageldin）编：《社会资本：多视角的观察》（*Social Capital*：*A Mutafaceted Perspective*，Washington: World Bank，2000）；罗伯特•D. 帕特南：《一人打保龄：美国社群的兴衰》（*Bowling Alone*：*The Collapse and Revival of American Community*，New York：Simonard Schuster，2000）；克里斯琴•格鲁塔特（Christiaan Crootaert）和梯里•冯•巴斯特勒（Thierry van Bastelaer）编：《社会资本在发展中的作用：一个实证的评估》（*The Role of Social Capital in Development: An Empirical Assessment*，New York：Cambridge University Press，2002）和《国家的福祉：人力资本和社会资本的作用》（*The Well-being of Nations: The Role of Human and Social Capital*，OECD Publishing，2001）。

要强调指出，这不是我的观点。相反，我相信，这项研究的主要教训是，民主的改革者必须从基层开始，切实鼓励普通公民之间的公民参与。我热切地希望，这项研究能有助于中国的学者和改革者在关于如何推动中国的民主政治方面做出更加严肃和更富有创造性的探索。

罗伯特·D. 帕特南

2001 年 6 月 11 日

译者的话

制度创新与路径依赖，是近来学界人士频繁使用的两个术语。前者指的是对制度进行革新，以提高其绩效。后者说的是，制度的改变有其既定的轨迹，历史的惯性对制度的变迁有着巨大的影响力。两者之间寻求一种良性的互动和循环，恐怕是每一个改革者所为之殚精竭虑的。他山之石，可以攻玉。摆在我们面前的这本书，就是这方面实证研究的典范之作。

1970 年，意大利进行了一场制度变革实验，打破了统一后形成的长达一个世纪之久的中央集权模式，把权力下放到全国各个地区政府。在 20 世纪西方民族国家中，这种大规模的制度创新，虽然不能说是绝无仅有，却也是非常罕见的。当时身在罗马任职于密歇根大学的罗伯特·D. 帕特南敏锐地抓住了这一研究机遇。他意识到，由于这些制度在意大利各地都是从零开始，研究者可以利用这一机会，进行近距离的系统性追踪，看看制度究竟是怎样发展的，又是怎样适应社会环境的。不过，他没有料到，这项研究竟一做就是 20 多年，覆盖的空间遍及意大利全境 20 个地区，涉及的时间竟追溯至约 1 000 年前的中世纪。

作者在前言中写到，这一研究进程颇像是一部侦探小说，早期的假说往往被后来的证据推翻，一个谜团解决的同时又产生了另一个谜团。全书除了介绍制度研究有关文献的第一章“导论”外，每一章都是以一个问题开始，以另一个问题告终。

第二章开篇即问，正式的制度变革是怎样导致政治行为发生变化的，地区的新制度是如何影响当地的政治实践的？作者考察了新制度的建立，在20年里的演进过程，对意大利政治治理日常实践的影响，对政治权力和资源分配的影响。一句话，从历时性的角度对制度改革进行了纵向的比较。作者发现，经过20年的实验，到20世纪90年代初，地区政府对公共政策的影响力显然已经大大增强了。新制度已经扎下了根，慢慢赢得了选民的支持。这场制度改革已经对意大利的政治和政府运行产生了巨大影响。遗憾的是，改革的绩效不如人们想象的那么高，而且，新制度加剧而非改善了南北方历史上就存在的差异。有鉴于此，作者又提出了一个新的问题：各个地区的制度绩效究竟如何，应该用什么标准来衡量这些绩效？

第三章的目标就是回答上述问题。在这一章里，作者对意大利20个地区的决策过程和政策实施做了全面的比较分析，并试图回答这样一些问题：不同地区的稳定性和效率如何？在法律方面的创新精神如何？在保健、住房、工业和农业发展等领域的成果如何？满足市民期望的效率如何？为了能够对制度绩效做出准确的判断，作者提出了四个衡量标准：制度绩效必须是全面的，涵盖经济和社会发展的诸多领域；制度绩效必须具有内在的一致性，即注重整体效率，而不偏废任何一个方面；制度绩效必须是持续的、可靠的，而非转瞬即逝的；制度绩效必须与制度的支持者或者说选民的目标和评价相一致。依照这些标准，作者发现，一些地区政府的确比另一些地区政府更为成功，它们在内部运行上更有效率，在政策制定上更有创造性，在政策实施上更有成效。简而言之，尽管所有的地区政府都有着同样的结构和同样的法律与财经资源，但一些地区的治理要好于另一些地区，这是为什么？造成各地区制度绩效上出现差异的原因是什么？

解释制度绩效的地区性差异是第四章的目标，在某种程度上它也是此项研究的核心。首先，作者试图用经济发展来解释制度绩效上的差异，此说假定制度绩效是与经济发展程度或者说现代化相关的，经济越发达，政府的效率越高。但很快作者就发现有些证据并不支持这一假说，如，那不勒斯所在的地区经济远比莫塞利和巴西利卡塔地区发达，但政府的效率却明显不如后两者；伦巴第区比翁布里亚区富有得多，但后者的地区政府却更加成功。无疑经济发展与高效率的公共制度有着一定的相关性，但它显然不是决定性的，或许，制度绩效和经济发展都有第三个因素的影响。为了寻找更有效的解释，作者把目光放到了更广阔的社会生活之中。他发现，在那些制度绩效高的地区，存在着许多社团组织，如合唱团、足球队、扶轮社，甚至是鸟类观察俱乐部，那里的人民关心公共事务，遵纪守法，相互信任，社会的组织和参与方式是横向的、水平的。相反，在制度绩效差的地区，人们极少参与社会生活，在他们眼里公共事务就是别人的事务，他们互不信任，社会生活是按照垂直的等级制组织起来的，腐败和违法乱纪是家常便饭。作者最后得出结论，公民生活与制度绩效具有决定性的相关性。那么，为什么一些地区比另一些地区，更具有公共精神，公共生活更为发达呢？

这一问题把我们带到了第五章，而第五章又把我们带回到久远的历史之中。1100 年前后，在刚刚走出黑暗时代的意大利，出现了两个截然不同的政治制度，一个是南方的君主制的诺曼王国，一个是北方的城市共和制。这两种制度一直延续到 19 世纪的统一，给意大利带来了深远的社会、经济和政治影响。在过去的 1 000 年里，尤其是过去的几十年里，意大利经历了巨大的经济、社会、政治和人口上的变迁。在统一后的一个世纪里，各地区的社会经济排名不停地变动。1970 年时工业相对发达的地区，一个世纪以前工业未必就发达；1970 年时公共卫生状况良好的地区，1870 年时不一定是那么好。但是，有些东西却没有变化。20 世纪末公民参与积极的地区，几乎都是那些在 19 世纪拥有众多合作社、文化团体和互助会的地区，而在 12 世纪时，那里的邻里组织、宗教组织和同业公会共同促进了城市共和国的兴旺发展。这些公共精神发达的地区，在政府质量和效率上稳步地走在了那些公共精神不太发达地区的前面。公民传统惊人的应变力和持续性，证明历史具有力量。但是，作者不想就此止步，他进一步问道：历史为什么有力量？在北方，是什么样的良性循环，让公民参与传统历经数世纪的社会、经济和政治巨变，得以保存下来？在南方，是什么样的恶性循环，使得剥削和依附关系得以长期再生产？作者认为，要回答这些问题，绝不能仅仅考虑线性的因果联系，还要顾及具有共时性的社会均衡。这一任务留给了最后一章。

在第六章里，作者利用了集体行动和社会资本理论，试图说明为什么历史传统能如此稳定持久地存在着。实际上，作者是在回答这样一个假想问题，如果人是理性的，他们为什么能够容许那些最终对谁都不利的后果一而再再而三地出现，为什么不能摆脱集体行动的困境，选择对谁都有利的双赢。作者认为，在历史上，至少存在着两种广泛的社会均衡，所有面临集体行动问题的社会，往往都会朝着其中之一发展，而且，均衡一旦实现，往往会自我增强。社会资本，如信任、规范和合作网络，通常具有自我增强性和可累积性。良性循环会产生社会均衡，不断形成高水准的合作、信任、互惠、公民参与和集体福利。与此相反，缺乏这些品质的非公共精神共同体，也是自我增强的。在恶性循环的令人窒息的有害环境里，背叛、猜疑、逃避、利用、孤立、混乱和停滞在互相强化着稳定下来了，但是，它们也能以其他形式演化。换句话说，互惠、信任和依附、剥削，都能将社会连接在一起，虽然它们在制度绩效上相去甚远。一旦身处两者中的任何一种，理性的行动者就会受到激励去按规则来行事。遗憾的是，历史并不总是有效率的，我们不能把历史的这种惯性归因于个人的非理性。个人是以理性的方式对历史所赋予的社会环境做出反应，而正是这些理性行为加深了社会的病变。社会选择哪一种稳定的均衡，将由历史来决定。

细心的读者也许会发现，我们走了个圈，又回来了。我们或许能够回答历史是怎样进行选择的，但我们无法回答历史为什么是这样而不是那样选择。作者意识到，就意大利的经验而言，还有一个问题没有找到答案：为什么南北方在 11 世纪开始了如此不同的行程？南方的诺曼等级制或许还容易解释些，可以把它视为外国雇佣军征服的结果。而北方城市共和国的起源，则难以解释。作者承认，要回答这一问题，必须做进一步的研究。这一开放式结尾，与其说像一部侦探小说，不如说像一部现代派作品，它使读者和作者形成了某种有趣的互动。

就制度理论而言，作者认为，意大利的经验至少提供了这样三个教益。第一，社会环境和历史深刻地影响着制度的有效性。一个地区的历史土壤越肥沃，那里的人们从传统中汲取的营养就越多；而如果历史的养分贫瘠，新制度就会受挫。当存在强健的公民社会时，民主政治会得到加强，而不是削弱。第二，改变正规制度能够改变政治实践。改革给地区政治生活带来了看得见的、大部分是有益的影响。制度变迁逐渐在认同价值观、权力和战略上带来变化。这些变化趋势也出现在南方，丝毫不亚于北方。在南北方，新的制度培育了一种更温和、务实和宽容的政治文化。不论是北方还是南方，改革都转变了旧的权力模式，创造了意大利统一后从未有过的真正的地区自治。改革还在政府内外产生了支持进一步分权的压力。在南北方，共同体领袖和普通选民一般都认为，地区政府比它们所取代的制度有所改进，它们无疑更加开放、更加有效。地区改革让社会得到了学习的机会，正式改革引发了非正式的变迁，并具有了自我维持功能。第三，制度历史大多发展得很缓慢。就制度建构而言，时间的计量是以十年为单位的。意大利的地区改革如此，此前的城市共和国也是如此。在建立互惠规范和公民参与网络上，历史可能发展得更加缓慢。

本书给罗伯特·D. 帕特南教授带来了巨大的声誉。出版第二年，即获 1993 年度美国国家公共行政学院路易斯·布朗罗图书奖。一些评论家认为，这是一部可以与托克维尔、帕累托和韦伯等人的著述相媲美的杰作，是《论美国的民主》这部伟大著作在我们时代的翻版。帕特南教授现任职于哈佛大学肯尼迪学院，他在政治与社会理论方面著述颇丰。

移译这样一部经典之作，绝非易事。限于水平，错误和不当之处在所难免，敬希读者不吝指教。我们的翻译分工如下：赖海榕译序言及第一、二、三、四章，王列负责第五、六章和附录。

作者原序

本书通过对意大利各地区的研究探讨了有关公民生活的一些基本问题。写作本书时，我的头脑里始终惦记着两类很不相同的读者——一类是那些与我一样为意大利精致的生活所深深吸引的人，另一类是虽没有同样的经历但却关心民主的理论与实践的人。

研究的本身始于我与彼得·兰格（Peter Lange）和彼得·维茨（Peter Weitz）在 1970 年春天的谈话。当时我们三人都在罗马分别研究意大利政治的不同方面。出乎意料的是，意大利政府同意实施一条被长期忽视的创立地区政府的宪法条款。由于这些新机构的建立在意大利各地都是从零开始，这个试验就提供了一个非同寻常的机会，使我们能够长期地、系统地研究制度怎样发展以及怎样适应其社会环境的问题。然而，我没有料到这项研究持续了将近 25 年，没有料到它最后导致我深入博弈理论和中世纪历史的研究，如果预见到了这一点，我恐怕不能保证自己会愿意着手这项工作。

后来在阿尔伯托·斯普雷亚菲科（Alberto Spreafico）教授的鼓励下，在密歇根大学的资助下，我于 1970 年秋天对散布在半岛上几个地区新选出来的委员做了一个初步调查。回到安阿泊（Ann Arbor）以后，我开始在两个很有天赋的年轻同事——罗伯特·里昂纳迪（Robert Leonardi）与拉法耶腊·纳内蒂（Raffaella Nanetti）的帮助下分析这些访谈记录。到 1975 年选举产生了一批新委员的时候，鲍伯和拉菲已经在别的地方当教研人员了，他们的领域分别是政治科学与城市和地区规划。我们同意一起着手第二次的访问工作，从而建立起了一种紧密、持久与富有成效的合作关系。

在接下来的几十年里，我们三人共同度过了成百上千个小时，设计和开展本书记载的研究工作。在后期的几个阶段里，鲍伯和拉菲主要承担了艰苦的调研工作。我们三人不断地返回构成本研究核心的六个地区。另外，随着我们研究的知名度在意大利的提高，其他一些地区政府也邀请我们对它们的运行作相同的研究。

这个项目的一些成果是以合作的名义出版的[1]，其他的成果（比如本书及鲍伯和拉菲写的书和报告[2]）尽管引用了合作产生的材料和观点，却是独立完成的。虽然两位学者均无须对本书的论证负责，但我把他们的名字放在首页，是为了对 20 多年的合作、创造、艰辛的工作以及友谊表示铭记和感谢。

这个项目的理论发展至少与地区政府的发展一样复杂。通常认为社会科学就是直接从理论中推导出假设，收集证据，然后得出结论。虽然在这个项目中理论和证据也是重要的，但它们的进展更像一个引人入胜的侦探故事，出现了各种疑点而后得到了澄清，做了很多无用功，得到了新的次要的材料，有些努力产生了一定的成果，早期的假说被后来的证据推翻，一个谜团解决的同时又产生了另一个谜团，侦探对于线索会导出什么结果一直都没有太大的把握。

起初，我们的研究集中在连续性和变化上，用 1970 年的访谈作为衡量制度发展的标准。后来，越来越多的证据表明，不同的地区政府在取得成功或遭到失败上非常不同，我们的注意力随之转移到空间比较上，而不是时间比较。逐渐地，地区之间的这些差异有着极其深刻的历史根源这一点变清晰了。（回想起来，像许多侦探小说一样，答案是那么明显，我们应该早就发现这些线索才对。）这些历史连续性提出了远远超出意大利边界的理论问题，触及了民主、经济发展以及公民生活的基本问题。

本书反映了研究工作的这种进展，开篇是对地区政府本身进行严密、集中的考察，然后逐渐向外扩展，从而把我们的发现所具有的更广阔的含义包容进来。总的来看，本书阐述了关于民主和共同体的一个论证，我同时相信这与当前美洲存在的不满有关，但是我把阐述这个论证对美洲问题的意义的任务留待将来去完成。

在这个项目上，许多研究人员参与了20多年的合作，但是这里要特别提到的是保罗・贝鲁西（Paolo Bellucci）、谢里・伯尔曼（Sheri Berman）、乔瓦尼・科奇（Giovanni Cocchi）、布莱恩・福特（Bryan Ford）、尼基尔・高尔特（Nigel Gault）、舍林达・莱克（Celinda Lake）、弗兰克・帕冯舍洛（Franco Pavoncello）以及克劳迪亚・瑞德（Claudia Rader）。

许多意大利学者和官员提供了指导和帮助，我要特别感谢卡尔马洛・阿查拉（Carmelo Azzarà）、塞吉奥・巴托利（Sergio Bartole）、吉安弗兰克・巴托利尼（Gianfranco Bartolini）、萨宾诺・卡瑟斯（Sabino Cassese）、弗兰克・卡佐拉（Franco Cazzola）、吉安弗兰克・奇奥罗（Gianfranco Ciaurro）、雷昂纳多・科克（Leonardo Cuoco）、阿芳索・德・雷（Alfonso Del Re）、弗朗西斯科・当诺弗里奥（Francesco D'Onofrio）、马塞罗・菲德勒（Marcello Fedele）、艾里奥・基奇（Elio Gizzi）、卢西亚诺・格维佐尼（Luciano Guerzoni）、安德烈亚・曼泽拉（Andrea Manzella）、纳多・塔西奥蒂（Nando Tasciotti）、朗弗兰克・图尔西（Lanfranco Turci），以及成百上千不知名的地方性、地区性和全国性的领导人，他们在这些年里与我们作了无数次的谈话。

这个项目，像当代意大利进行的其他许多研究一样，阿尔伯托・斯普雷亚菲科在其中起着一种特殊的作用：阿尔伯托在25年前把我介绍给意大利，他创立的社会科学委员会多次安排我的访问，他温和、明智的鼓励对这个研究项目的起步阶段是非常关键的。通过本书，我向阿尔伯托以及其他众多慷慨的、富有公民意识的意大利人表示深深的谢意，他们帮助我理解了他们复杂社会里神奇的奥秘。

这些年里，许多同事对初期的草稿和概述提出了很有见地的、慷慨的批评。我尤其要感谢阿尔伯托・阿雷西纳（Alberto Alesina）、詹姆斯・阿尔特（James Alt）、罗伯特・阿克瑟洛德（Robert Axelrod）、爱德华・班菲尔德（Edward C. Banfield）、萨缪尔・巴内斯（Samuel H.

Barnes）、迈克尔·巴泽雷（Michael Barzelay）、特里·尼科尔斯·克拉克（Terry Nichols Clark）、约翰·科马洛夫（John Comaroff）、杰夫·弗里顿（Jeff Frieden）、保罗·金斯伯格（Paul Ginsborg）、理查德·哥尔德维特（Richard Goldthwaite）、雷蒙德·格鲁（Raymond Grew）、彼得·豪尔（Peter A. Hall）、简·约阿琴·何塞（Jens Joachim Hesse）、约翰·霍兰德（John Hollander）、斯蒂文·凯尔曼（Steven Kelman）、罗伯特·科汉尼（Robert O. Keohane）、罗伯特·克里特噶德（Robert Klitgaard）、杰塞克·库格勒（Jacek Kugler）、丹尼尔·莱文（Daniel Levine）、马克·林登伯格（Marc Lingdenberg）、格林·洛瑞（Glenn C. Loury）、查尔斯·梅耶（Charles Maier）、约翰·蒙哥马利（John D. Montgomery）、肯尼思·舍普索（Kenneth A. Shepsle）、朱笛斯·什克拉（Judith N. Shklar）、马尔科姆·斯帕罗（Malcolm Sparrow）、菲德里克·瓦雷斯（Federico Varese）、杰夫·瓦恩特劳布（Jeff W. Weintraub）、文森特·莱特（Vincent Wright）、理查德·泽克豪瑟（Richard Zeckhauser），以及一些不知名的评论人。阿尔隆·威尔达夫斯基（Aaron Wildavsky）提出了"不妨十年磨一剑"的好建议，促使我没有匆忙下结论；沃尔特·利平科特（Walter Lippincott）不断的、深沉的鼓励使我在可能分心的时候保持了研究的热情。

在本研究的各个阶段慷慨地给予资助的机构有：密歇根大学、全国科学基金会（资助号是GS—33810、SOC76—14690以及SES—7920004）、美国杰曼·马歇尔基金、哈佛大学、约翰·西蒙·古根海姆纪念基金会、卡洛·卡塔尼奥研究所、部长会议主席、欧洲大学研究所、欧洲共同体委员会，以及一些地区政府（巴西利卡塔、弗留利－威尼斯朱利亚、艾米利亚－罗马涅、马尔凯、托斯卡纳和翁布里亚）。

密歇根大学、哈佛大学（尤其是它的国际事务中心）、行为科学高级研究中心、伍德罗·威尔逊国际学者中心（Woodrow Wilson International Center for Scholars）、洛克菲勒基金会贝拉齐奥会议中心（Bellagio Conference Center of the Rockefeller Foundation）、纳菲尔德学院（Nuffield College）欧洲研究中心，以及牛津大学都在我工作的不同阶段热情接待了我。

罗斯玛丽（Rosemary）、詹纳森（Jonathan）和拉腊·帕特南（Lara Putnam）参与这个项目合作的时间之长是我们每个人都能记得的，他们在各地区之间穿行、帮助进行数据分析、对无数的草稿进行评论，以及分享我对我们新发现的喜悦之情。对他们以及在此未提及的其他人，我表示深深的感谢。

注 释

[1] See Robert D. Pumam，Robert Leonardi，and Raffaella Y. Nanetti，“Attitude Stability among Italian Elites，” *American Journal of Political Science* 23（August 1979）：463-494；Robert D. Putnam，Robert Leonardi，and Raffaella Y. Nanetti，“Lc regioni ‘misurate’，” *Il Mulino* 24（March-April 1980）：217-243；Robert Leonardi，Raffaella Y. Nanetti，and Robert D. Putnam，“Devolution as a Political Proem：The Case of Italy，” *Publius* 11（Winter 1981）：95-117；Robert D. Putnam，Robert Leonardi，Raffaela Y. Nanetti，and Franco Pavoneello，“Sulrendimento delle istituzioni：il caso dei govemi regionali italiani，” *Rivista Trimestrale del Diritto Pubblico* 2（1981）：438-479；Robert D. Putnam，Robert Leonardi，Raffaella Y. Nanetti，and Franco Pavoncello，“L’ evaluation de 1’ activite regionale:le cas italien，” *Pouvoirs* 19（1981）：39-58；Robert D. Putnam，Robert Leonardi，and Raffaella Y. Nanetti，“L’ istituzionalizazione delle Regioni in Italia，” *Le Regioni* 10（November-December 1982）：1078-1107；Robertt D. Putnam，Robert Leonardi，Raffaella Y. Nanetti，and Franco Pavoncello，“Explaining Institutional Success：The Case of Italian Regional Government，” *American Political Science Review* 77（1983）：55-74；Robert D. Putnam，Robert Leonardi，and Raffaella Y. Nanetti，*La Pianta e le Radici：Il Radicamento dell’ Istituto Pegionale nel Sistema Politico Italiano*（Bolotgaa: II Mulino，1985）；Robert Leonardi，Robert D. Putnam，and Raffaella Y. Nanetti，*Il Caso Bassilicata：L’ effetto Regione dal 1970 al 1986*（Bologna: II Mulino，1987）；Raffaella Y. Nanetti，Robert Leonardi，and Robert D. Putnam，“The Management of Regional Policies：Endogenous Explanations of Performance，” in *Subnational Politics in the 1980s：Organization，Reorganization and Economic Development*，Louis A. Picard and Raphael Zariski，eds.（New York：Praeger，1987），pp.103-118；Robert D. Putnam，Robert Leonardi，and Raffaella Y. Nanetti，“Indagini sulgovemo regionale del Friuli-Venezia Giulia，” in Arduino Agnelli and Sergio Bartole，eds.，*La Regione Friuli-Venezia Giulia*（Bologna: II Mulino，1987），pp. 499-563；and Robert Leonardi，Raffaella Y. Nanetti，and Robert D. Putnam，

"Italy—Territorial Politics in the Post-War Years：The Case of Regional Reform，" in R. A. W. Rhodes and Vincent Wright，eds.，*Tensions in Territorial Politics of Western Europe*（London：Frank Cass，1987），pp. 88-107.

［2］See，in particular，Raffaella Y. Nanetti，*Growth and Territorial Policies：The Italian Model of Social Capitalism*（New York：Pinter，1988）；Robert Leonardi and Douglas A. Wertman，*Italian Christian Democracy：The Politics of Dominance*（London：Macmillan，1989）；Robert Leonardi and Raffaella Y. Naneni，eds.，*The Regions and European Integration：The Case of Emilia-Romagna*（New York：Pinter，1990）；and Robert Leonardi，*Regions and the European Community：The Regional Response to the Single Market in the Underdeveloped Parts of the EC*（London：Frank Cass，1992）.

目　录

第一章
导论：制度绩效的研究

为什么有些民主政府获得了成功而有些却失败了？这是一个古老的问题，然而至今仍在困扰着我们。在我们这个动荡的世纪行将结束的时候，自由主义民主与其对手之间的意识形态大辩论正在走向沉寂。具有讽刺意味的是，一方面自由主义民主的学理地位在上升，另一方面人们对它的实际运行却越来越不满。从莫斯科到圣路易斯，从墨西哥城到开罗，人们对公共制度越来越感到失望。当美国的民主制度开始其第三个世纪的历程时，有一种情绪正在这个大陆上广为扩散，即认为我们在全国范围内进行的自治政府的试验进展甚微。在世界另一半，欧亚大陆上的前共产主义国家发现它们必须在废墟上建设民主的治理系统。世界各地的男女都在寻找解决他们共同面对的问题的办法——更清新的空气、更有保障的工作、更安全的城市。很少有人相信我们可以不需要政府，但是知道怎样使政府富有成效地开展工作的人却更少。

本书的目的是要增进我们对民主制度之绩效的理解。正规制度怎样影响政治和政府的运行？如果我们改变制度，政治和政府的运行会跟着发生改变吗？一个制度的绩效是否取决于它的社会、经济和文化背景？如果我们在新的环境下引进民主制度，它会像在旧的环境下一样成长吗？或者，民主的质量取决于其公民的素质，从而每一个群体只能拥有与其相配的政府？我们的目标是理论。我们的方法是实证，即对过去

20 年意大利各地区所作的制度改革实验进行总结，从中得出启示。我们的研究将引导我们深入认识公民生活的特点，认识集体行动的朴素逻辑，认识中世纪的历史，不过这个旅程要从今天意大利的多样性开始。

第一节　研究的旅程

沿着贯穿意大利亚平宁半岛的高速公路，一个敏捷的旅游者可以在一天之内从北方的瑟维索（Seveso）行车 870 公里到达南方的皮亚特拉佩托萨（Pietrapertosa），首先绕过工业繁忙的米兰郊区，迅速穿过肥沃的皮亚特拉佩托萨谷地，越过骄傲的文艺复兴中心城市博洛尼亚（Bologna）和佛罗伦萨，环行于污浊、令人难受的罗马郊区，然后到达那不勒斯，最后爬上荒凉的、隔绝于意大利靴子脚背的巴西利卡塔山。[1] 然而，对于有洞察力的观察者来说，这样的快速旅行留下的印象，不是所跨越的距离，而是起点与终点之间的历史对比。

1976 年，坐落于米兰北面 10 英里工农业混合带的现代化中等城镇瑟维索由于发生了一场生态大灾难而举世闻名。当地一家化工厂发生爆炸，有毒的二噁英扩散到这里的房子、工厂、田野和居民身上。其后的好几个月，开车穿行于瑟维索高速公路上的人们都加快速度并把车窗关得紧紧的，瞪眼瞧着那些被钉上的房子，看着一些可怕的、戴着白色头巾和防毒面具的人在努力消除这个城镇及其土地上的有害物质。在整个工业化世界里，瑟维索成了生态灾难的风险越来越大的象征。对于茫然的当地官员来说，瑟维索的灾难表明 21 世纪公共政策面临的挑战已隐约可见。[2]

从公共治理的角度看，从瑟维索到皮亚特拉佩托萨的旅行就像从今天回到几个世纪以前的旅行。许多皮亚特拉佩托萨人还住在一到两间房的石头小屋里，这些房子靠在山的表面，头上顶着他们的祖先卢卡尼亚人（Lucanian）在许多代人以前整修好的岩石山顶。附近，农民们还在用手打谷，唯一的助力是吹过他们耙尖的风，地中海的农民千年以来都是这样劳作的。许多当地的男人在北欧找到了临时的工作，其中的少数获得了成功，其标志是停在村庄下面的几辆贴有德国牌照的汽车。但是，对于不那么走运的居民来说，交通的工具就是与他们住在同一个石头房子里的驴了，与驴在一起的，还有少数几只瘦骨嶙峋的小鸡和猫。在山上不那么高的地方，一些回迁的移民建起了拉毛水泥房，室内还有自来水管，但是对于大多数村民来说，没有自来水以及其他公共设施仍然是最紧迫的问题，就像三四个世纪以前整个欧洲的多数地方一样。

像他们在瑟维索的同胞一样，皮亚特拉佩托萨人面对着经济学家所谓的“公益品”和“公害品”的严重问题。这两个城镇的经济、社会以及行政资源极其不同，就像它们的具体问题很不相同一样，然而两个地方的人民都需要得到政府的帮助。在 20 世纪 70 年代初解决这些各不相同的公共卫生与安全问题的主要责任，以及解决其他许多普通意大利人关心的问题的责任，突然从中央政府转移给新设立的一批由选举产生的地区性政府。为了解决他们共同的问题，瑟维索和皮亚特拉佩托萨的公民如今要去的不是遥远的罗马，而是附近的米兰和伯坦察。研究那些新机构对其选民作出的反应的成效如何及其原因，将导致我们触及有关公民生活以及为共同利益进行合作的基本问题。

新政府的边界很大程度上与半岛上历史地区的边界相吻合，其中包括托斯卡纳和伦巴第这样著名的公国。然而，自从 1870 年意大利统一以来，它的行政结构都是高度集权的，其模仿的对象是拿破仑统治时期的法国。地方官员从一开始就受到直接向罗马负责的省长的严格控制。相应于地区的政府从未存在过。因此，瑟维索和皮亚特拉佩托萨以及成千上万的意大利社区，无论大小，它们的公共问题将由从未尝试过这方面问题的地区政府去解决，这对于各地的公民来说是一项具有巨大现实意义的实验。

从 1970 年起，我们密切观察了其中一些新生的地区制度的发展过程。它们代表了意大利半岛上不同的经济、社会、文化以及政治环境。我们对各个地区首府多次重复访问，很快发现了它们在制度绩效方面的巨大差异。

在普利亚区的首府巴里市，甚至要找到地区政府的官员对我们都是一个挑战，对他们的选民来说也是如此。像来访的研究人员一样，普通的普利亚人首先得找到铁路两旁难以辨识的地区政府总部。在肮脏的接待室，东倒西歪地坐着几个懒洋洋的小官僚，虽然他们每天只来一个或两个小时，但就是在这一点点的时间里他们也无所事事。有耐心的来访者会发现，办公室外只有一排排空荡荡的椅子鬼一样地立在那里。有一个为自己无力驱动地区官僚系统而感到失望的市长向我们诉苦："他们不回信，不接电话，我到巴里来填写文件时，得自己带上打字机和打字员！"一种猖獗的分肥制度损害了行政效率：一位职员有一次当着我们的面对他名义上的上司说道："你不能给我下命令，我受到'良好的保护'。"与此同时，地区领导人陷在为庇护和官职争斗的拜占庭式的派系纠纷里，并向人们许下美妙然而似乎根本实现不了的关于地区复兴的诺言。正如当地一些援助人员有时所说的，如果有一天普利亚成了"一个新加利福尼亚"，那将不是因为新的地区政府有所作为，而是因为地区政府无所作为。普利亚的公民也不掩饰自己对本地区政府的轻蔑态度，事实上，他们压根儿不觉得这是"他们的政府"。

博洛尼亚的艾米利亚-罗马涅区政府的效率与此形成了强烈的对比。访问用玻璃墙建起来的地区总部就像走进了一家现代化的高科技企业。一个活泼、优雅的接待员会带领来访者到合适的办公室，在那里，相关的官员会要求一份根据地区问题和政策所作的计算机分析的数据，当然也可能没有。博洛尼亚中央广场以公民和政治活动家集团在此彻夜辩论而著名，这些集团的成员是不断变化的；那些关于当前事务的热烈讨论总能得到地区委员会的回应。艾米利亚政府不仅在许多领域的立法上走在前列，而且没有停留在说的阶段，相反采取了实际行动，散布在整个地区的众多日托中心、工业园区、有常备剧目的剧场以及假日培训所，这些都表明了地区政府的效率。在博洛尼亚广场上参加辩论的公民对他们的地区政府不是没有批评，但与普利亚的公民相比，他们对地区政府的作为要满意得多。为什么新制度在艾米利亚-罗马涅区取得了成功而在普利亚区却没有成功呢？

摆在我们研究旅程上的中心问题是，创立强大、敏锐、高效的代议机制的条件是什么？意大利的地区试验为解决这个问题提供了一个无可比拟的机会。它提供了一个难得的、系统地研究一个新机制诞生和发展的机会。

第一，15 个新的地区政府在 1970 年同时建立起来，它们的宪制结构和得到的授权实质上是相同的。1976—1977 年，在经过一场第二章所叙述的激烈的政治斗争后，所有地区都得到了广泛的授权去处理公共事务。与这 15 个普通地区有一些不同的是 5 个特别地区，它们是早几年创立的，在某种程度上得到了宪法保障的更大的权力。这 5 个地区都在国界边上，这些地区在第二次世界大战结束时受到了分离主义情感的威胁。在某些方面，特别地区政府存在的时间较长和权力更大使它们有些特殊。但是，在绝大多数情况下，把它们与 15 个普通地区放在一起加以考察是安全的。一般说来，我们在本书所用的证据来自所有这 20 个地区。

到 20 世纪 90 年代初，运行了大约 20 年的新政府的开支接近当年意大利国内生产总值的 1/ 10。所有的地区政府都获得了下面这些领域的职能：城市管理、农业、住房、医疗保健、公共设施、假日培训以及经济发展。虽然有些地区主义者不断抱怨来自中央机构的束缚太多，但是所有新机制都获得了足够的授权，从而可以检验它们的能力和勇气。理论上，这 20 个机构是基本一致的，潜在意义上都是强有力的。

第二，新制度所植入的社会、经济、政治和文化背景是极其不同的。从社会和经济的角度看，一些地区，比如皮亚特拉佩托萨的巴西利卡塔地区，相当于第三世界国家；而其他地区，比如瑟维索所在的伦巴第区，则早已进入后工业时代。切入这个发展层面的还有政治传统上的差异。比如，相邻的威尼托区和艾米利亚-罗马涅区，1970 年时的经济水平相近，但威尼托区是狂热的天主教区，而艾米利亚-罗马涅区却是意大利中部“红色地带”的带扣，自从 1945 年以来就一直被共产党人控制。一些地区或多或少完整地继承了封建时代的庇护—附庸政治。另一些地区已经被 20 世纪五六十年代繁荣时期席卷意大利的移民和社会变革浪潮改变。

意大利的地区试验对于进行制度发展的动态过程的比较研究来说是量身定做的机会。就像植物学家通过考察播种在不同地块的同基因种子的生长来研究植物的生长一样，政府绩效的研究者可以通过考察置于不同的社会、经济、文化和政治环境里的相同的正规制度来研究这些新组织的命运。在成长的土壤相异之大如瑟维索与皮亚特拉佩托萨之间的不同时，新组织真的会同步发展吗？如果不是，那是什么因素导致了这些差异？对这些问题的回答的意义远远超出了意大利的边界，世界各国——工业化的、后工业化的、前工业化的学者、决策人士以及普通公民都在努力发现能使代议制度有效运作的途径。

第二节　设计旅程

制度自古以来一直就是政治科学关注的问题，不过最近的理论家们在“新制度主义”的旗帜下集结了新的力量和创造性对制度问题发起了进攻。他们应用了博弈理论和理性选择模型，将制度解释为“广义形式的博弈”，其中博弈参与方的行为由博弈规则所构建。[3]组织理论家强调了制度的作用、常规、象征以及义务。[4]历史制度主义者记载了政府与政治中的连续性，并强调了制度发展过程中的时间序列。[5]

新制度主义者内部在许多问题上的观点并不一致，无论理论上还是方法论上都如此。但他们在两个基本问题上是有共识的：

- 制度构建政治。通过构建政治行为，构成制度的规则和标准操作程序在政治运行中打上了自己的烙印。政治生活既不能简单地从个人之间台球式的相互作用中推导出来，也不能从大的社会力量的相互作用中推导出来。制度影响政治生活，因为它们给定了行为人的身份、权力和战略。

- 制度为历史所构建。不论其他因素会怎样影响其形式，制度是有惰性和“韧性”的。它们因此体现了历史进程及其转折点。历史是重要的，因为它是“路径依赖”的：首先出现的事件（即使它在某种意义上说是“偶然的”）为后来发生的事件设定了条件。个人可以选择他们的制度，但是他们并不是在他们自己创造的环境下选择它们，他们的选择反过来也会影响他们的后继者进行选择时所用的规则。

我们对意大利地区试验所做的研究意在为这两个主题提供更多的实证材料。我们假定制度是一个自变量，实证地研究了制度变迁怎样影响了政治行为人的身份、权力和战略。然后假定制度是一个因变量，研究在历史设定的条件下制度的绩效。

不过，在这两个步骤之间，我们增加了第三个被最近的制度问题文献忽略的东西。我们认为，制度的实际绩效受到了它们运行于其中的社会背景的制约。

就像同一个人在不同的制度环境下会对自己的利益作出不同的界定和追求一样，同样的正规制度在不同的环境下运行也是不一样的。虽然最近的理论没有强调这一点，但是制度与制度改革的观察者对此是熟悉的。英帝国撤退以后留下的威斯敏斯特式宪法在这个世界的不同地方其命运是很不相同的。我们将超越“背景是重要的”这种一般化的观点，要追问社会背景的哪些方面最有力地影响了制度的绩效。

“制度绩效”的含义是什么？一些理论家把政治制度主要看做“博弈的规则”，是集体决策所遵循的程序，是冲突得以表达和（有时）解决的舞台。[6]（这种理论经常用美国国会作为模型。）这种制度的“成功”意味着，在给定行为者的偏好存在差异的条件下，它使行为者能够尽可能有效地解决他们之间的分歧。这样一个关于政治制度的概念是贴切的，但它还没有极尽制度在政治生活中的作用。

制度是达成目标的工具，而不仅仅是达成共识的工具。我们希望政府做事，而不仅仅是做决定——教育孩子、付养老金、制止犯罪、创造工作机会、保持物价稳定、鼓励家庭价值，如此等等。这些事情中哪一项是最紧迫的？如何才能实现这些愿望？关于这些问题我们是不可能达成一致意见的。甚至在这些事情是否值得去做的问题上我们都不会有一致意见。然而，我们中的所有人，除了无政府主义者，都会同意，至少在有些时候，至少在有些事情上，政府组织应该采取行动。这个事实启示了我们考察制度是否有效的方法。

本研究中制度绩效的概念建立在一个简单的治理模型上：社会的需

求——政治互动——政府——政策选择——实施。政府制度从它们的社会环境中获得输入，然后输出结果以对那个环境作出反应。双职工父母寻找自己负担得起的日托服务，商人担心入店行窃，老兵对爱国主义的消失感到痛心疾首。政党和其他集团把这些意见有力地表达出来，官员们则考虑应当采取什么行动，如果可以有所作为的话。最后，决定采取一项政策（可能仅仅是象征性的）。除非政策是“什么也不做”，否则就意味着必须实施——建立新的托儿所（或鼓励私立机构提供这种服务），派更多的警察去巡逻，更经常升旗。一个高效的民主制度应该既是回应性的又是有效率的：对选民的需要很敏感，同时，在应用有限的资源解决这些问题的时候富有效率。

这个领域是非常复杂的。例如，为了具有效率，政府就应当有足够的远见能预测到还没有明确表达出来的要求。争论和僵局可能在任何一点上中止这个过程。政府行动的效率，即使精心设计并得到了有效的实施，也未必能达到其支持者所希望的状态。但是，制度绩效又是重要的，因为政府质量终究与人民的生活密切相关：奖学金的授予，道路的铺设，孩子的照顾——或者（如果政府不成功）根本没有这些成果。[7]

理解制度绩效的动态关系，比较社会科学长期以来就对此很感兴趣。可以从现有文献中分辨出解释绩效的三种模式。第一个学派强调制度设计。这个传统根源于正规的法律研究，这个政治分析模式是从研究 19 世纪大量的宪政建设中发展起来的。[8] 约翰·斯图亚特·密尔的《论代议制政府》表明，这个学派相信“结构和程序的设计”。[9] 密尔的名著主要关注的是宪政机制的问题，他发现了最有利于有效的代议制政府的制度形式。[10] 这个学派对民主绩效分析的统治地位一直持续到 20 世纪上半叶。“人们大多认为（由于这样的分析），有活力的代议制政府……仅仅取决于……对其正规部分的恰当安排以及经济生活和制度问题上的合乎情理的好运气；甚至在没有这种好运气的时候，良好的结构也能起作用。”[11]

两次世界大战之间的意大利和德国的民主试验失败了，法兰西第三共和国和第四共和国停滞而无力，而同时政治对社会与经济基础的反应却越来越敏感。这些都导致我们对制度的绩效问题采取一种更加冷静的态度。费尽心血的设计并不能保证有好的绩效。然而，在那些主张“新制度主义”的人们与实践的改革者中，对制度绩效在组织方面的决定因素的关注又时兴起来。宪法的草拟人员、管理的咨询人员、发展顾问们在他们对绩效改进所开的处方里都花费巨大的精力去做制度设计。阿图罗·伊斯雷尔（Arturo Israel）是第三世界发展问题的专家，他引导我们注意实施过程中受到的管理上和组织上的制约，他提出改进制度设计的建议以提高成功的希望。[12] 埃莉诺·奥斯特罗姆（Elinor Ostrom）是关于旨在解决“共有的悲剧”——集体行动的困境，因为它侵害了诸如供水、渔场等“大众共享的资源”——的制度问题的一个有见地的观察家。在比较了这方面的众多经验——无论是成功的还是失败的——之后，奥斯特罗姆得到了怎样设计有效制度的启示。[13]

我们的研究只是间接地谈到了制度设计的这些问题。事实上，我们的研究把制度设计作为一个常数：我们同时介绍了具有类似组织结构的所有地区政府。我们的研究规划中所不同的是环境因素，比如经济环境和政治传统。这些因素对于准备进行改革的人士来说是更难控制的，至少短期内是这样，所以我们的研究不会提出通向成功制度的捷径。另一方面，意大利地区试验的制度设计是一个常数意味着，我们可以更可靠地考察其他因素对制度成效的影响。

虽然我们不直接探讨制度设计对绩效的影响，但是我们的研究确实考察了制度变迁的后果。我们对地区政府在最初 20 年的演进的考察中包括了一项“前—后”的比较，它有助于我们评价制度改革的影响。制度及其领导人是怎样随着时间的推移而学习和作出调整的，即可以称为制度成长的“发展生物学”，我们的研究就包括了这个问题。新地区制度的创立是否使得意大利的政治实践发生了变化？制度变迁对领导人与公民之间就公共政策问题上的合作与论辩方式造成了哪些不同？在实践上，制度改革怎样以及在多大程度上改变了行为？我们将在第二章讨论这些问题。

关于民主制度的绩效问题的第二个学派强调社会经济因素。亚里士多德以来的政治学家认为，政治社会学家认为民主的有效性取决于社会发展和经济繁荣。当代民主理论家，比如罗伯特·A. 达尔（Robert A.

Dahl）和西摩·马丁·利普塞特（Seymour Martin Lipset），在讨论稳定、有效的民主政府所需的支持条件时，也强调现代化的各个方面（福利、教育等）的意义。[14] 即使是对漫不经心的观察者而言，有效的民主不论时间和地点都与社会经济的现代化密切相关，这是再明显不过了。致力于解释第三世界制度发展的社会理论家也强调社会经济因素的重要性。例如，阿图罗·伊斯雷尔声称，“制度绩效的改善是现代化进程的一个组成部分。除非一个国家变成了‘现代国家’，否则就不可能将制度绩效提高到发达国家的水平”[15]。意大利地区之间社会经济发展水平的巨大差异使我们得以直接评估现代性与制度绩效之间的复杂关系。

第三个学派在解释民主制度的绩效时强调社会文化因素。这个学派也是源远流长的。在《共和国》里，柏拉图认为，政府随着它们公共精神情况的不同而相异。较晚近的时候，社会科学家用政治文化来解释各国间政治体制的差异。这个学派的现代经典之作是阿尔蒙德（Almond）和维巴（Verba）的《公民文化》。在醒目的红字标题“公民文化”之下，通过对美国、英国、意大利、墨西哥和德国政治态度和政治取向的考察，他们对这些国家在民主治理方面的差异作出了解释。[16] 政治分析的社会文化传统（并且也给了我们的研究以最大的启示）中，最著名的例子或许仍然属于阿列克谢·德·托克维尔的《论美国的民主》。[17] 托克维尔概括了社会的“多数”与社会的政治实践之间的关系。例如，公民的结社加强了对稳定、有效的民主制度而言极为关键的“心理习惯”。这点以及相关的思想在我们的分析中起着核心的作用。

由于我们要从意大利试验的细节中得出一般的经验教训，我们应该记住地方制度发展的一个早期研究者的忠告。在他的经典研究《田纳西河流域管理局与基层》（*TVA and the Grass Roots*）里，菲利普·塞尔兹尼克（Philip Selznick）观察到，“当理论研究被置于一个特定的历史结构或事件的中心时，理论研究就总是危险的。这是因为研究所关注的两个方面始终存在着紧张关系，一方面想抓住和阐述调查所得的所有历史材料，另一方面又特别想导出抽象和一般的关系”[18]。我们要努力做到不武断地对待意大利试验所提供的丰富细节，但是我们也应该努力公正地对待它们，不辜负它们对我们理解民主治理所具有的更广泛的意义。

第三节　研究的方法

卡尔·多伊奇（Karl Deutsch）认为，真理处于独立的证据之流的汇合之处。谨慎的社会科学家，像明智的发明家一样，必须依靠多元化来增强任何单一工具的力量，并弥补其不足。这是我们开展本研究所遵循的基本方法论。为了理解一个制度的运行——以及不同的制度为何功效不同——我们必须应用各种技术。

从人类学者和高超的记者那里，我们借鉴了严格的调研和案例研究的技术。正如理查德·芬诺（Richard Fenno）所说的，“专心研究和摸索前进”要求研究者把自己沉浸进去，考察制度的每一个细微之处——去体验它的习惯和实际的运行、它的成就和缺陷，就像那些每天都生活于其中的人一样。这种沉浸其中的研究能提高我们的敏锐性，会给我们提供无数的线索，使我们看到制度内部是怎样整合起来的，看到制度是怎样调整自己以便适应环境的。20 年来，我们沉浸在意大利的地区里，埋头于地方氛围中，取得了一些材料并观察到了一些内在的联系，我们研究的许多论点都是从这里面得出来的。

不过，社会科学提醒我们，本质与现象是有区别的。不论巴里与博洛尼亚的治理现象之间的对比多么强烈，不论我们的理论思考多么严谨，都需要经受细致考察的检验。定量分析的技术会警告我们，如果我们的印象只是来自一个或两个特殊的例子，那么它们将是误导人的或没有代表性的。同样重要的是，由于统计分析使我们可以同时比较许多不同的案例，所以它常常能揭示微妙然而重要的情形，这很像苏拉特（Seurat）的点画作品，对它的最好欣赏方法是站在离油画较远的地方观赏。

我们的研究逻辑要求对 15 个或 20 个地区的多个方面进行同时的比较，多元回归和因素分析等技术大大简化了这项任务。不过，我们尽量减少复杂的统计运算对研究的干扰，所以一般情况下只用百分数和分布图。我们在这里推导的结果是满足传统上关于相关性的统计检验的，但更重要的是，它们还满足约翰·图基所谓的“直观检验”（interocular traumatic test）。[19]

像许多侦探故事一样，要解开制度绩效之谜，我们就要探讨历史——或更准确地说，是不同地区各不相同的历史。对于某些时期的历史，研究意大利的史学家已经提供了极其丰富的材料，它们与我们的任务有很大的关系，我们的研究在很大程度上依赖于他们的工作。此外，关于过去一百年来的历史，我们发掘了大量的统计材料，这使我们可以进行定量分析，从而更严格地检验我们的一些最鲜明的结论。我们并不因此就变成历史学家了，我们的努力是很基本的，然而在任何一个复杂的制度分析里，历史学家的工具都是对人类学和行为学方法的必要补充。

简言之，我们目标的多样性要求我们的方法既有广度又有深度，有广度意味着我们能够涵盖一个时期的一系列问题及其转型过程，有深度意味着我们能够更深入地分析改革的具体问题、具体地区以及具体的时期。我们希望系统地收集时空两个方面的证据，以便能够进行纵向与横向的分析。

为了提供这类信息，我们进行了一系列独立的研究，这些研究分别集中于 6 个地区，它们代表了亚平宁半岛上巨大的多样性。然后我们的研究再扩展到所有 20 个地区政府。（图 1—1 给出了我们研究地点的概貌。）附录 A 较详细地描述了我们的研究，其中包括以下几点。

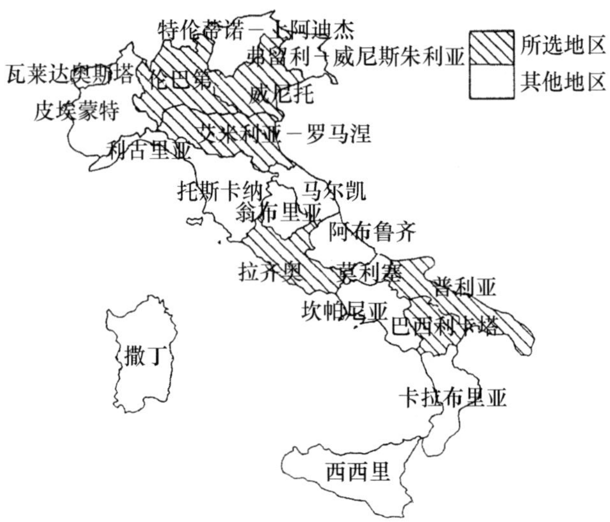

图 1—1　意大利地区研究 （1970—1989 年）

● 在 1970 年到 1989 年间我们对这 6 个地区的地区委员会委员进行 4 次个别访谈。将近 20 年的时间里，总共进行了 700 多人次的采访，他们从地区制度主要官员的角度为我们提供了一幅关于地区制度的“动态图景”。

● 在 1976 年到 1989 年间对这 6 个地区的社区领袖们进行了 3 次个别访谈，1983 年还在全国范围内对社区领导人作了一次信件调查。调查的对象有银行家和农场领导人、市长和记者，以及工人领袖和商业代表——这些回信人很了解地区政府并且能够给我们提供知情的内部人的视角。

● 在 1968 年到 1988 年间在全国范围内进行了 6 次任务明确的调查，还进行了几十次对投票者的调查。这些调查使我们能够勾画出地区之间政治面貌和社会纽带的不同，使我们能够考察新制度的选民的观点。

● 对所有 20 个地区的制度绩效用多种统计方法作了详细考察，见第三章。

● 1983 年对所有 20 个地区作了一次特殊的试验，检验政府对“街头”市民要求的反应灵敏度，详情见第三章。

● 1976 年到 1989 年间对 6 个选定地区作了制度运行和地区规划的案例研究，还对 1970 年到 1984 年间所有 20 个地区产生的立法机构进行了一项详细的研究。这些研究提供了很多原始材料，使我们能够对地区每天的政治状况和政府事务作出判断，从而帮助我们解释较客观的统计数据。（我们对 6 个选定地区的定期访问碰巧使我们亲身经历了 1980 年意大利南部震灾及其后果。）简言之，我们开始很好地了解这些地区及其官员。

第四节　本书概要

20 世纪 70 年代的意大利是一个激荡的改革时代，意大利打破了一个世纪以来集权政府的模式，前所未有地把权力和资源分配给新的地区政府。第二章提出了以下的问题：改革的过程是怎样发生的？改革的过程对基层政府品质和政治实践造成了什么不同？在旧制度存在惰性的条件下，改革是怎样取得成功的？新制度是否对政治领导的特征和政治家们作交易的方式造成了实际影响？它是否改变了政治权力和政治影响的分配？它是否导致了能够为新政府的选民们所感受到的变化？如果是，如何对此作出评价？有什么证据说明制度变迁对政治行为造成了很大的影响？

本研究关注的一个主要问题是有效政府的起源。为了建立起开展这一研究的基础，第三章对 20 个地区的政策过程、政策发布以及政策实施分别作了一个全面的比较分析。第二章对变革进行了时间上的比较，第三章（及其后）进行了空间上的比较。不同地区的稳定性和效率如何？它们的法律的创新精神如何？它们在医保、住房、农业和工业发展等领域的政策实施效率怎样？它们满足市民期望的速度和效率如何？简言之，哪些制度获得了成功？哪些没有获得成功？

解释制度绩效的这些差异是第四章的目标，某种程度上是我们研究的核心内容。这里，我们探讨了经济现代性与制度绩效之间的联系。甚至更为重要的是，我们考察了绩效与公民生活的特征——我们使用了“公民共同体”这个概念——之间的联系。如托克维尔在解读美国的民主以及其他公民美德时描述的，公民共同体的特征是积极的、有公共精神的市民，是平等的政治关系，是信任和合作的社会网络。我们发现，意大利的一些地区有幸拥有富有生机的公民关系的网络和规范，而另一些地区却不幸地受到垂直结构的政治的统治，那里的社会生活是分裂和孤立的，是一种不信任的文化。公民生活的这些差异在解释制度绩效方面起着关键的作用。

制度绩效与公民生活的有力联系不可避免地引导我们提出这个问题：为什么一些地区比其他地区更有公民精神和特征呢？这是第五章的主题。对其答案的探索引导我们回到大约 1 000 年以前的一个关键时期，那时两个很不同的新政权在意大利的不同地方建立起来——一个是南方强大的君主制，一个是中部和北方的一系列非凡的自治共和国。从早期中世纪时代到19世纪意大利的统一，我们追述了公民参与和社会团结模式的系统的地区差异。这些传统对今天意大利各地区的公共生活和私人生活产生了决定性的后果。

最后，第六章探讨了为什么公民关系的规范和网络对政府的效率和反应灵敏度有着那么强烈的影响，为什么公民传统长期以来是那么稳定。我们发展了一套理论方法，它建立在集体行动的逻辑和“社会资本”的概念基础上，它的目的不仅仅在于说明意大利的情况，而且在于把历史选择的视角和理性选择的视角结合起来，以便改进我们对其他许多地方的制度绩效和公共生活的理解。我们的结论反映了制度变迁对政治生活的重塑力量，反映了历史与社会背景对制度绩效所构成的强大约束。本书不是指导实际的民主改革家的手册，但它的确为我们大家面对的广泛问题提供了一个认知框架。

注　释

［1］关于此次行程图，见卷首。

［2］关于瑟维索灾难及其后果，见 Michael R. Reich，*Toxic Politics*：*Responding to Chemical Disasters*（Ithaca：Cornell University Press，1991），pp.98-139。

［3］See Terry M. Moe，“The New Economics of Organization，” *American Journal of Political Science* 78（November 1984）：739-777；Geoffrey Brennan and James M. Buchanan，*The Reason of Rules*：*Constitutional Political Economy*（New York：Cambridge University Press，1985）；Kenneth A. Shepsle，“Institutional Equilibria and Equilibrium Institutions，” in *Political Science*：*The Science of Politics*，Herbert F. Weisberg，ed.（New York：Agathon Press，1986），pp. 51-81；Elinor Ostrom，“An Agenda for the Study of Institutions，” *Public Choice* 48（1986）：3-25；Kenneth A. Shepsle，“Studying Institutions：Some Lessons from the Rational Choice Approach，” *Journal of Theoretical Politics I*（1989）：131-137；Terry M. Moe，“Political Institutions：The Neglected Side of the Story，” *Journal of Law*，*Economics*，*and Organization* 6（1990）：213-253；and Douglass C. North，“Institutions and a Transaction Costs Theory of Exchange，” in *Perspectives on Positive Political Economy*，eds. James E. Alt and Kenneth Shepsle（New York：Cambridge University Press，1990），Chapter 7.

［4］See James G. March and Johan P. Olsen，*Rediscovering Institutions*：*The Organizational Basis of Politics*（New York：The Free Press，1989）and *The New Institutionalism in Organizational Analysis*，eds. Walter W. Powell and Paul J.

Dimaggio（Chicago：University of Chicago Press，1991）.

［5］See Stephen Skowronek，*Building a New American State*（New York：Cambridge University Press，1982）；*Bringing the State Back In*，eds. Peter B. Evans，Dietrich Rueschemeyer，and Theda Skocpol（New York：Cambridge University Press，1985）；and Peter Hall，*Governing the Economy*：*The Politics of State Intervention in Britain and France*（New York：Oxford University Press，1986）.

［6］关于这一理论清晰的、有说服力的解释，见 Shepsle，“Studying Institutions”。

［7］关于制度绩效评估的进一步讨论，见第三章。

［8］关于正式法律研究的演变和制度主义作为政治分析模式的讨论，见 *Comparative Politics*：*A Reader*，eds. Harry Eckstein and David Apter（London：The Free Press of Glencoe，1963），pp. 10-11。

［9］同上书，p. 100。

［10］特别是见密尔在《论代议制政府》里关于比例代表制、投票模式，以及议会制政府的作用和构成的讨论。

［11］Eckstein and Apter，*Comparative Politics*，p. 98. Other examples of this genre include James Bryce，*Modern Democracies*（New York：The MacMillan Co.，1921）and Harold Laski，*A Grammar of Politics*，4th ed.（London：George Allen and Unwin，1938）. 在受到第二次世界大战历史影响的一代学者中间，有一种制度研究很流行，即强调选举制度在决定政治结果上起着关键的作用。见，例如，F. A. Hermens，*Democracy or Anarchy? A Study of Proportional Representation*（Notre Dame，Indiana：The Review of Politics，1941）and Maurice Duverger，*Political Parties*：*Their Organization and Activity in the Modem State*（New York：John Wiley，1954）。

［12］Arturo Israel，*Institutional Development*：*Incentives to Performance*（Baltimore：Johns Hopkins University Press，1987）.

［13］Elinor Ostrom，*Governing the Commons*：*The Evolution of Institutions for Collective Action*（New York：Cambridge University Press，1990）. 关于集体行动困境的更详细的讨论，见第六章。

［14］Robert A. Dahl，*Polyarchy*：*Participation and Opposition*（New Haven：Yale University Press，1971）；Seymour Martin Lipset，*Political Man*（New York：Doubleday，1960）.

［15］Israel，*Institutional Performance*，p. 112.

［16］Gabriel A. Almond and Sidney Verba，*The Civic Culture*：*Political Attitudes and Democracy in Five Nations*（Princeton：Princeton University Press，1963）. 基于社会文化变量的其他更广泛的比较政治分析，见 Harry Eckstein and

Ted Robert Gurr，*Patterns of Authority：A Structural Basis for Political Inquiry*（New York：John Wiley and Sons，1975）；Samuel Beer，*British Politics in the Collectivist Age*（New York：Norton，1982）；Anthony King，"Ideas，Institutions and the Policies of Government，" *British Journal of Political Science* 3（1973）：291-313；Ronald Inglehart，*Culture Shift in Advanced Industrial Society*（Princeton，N. J.：Princeton University Press，1990）：Michael Thompson，Richard Ellis，and Aaron Wildavsky，*Cultural Theory*（San Francisco：Westview Press，1990）and Harry Eckstein，*Regarding Politics：Essays on Political Theory，Stability，and Change*（Berkeley：University of California Press，1992），Chapters 7-8。

［17］Alexis de Tocqueville，*Democracy in America*，ed. J. P. Mayer，trans. George Lawrence（Garden City. N. Y.：Anchor Books，1969）.

［18］Phihp Selzniek，*TVA and the Grass Roots：A Study in the sociology of Formal Organization*（Berkeley，California：University of California Press，1953），p. 250. See also Stein Rokkan，"The Structuring of Mass Politics in the Small European Democracies，" *Comparative Studies in Society and History* 10（1968）：173，该文讨论了社会科学家面对的如下困境："一方面有义务把庞杂的实证事实压缩成精练的一般假设……另一方面又有压力要把每一个案例作为独一无二的、值得独立进行研究的存在来对待。"

［19］如果创见能够抓住研究人员的眼睛，那么它就可以通过这个测试。

第二章
改变规则：20 年来的制度发展

1970 年意大利启动了地区试验。正如西德尼·塔罗（Sidney Tarrow）所说，它仍然是"西方的民族国家里最近进行的极少数创立新代议制机构的努力之一"。[1] 在全球其他地方民主化的希望大增的时代，来自意大利试验的启示是特别有益的，因为问题正在于，正规制度的变革是怎样导致政治行为的变化的？[2] 前威权主义国家的未来改革家们面临这样一个问题，改变博弈的规则是否能够在规则所实际运行的环境里产生预期的效果或者任何效果。意大利地区试验能够帮助我们把握这个问题。

新制度主义认为，政治是由制度构建的。詹姆斯·马奇（James March）和约翰·奥尔森（Johan Olsen）对这个制度后果的理论作了这样的概括：

> 政治生活的组织造成了不同的后果，制度影响了历史的发展……政治制度对内对外采取的行动改变了政治利益和政治资源的分配，改变了行为的规则；其途径是创造新的行为者和共识，向行为者提供成功和失败的标准，建立它认为适当的行为规范，把权威和其他类型的资源授予某些人而不授予另一些人。制度影响个人和集团在已有制度内外的行为方式，影响市民与领导人之间的信任关系，影响政治共同体的普遍期望，影响社区的语言、认识和规范，而且还影响各种概念如民主、正义、自由以及平等等的含义。[3]

如果制度改革能有如此深刻的影响，那么对改革家们来说是个好消息。

然而，两个世纪以来世界上的宪法制定警示我们，新制度设计师的努力常常是徒劳的。制度变革并不总是根本改变政治的模式。德尚内尔（Deschanel）总结法兰西第四共和国的政治和政府特征时说："上层是共和国，下层是帝国。"[4]"新瓶装旧酒"，这是意大利建立地区政府时普遍的预期，因为意大利人已经经历了太多没有改变任何东西的制度变革了。[5]制度改革改变行为是一种假说，而不是一个公理。制度理论家们缺乏可以控制的环境，因而不能对改变规则产生的影响进行实证的评估。

由于消除了这个缺点，所以意大利的地区试验成为特别有意思的对象。本章我们开始评述这个试验及其对制度主义的意义，我们提出的问题是：新制度是怎样创立的，在前 20 年里它们发生了怎样的演进？制度变革是否像制度主义者预言的那样，确实重塑了政治行为者的共识？是否重新分配了政治资源？实施了新的规范？这些新制度怎样改变意大利治理的日常实践？一句话，它们以任何可见的方式发生改变了吗？

第一节　创立地区的政府

强烈的地区和地方共识是意大利历史遗产的一部分。地区实体——地理界线、政治独立性、经济差别，以及一般都被一个强大的城市主导——是 1 000 多年来意大利历史画卷中极为鲜明的线索。[6]事实上，1860 年意大利建国时，语言的差异如此之大以至于不到 10%（可能少到 2.5%）的"意大利人"说官方语言。[7]对于统一意大利的皮德蒙特斯（Piedmontese）君主们来说，地区差别是国家发展的主要障碍。他们的口号是："我们已经建立意大利国家，但我们还没有塑造出意大利民族。"那时行政科学的最新式词汇是高度集权的拿破仑法国模式。他们认为，强大的中央权威对于加强新民族国家的一体化是必要的。[8]

也有少数人要求在新国家内建立自治的地区政府。然而，现代意大利的缔造者们出于对教会和农民的反动倾向的担心，出于对南方的落后的担心（就像今天第三世界绝大多数新兴国家的缔造者们一样），坚持主张分权与繁荣和政治进步是不相容的。集权派很快赢得了辩论的胜利。地方的高级官员由罗马的中央政府任命。地方政治僵局（或者甚至是地方对中央政策的不同意见）会导致地方被中央任命的专员数年的统治。[9] 大权在握的省长是模仿法国体制设立的，他控制地方政府的人事和政策，批准所有的地方条例、预算以及合约，并且常常插手最微小的细节。[10] 公共政策的大多数领域，从农业到教育到城市规划，都由罗马官僚机构的现场办公室来管理。

实际上，这种极端行政集权的严格执行在一定程度上被意大利典型的政治应变形态中和了。为了维持他们在新生国会里获得的脆弱的支持，意大利领导人发展了转型（trasformismo）的实践，即与地方名流达成庇护交易，其支持中央执政联盟的条件是国家政策作出适合地方情况的调整（或者至少是适合地方权势人物）。省长虽然肩负控制地方政府的责任，但也有责任安抚传统的地方精英，在南方尤其如此。庇护—附庸纽带的垂直网络成了分配公共事务和软化行政集权的手段。转型使得地方精英与中央代表可以讨价还价，从而他们可以抵制中央命令对地方利益的侵害，反过来他们在选举和国会中支持中央的代表。[11] 通向中央的政治渠道比行政渠道更为重要，不过与中央的两种联系都是非常关键的。[12]

这种讨价还价的、区别对待的中央控制体制在法西斯统治时期也在事实上保持下来。选举、政党以及政治自由被取消了，但行政权力的传统组织和旧统治阶级的许多人仍然掌握权力。[13] 尽管正规制度高度集权，意大利的治理在实际上体现了对地方精英在一定程度上的回应。然而，无论对于君主制下、法西斯统治下，还是 20 多年后法西斯共和国时代下的地方政策制定者来说，所有的渠道都指向罗马。

只是在第二次世界大战以后，随着民主政治的出现和基层对极端集权日益反对，地区意识才开始再度兴起。新的强大政党，无论是中右派的基督教民主党还是左派的社会主义者和共产主义者，在历史上都反对中央政府，他们普遍认为要有更大的分权。在他们的主持下，1948 年的新宪法规定建立由直接选举产生的地区政府。[14]

这个宪法命令几乎立刻在 5 个“特别”地区得以实施，它们在国界线上以及在西西里岛和撒丁岛，这些地区受到了分离主义者和族群问题的威胁。[15] 但是，在其余的、包括了意大利 85% 人口的“普通”地区创立地区政府需要相关的立法，由于遭到激烈的政治反对，地区政府的创立被拖延了。中央行政机构自然不愿意把任何重大权力分出去。更重要的是，此时在中央执政的基督教民主党有理由担心，意大利中北部红色地带的几个地区会落到共产党人的手里。有 20 多年的时间，规定建立地区政府的宪法条款一直没有落实，所实行的仍然是中央的控制。

但是，到 60 年代中期为止，已经开始发生了很大的变化。战后意大利的社会与经济经历了非凡的转型。从 1950 年到 1970 年的 20 年时间里，经济发展的速度比意大利历史上任何时期都要快，而且事实上比其他所有的西方经济体更快。几百万人从贫穷的南方迁移到工业化的北方。[16] 农业劳动力所占的比例从 42% 迅速下降到 17%，所用的时间只有西方其他地方经济史所用时间的一半。食物大大改善，文盲率和婴儿死亡率下降了 2/3，维斯帕（Vespa）牌汽车取代了自行车，然后菲亚特（Fiat）又取代了维斯帕。几百万意大利人改换了工作、住房以及生活方式。意大利及其大多数地区和城市，经历了创纪录的最集中的社会变迁阶段。

政治与政府远远地落在了这些社会与经济变化的后面。意大利中央行政体系日益僵化无能，地区规划的利益逐渐形成，中央政治向左倾斜，这些因素的结合再次提出了建立地区政府的问题。1968 年 2 月，在击败了敌对的保守派破纪录的阻挠以后，议会通过了一项为普通地区提供选举机制的立法。两年后，批准了一项规定地方财政的法案，使首届地区委员会（成员数从 30 人到 80 人不等，取决于地区的人口规模）得以在 1970 年 6 月选举产生。随后数月，仿照意大利国会政党制度的惯例，选举了地区主席和内阁（giunta），并依照宪法有关条款和中央授权法律，通过了一个地区法律，规定了组织、程序和管辖范围。

新制度的支持者列举了要达成的广泛目标。人民党人宣称地区政府将提高民主的水平，因为它培养了公民的参与以及对地方需求的关照。调和派认为分权化将提高行政效率。南方人相信地区政府将加快社会经济的发展，将减少地区之间的不平等。地区自治还吸引了中央政治的“局外人”——世纪中叶的共产党人，就像几十年前吸引了天主教徒一样。进步的技术官僚认为，地区制度对于执行理性的社会经济计划是必要的，它将导致“政治运作的新方式”，即比传统的、意识形态化的意大利政治模式更加实用的方式。

地区主义的支持者相信制度变革将重构政治的力量。他们几乎把新政府看作毕其功于一役的救星，相信“创立政治上自治的地区政府将使国家能够获得迅速的社会和政治复兴”。[17] 我们对 1970 年新选出的委员们进行了第一次的访问，发现他们充满着希望和热情。他们对改革的前景很乐观，并把地区看作对中央权力机构的一个有力挑战。这是多年来弥漫于意大利地区主义者的理想主义的愉悦之情。

然而，为保障新地区获得足够资金和权力而展开的斗争才刚刚开始。中央政府发布有关命令将权力、资金和人员转给地区就花了两年多的时间，所以新政府直到 1972 年 4 月 1 日才开始有效运转。更糟糕的是，1972 年有关地区政府的条例受到各党派议员、关心这个制度的公众以及地区政府官员广泛的批评，它们被认为是根本不够的。在早期的这些年里，保守的中央政治家、既有的中央官僚机构以及传统思维的司法系统结成了联盟，他们联合对地区施加了无数法律、行政和财政的制约。中央机构保留了“指导与协调”地区事务的普遍权力，它们还非常积极地使用这些权力。例如，首届地区立法机构通过的法律当中大约有 1/ 4 被中央行政当局否决。而且，中央政府对新政府的钱袋子勒得很紧。1972 年公布的开支计划事实上规定了未来 3 年分配给地区的经费不予增长，而中央官僚机构的开支却将增长了 20%。当地区主义者意识到真正的权力下放需要与中央展开政治斗争才能获得时，欣喜变成了惊愕和愤怒。

在有独立思想的伦巴第（由进步基督教民主党控制）和艾米利亚–罗马涅（由共产党控制）区政府的领导下，在 1974 年到 1975 年中央政治左倾浪潮的鼓舞下，地区主义的力量重新发动了进攻。新闻媒体的同情态度促进了地区利益集团和公众舆论对基层的支持联合了起来。不同类型的地区政府——北方的或南方的，红色的或白色的——集结成了所谓的“地区主义阵线”。这个联盟还因得到了原先为推动改革而设立的新中央机构的支持而增强了力量，它们是地区部和地区跨院委员会。制度变迁正在创造自我前进的动力。

1975 年 7 月，左翼在第二轮地区选举取得重大胜利之后，地区主义者成功地通过了国会第 382 号法律，把一些重要的新职能下放给了地区。为了转移决策的场所和防止中央官僚机构的进一步阻碍，第 382 号法律要求政府在实施条令前必须先获得议会的批准。为准备这些条令花费了两年时间，中央政府、地区政府、议会的地区委员会以及主要政党之间在这两年里进行了紧张的、常常是针锋相对的谈判。我们在 1976 年作了一次访谈，发现受访的人们对地区是否有能力维护自己自治地位的信心大大降低了。他们谈到的中央与地区的冲突，以及中央的控制都比 6 年前预计的要多。过去对于新制度有能力解决紧迫的社会和经济问题的乐观态度如今更审慎了，他们很快就转向指责罗马拖大家的后腿。自然，对自治的要求现在在他们的日程上有着高得多的地位。

如同各地的政府间关系一样，地方与中央的博弈是在两种不同然而相关的形式上同时进行的，我们把它们叫做“一对一”和“多对一”。在一对一的情况下，单个地区努力逃避或减少中央对具体决策的控制。在多对一的情况下，地区政府作为一个整体努力改变进行一对一博弈的规则，以使增加它们的谈判资源。在早期的这些年里，一对一的斗争绝大多数都是中央机构取得压倒性的胜利。各方都认为这些年里的中央与地区的关系是形式主义的、互相对立的、没有成效的。

但是，虽然一对一的斗争是中央取胜，多对一的斗争却达到了一个有利于地区的顶峰。在 1977 年 6—7 月，主要政党的议员们进行了一系列漫长的高峰会谈，对实行一套规则（所谓的 616 号条令）达成了一致意见，条令规定从中央官僚机构中分离出 20 000 个办事机关转给地区，其中包括几个部门的很大部分，比如农业部以及成百上千个半公共的社会机构，还授予了地区在几个重要领域的全面的立法权力，包括社会服务和国土规划。616 号条令的财政条款赋予地区的财政收支占全国的

1/ 4，有些估计认为高达 1/ 3，其中包括单项改革中责任已完全转给地区的国家医疗与保健系统。到 1989 年，这个部门的开支占到了地区开支总和的一半还要多（像其他地方的医保政策一样，行政部门一半多的麻烦都源于此）。

地区主义者这种胜利的部分原因来自中央政治。基督教民主党处于 20 世纪 70 年代中期勃兴的共产党人的包围之中。在社会主义者和左翼基督教民主党人的支持下，意大利共产党对进一步向地区下放权力施加了强大的压力。616 号条令表明，基督教民主党的总理居里奥·安德雷奥蒂（Giulio Andreotti）为了维持共产党对其政府的支持而作出了让步。然而，同样重要的是，直接选举产生的地区政府也在创造着一种推进有效分权的强大压力和政治激励。地区主义者正在赢得胜利，他们集结的是初始改革所释放的力量，以及这个改革所创造的力量。

权力下放不可避免的是一个谈判的过程，而不简单的是一个法律上的行动。法律和宪法框架、行政权力框架（控制、权力分配、人事任免等），以及财政结构都是当前博弈的关键资源，也是前期博弈的结果。在地区领导人看来，中央权力机构的主要谈判力量在于他们对资金的控制和对分派正式权力的控制——对钱袋子和规制的控制。较富有的、较有雄心的北方地区的领导人比较关心规制，南方比较关心钱袋子。

在中央因控制了法律、规定、资金而有实力坚持强硬态度的情况下，地区转向较不正式的政治资源。它们广泛依靠地区之间的团结与来自地区和地方利益集团、新闻媒体以及公众舆论对基层的支持。南方人更多地依靠"垂直"战略，比如向同情地区的中央庇护人提出个别的请求，而北方人更愿意求助于"水平的"集体行动，他们组建了一个广泛的、地区主义的阵线。（关于南方的垂直政治和北方的水平政治之间的差异，本书还将在不同场合反复提到。）对中央权力机构的最激烈斗争主要是由北方人领导的。我们在后面的章节将看到，70 年代中期为止，无论南方还是北方的选民和社区领导人都变成了地区改革原则的坚定支持者，即使在他们对他们自己地区政府的实际运作持批评态度的时候也是如此。权力下放的政治动力已经可以自我维持。

616 号条令反映了地区在建立正式权威的关键斗争中取得的胜利。

有关下放新权力和财金资源的斗争还在继续，虽然没有那么激烈，但却更加紧迫。地区在多对一的斗争中取得了压倒性的胜利，却也使它们不再能够理直气壮地抨击中央权力机构的缺点了。一位地区领导人在 1981 年用一种事后的聪明告诉我们："它们把我们扔到水里，希望我们能够游泳。"罗马官僚机构的一位高层人士的言辞更加尖刻，不过可能也更加准确："通过 1977 年的条令，我们终于给了地区足够的绳子让它们吊死自己。"

在第二届立法机构期间（1975—1980 年），几个主要地区的领导人发生了更替，这表明地区面临的挑战发生了变化。富有魅力的勇士们，比如伦巴第区主席基督教民主党人皮亚罗・巴塞蒂（Piero Bassetti）、艾米利亚-罗马涅区主席共产党人奎多・凡蒂（Guido Fanti）、托斯卡纳区主席社会党人雷里奥・拉格里奥（Lelio Lagorio），都向上提升，离开了地区政治；他们被更乏味的管理型人物替代。

中央与地区之间的新分工还远称不上是联邦性的。大多数地区的资金都来自中央，中央权力机关对地方立法还保有否决权。不过，地区确实比意大利统一以来的地方政府都更有权力。地区立法机构的立法范围包括医保 、住宅、城市规划、农业、公共事业以及教育的一些方面。另外，地区的规定还成功地管辖了国土规划、经济规划和结构性的规划。南方基金开展了试验性的活动，为南方的众多公共投资筹集资金。这个机构越来越多地受到地区政府代表的控制。

> 因此，地区或地区监管下的市政当局可以组建它们自己的专门机构，来处理福利问题，实行自己的补贴农民和手工业者的计划，以及组织自己的合作机构和幼儿园。它们可以制定地区发展和土地利用计划，可以管理商会……最引人注目的或许是接管了"保卫公共道德"的艰巨任务。也就是说，它们有权向旅馆业主、店主、出租车司机、持枪者等发放许可证。这些是真正的庇护和治安权力。至少这一点是政府的一个革命。[18]

政府责任中许多与普通意大利人的生活密切相关的方面转到了地区的手里。对于这些重要的职能，中央政府一直没有很好地履行。

对地区政府重要性的一个实际衡量是看它们现在控制的资源。成千上万的行政职务被创造出来，以服务于政府；在20世纪70年代早期的几次分权化行动中，几千名工作人员从中央官僚机构转到地区。到1981年4月，15个普通地区总共拥有46 274名行政人员，这个数字比此前的5年增长了76%（5个特别地区的行政人员共有29 383名）。[19]

20世纪七八十年代地区拥有的资金呈几何级数地增长，从1973年的约10亿美元上升到1976年的约90亿美元，到1979年的约220亿美元，到1989年的650亿美元。这种巨大的份额来自中央政府的普通转移支付和专项转移支付。[20]（表2—1整理了1989年地区开支的金额。）到90年代初，地区政府的开支接近意大利国内生产总值的1/ 10，只是略微低于美国的水平。地区这个在15年前还只是存在于纸面上的组织，如今已经控制了巨大的资金。事实上，在七八十年代的绝大多数时候，几乎所有地区都有财政结余转入下一个财政年度，因为流向地区的资源超过了它们羽翼未丰的行政能力。

表2—1　　1989年意大利地区开支（按部门分类）

	经常项目[a]	资本项目[a]	总计[a]	总计[b]	%
医疗保健	48 779.2	2 269.7	51 048.9	37 208	56.3
农业	2 004.3	4 895.7	6 900.0	5 029	7.6
交通运输	4 561.7	1 646.9	6 208.6	4 525	6.8
行政管理	4 874.6	1 059.0	5 933.6	4 325	6.5
住房 / 公共设施	121.7	5 149.4	5 271.1	3 842	5.8
教育	2 232.4	385.4	2 617.8	1 908	2.9
环境	340.6	1 863.7	2 204.3	1 607	2.4
社会援助	1 364.4	539.0	1 903.4	1 387	2.1
工业 / 手工业	282.6	1 513.9	1 796.5	1 309	2.0
商业 / 旅游业	447.5	896.4	1 343.9	980	1.5
文化	429.4	386.0	815.4	594	0.9
债务偿还	0.0	622.7	622.7	454	0.7
其他	1 711.2	2 262.9	3 974.1	2 897	4.4
总支出	67 149.6	23 490.7	90 640.3	66 064	100.0

a 单位：百万里拉。

b 单位：百万美元。

在建立新制度的组织和程序以外，早年的地区立法主要关注资金的分配：对农业合作社的贷款、向有需要的学生发放助学金、向残疾人提供援助、为城市间公共汽车提供补贴、大规模援助，等等。由于要寻求公众的支持，但是又缺乏必要的行政基础设施，甚至常常缺乏开展重要社会改革所需的法律权威，大多数地区的政治都陷入了分散的状态，一种意大利人称为小法律（leggine）和向地区无差别地“倾泻”项目（interventi a pioggia）的非常散碎的形式。

另一方面，一些地区在某些领域确实进行了重要的改革，比如城市规划、环境保护以及意大利混乱的医疗和社会服务领域。这几个地区的改革为全国性的改革作出了探索，后来全国性的医疗和社会援助改革建立了“医疗和社会服务的地方机构”的组织，作为其基本的组织结构。大多数专家一致认为，城市规划的责任一从中央转到地方，城市规划就得到了显著的改善。在公共政策的某些“新”领域，例如能源和环境领域，许多地区填补了罗马的庞大而笨重的部门所留下的空白，这些部门对不断变化的公众需求和社会需要的反应总是很迟钝。地区立法机构的活动是否超过它们的行政负荷是一个重要的问题，我们将在第三章加以讨论。但是，不论是好是坏，意大利国内政治的许多方面如今已经被重组了。用马克斯·韦伯令人感怀的话说，地区政府已经慢慢地对刻板的中央政府部门产生了强劲有力的冲击。[21]

第二节　地区政治精英：“政治运作的新途径”

在 1970 年以后的 20 年里，意大利政府的博弈规则已经改变。现在我们应该考察，这些制度变迁对政治的实际运行方式产生了什么影响，对意大利人所受到的统治方式实际上产生了什么影响。

孟德斯鸠指出，在新政体产生的过程中，是领导人塑造了制度，其后则是制度塑造领导人。制度变迁与政治精英之间的互动是意大利地区试验所展示的一项重要内容。

在建立地区以前的争论中，一些批评意见预言，地区的委员会将成为各党“坠落明星”即过时的党的仆从的收容所。另一方面，少数乌托邦的地区主义者预言，在地区的基层将出现新的一批公民——政治家新秀。事实上，这两种预测都不正确。从一开始，新的委员会就由训练有素、向上流动、雄心勃勃而且高度职业化的政治家组成。[22]

委员们参选时的平均年龄约为45岁，已经从事党务工作将近25年。一般说来，地区委员比国会议员年轻几岁，经验也少一些，不过在其他方面，委员的履历更接近于国会议员而不是市政委员。事实上，在1970年到1985年间至少有20%的地区委员（以及超过1/3的地区领导岗位）是从国会议席上退下来的。[23] 在意大利的政治阶梯上，地区委员的工作已经成为一个重要的台阶，在这里，许多兼职的业余人士转变为职业政治家。

绝大多数新的地区政治精英是白手起家的男子。（低于5%的地区委员是妇女；不论地区委员会在其他方面的包容性有多大，像意大利政治的普通情况一样，它仍然是一个男性主导的世界。）地区委员的社会出身比国会议员低，但比市政委员高得多。有一个例外，即地区的立法委员在本区的镇和村里有牢固的根基。[24] 35%～40%的地区委员是工人、手工业者或农民的儿子，但只有15%～20%的地区委员自己从事过这些职业。地区委员的父亲们中，一半以上只有小学文化，10%～15%的人上过大学。但是，从地区委员本身来看，绝大多数（1989年为77%）上过大学，这个数字接近国会的平均数，约为意大利市政委员平均数的两倍。

召集起来的地区委员都是在地方政府和党务方面有着丰富经验的政治家。超过3/4的人在参加选举以前都有一定的职务，超过4/5的人在他们的党里都干过重要的领导工作。市政委员会仍然是通向地区委员会的一块重要的跳板，有2/3的地区委员曾在市政府里服务过。在地区政府运行的前20年里，地区本身逐渐取代了省（在地区与地方政府之间的行政单位），成为意大利政治等级中重要的一个层级。在1970年到1989年间，过去在省级政府供职的人在地区委员中占的比例从45%下降到20%，现职或曾任职省级党领导所占的比例从82%下降到65%。另一方面，现职或曾任职地区党组织领导人的委员所占的比例从1970年的26%上升到1989年的59%。这个趋势反映了意大利政党组织的稳步的“地区化”（当然还不完全），初步证明已经出现了一个显著的地区政治精英阶层。

地区委员已经逐渐把自己的工作看作全职的，这是制度化在增强的一个指标。[25]在地区政府的工作之外继续寻找其他工作的委员数从1970年的69%下降到1989年的45%。地区委员会已经被人们视为职业政治家的活动场所。[26]对任何新政治制度的首次检验，就是它使严肃的政治家的抱负得以施展因而利用了他们的雄心。意大利地区政府已经跨过了这个重要的考验。

甚至更为重要的是，地区政府已经改变了精英的政治文化。我们从1970年到1989年对委员和社区领导人的反复访谈中看到了地区政治最惊人的变化，那就是意识形态极大的温和化，同时伴随着一个用实用的方法处理公共事务的强大趋势。

意识形态的温和化主要是因为在一系列有争议的问题上人们的观点整个地向右转，共产党人和其他左翼政治家有一个趋向温和的强大趋势，这鼓舞了向右转的潮流。比如，认为“资本主义对意大利是一个威胁”的左翼人士从1970年的97%急剧而稳步地下降到1976年的76%，到1981—1982年的54%，最后到1989年的28%。[27]另一方面，在这个以及广泛的类似问题上，基督教民主党人以及来自其他中右派政党的政治家也出现了一种灵活得多的趋势，保守的观点也时起时落。比如，认为“意大利工会的权力太大”的中派分子和左翼人士的人数发生了数次变化，从1970年的67%上升到1976年的74%，再上升到1981—1982年的86%，又回落到1989年的65%。结果，左翼党和右翼党之间的差距在1970年到1989年大大缩小了。

图2—1概括了这些变化带来的影响，根据对左—右问题的回答合成的指数来绘制我们政治家的分布，这些问题是关于资本主义、工会权力、收入分配、离婚，以及公共部门的罢工问题。（表2—2列出了左—右问题指数的构成。）1970年，这些政治家的观点呈现典型的两极分化的双峰式分布，总体上大大左倾。6年后，分布仍然是双峰式的，但双峰之间的距离缩小了。1981—1982年重心已经大为右移，虽然两极分化不再那么强烈，但双方差距仍然很大。到1989年，钟摆回到了中间的位置，观点的分布呈现典型的“正态分布”状态，众数处在分布图的中间，左—右的差距比20年前小多了。[28]

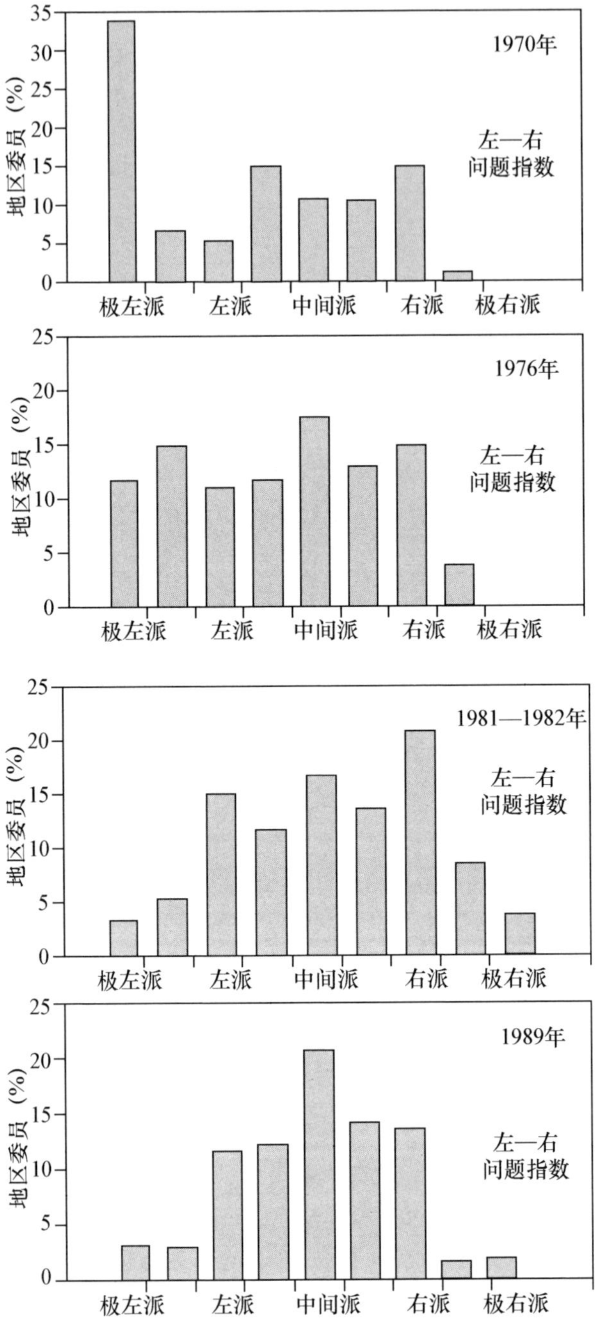

图 2—1　左—右派的极端化（1970—1989 年）

表 2—2　　左—右问题指数的构成

1. 收入分配中，工人的确处于不利地位。（同意）
2. 意大利工会的权力太大。（不同意）
3. 意大利的离婚制度是进步的一个标志。（同意）
4. 在公共服务部门（如石油、交通），罢工的权利应该受到限制。（同意）
5. 对意大利来说，资本主义是一个威胁。（同意）

注：每一项的答案有几个选择项："完全同意"，"有一点同意"，"有一点不同意"，"完全不同意"。指数由对所有这 5 项的回答进行推算而来。第 2 到 4 项的分值是倒过来算的，这样才能保证左—右的一致性。

表 2—3 以略微不同的形式提出了同样的证据，表明支持极端右翼或左翼立场的地区委员的人数急剧下降，在左—右问题上的极端主义者从 1970 年的 42% 之众减少到 1989 年的 14%。开始的 20 年里，新制度在地区政治中的成长趋势是稳定的、有力的。

表 2—3　　地区委员的去极端化（1970—1989 年）

	百分比			
	1970 年	1976 年	1981—1982 年	1989 年
极端派	42	31	21	14
温和派	58	69	79	86
数量	100 （72）	100 （154）	100 （151）	100 （166）

注：极端主义与温和派是由左—右问题指数的分值来衡量。图 2—1 中"边上"4 类（极左的两类与极右的两类）的分值计入"极端主义"，中间 5 类的分值计入"温和派"。这个指数及其权数在全部四次访问中都是一样的。

意识形态上的距离缩小了，跨党的宽容大大增强。在每一次调查中，我们都询问每一位政治家对各个政党的态度，是同情还是反感；我们设计了一个"态度评估表"，分值从 0（表示完全反感）到 100（表示完全赞同）。图 2—2 给出了每一个政治家对反对党的不同态度。结果表明事实上所有的党都有一个相互容忍度不断加大的稳定趋势。例如，非共产党人对共产党持同情态度的分值从 1970 年的 26 上升到 1989 年的 44，其他党派的地区委员对基督教民主党持同情态度的分值从 1970 年的 28 上升到 1989 年的 39。只有意大利新法西斯社会运动（以及在一个较小的程度上，极左的无产阶级民主党）还受到其他政治精英的排斥，不过，即使是这种排斥在 80 年代末也比在 70 年代初弱了一些。

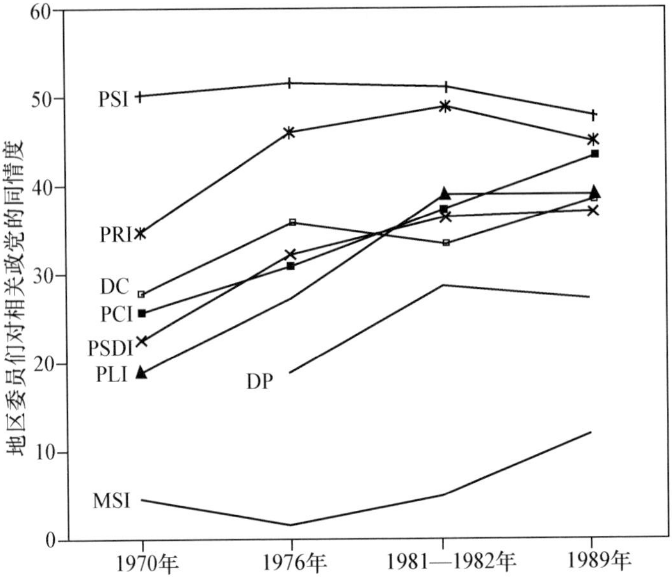

图 2—2　地区委员们对政敌的宽容度（1970—1989 年）

PSI：意大利社会主义党；PPI：意大利共和党；DC：基督教民主党；PCI：意大利共产党；PSDI：意大利社会民主党；PPI：意大利自由党；DP：无产阶级民主党；MSI：意大利社会党。

事实上这些分值仍然是低于 50 的，因为在一个竞争性的体制里，很难期望政治家对自己的政敌表达更多的好感。对反对党的同情（即使是对比较受欢迎的意大利社会主义党）看来不会超过 50 的中间分值。但是，在地区试验的头 20 年里，意大利政党政治高度紧张的传统特征逐渐消失了，取而代之的是逐渐发展的相互尊重。

地区政治精英之间的党派关系日渐成熟，这并没有全部反映意大利社会的更广泛的变化。我们对公众所作的平行研究表明，70 年代末期，虽然地区政治精英之间的党际关系在熟络起来，但意大利选民之间的党派对立倾向实际上却在增强。80 年代公众层次上的党派对立开始退潮。这种时间上的先后次序表明，意大利政治的去极端化是由“精英主导”的，不过，这个假说还需要得到进一步的研究的仔细检验。如果确实如此，那么，在地区政府成立之初，新选出的来自不同党派的委员之间比他们的各自选民之间的对立更严重。20 年以后，这种状况完全反过来了，地区政治家之间的党派关系明显比支持他们的选民之间的党派关系更加开放和宽容。[29]

地区决策的这些趋势产生了一个重要的后果：对实际问题的多数意见不再因为党派对立而难以达成了。这个结论还得到了下面这个证据的加强，即意识形态化的政治在这20年里逐渐衰弱了。地区政治家不再把世界看作非黑即白，而是有着更微妙的灰影（因而是可以讨价还价的）。

表2—4概括了1970年到1989年地区委员的政治文化的变化状况。认为“在当代社会经济事务中，技术上的考虑应该优先于政治上的考虑，这是绝对必要的”的委员所占的比例从1970年的28%猛升到1989年的63%。认为“与政敌妥协是危险的，因为它常常导致对自己阵营的背叛”的委员所占的比例，从1970年的50%急剧下降到1989年的29%。那些主张调和的人，主张“政治斗争一般应当避免走极端，因为正确的解决办法往往是中庸之道”的人，从1970年的57%上升到1989年的70%。支持下面这个观点的人的比例从1970年的68%猛增到1989年的94%，即“归根结底，对国民的忠诚应当高于对政党的忠诚”。对公民忠诚优先于对政党的忠诚这个观念，在这些年里，从一个有争论的问题变成了人们的共同信念。表2—4对这种变化进行了逐年的仔细检查，发现精英政治文化的大多数变化是在20世纪80年代初达成的。

表2—4　　精英阶层政治文化的变化趋势（1970—1989年）

	持赞同意见的百分比			
	1970年	1976年	1981—1982年	1989年
当代社会经济事务中，技术上的考虑应当优先于政治上的考虑	28	43	64	63
与政敌妥协是危险的，因为它常常导致对自己阵营的背叛	50	35	34	29
政治斗争中一般应当避免走极端，因为正确的解决办法往往是中庸之道	57	72	70	70
归根结底，对国民的忠诚应当高于对政党的忠诚	68	72	84	94
大致的数量	（77）	（158）	（154）	（171）

地区政府运行10年多一点的时间使人们得到了锻炼而逐渐成熟，意识形态的不妥协被妥协的美德和技术专门知识受到欣赏取代。我们请地区委员们用5分制来评估本地区的“意识形态”程度和“实用主义”程度，认为本地区具有明显意识形态倾向的委员的比例从1970年的26%下降到1976年的21%，到1981—1982年的14%，到1989年只有10%。实用主义不再是一个口号，而是处理事务的一种方法。

1970年、1976年和1981—1982年，我们对委员们作了开放式的访谈，对这些访谈的比较可以看出这些决策者对特定地区事务，如社会服务或经济发展的分析方法的一些有趣变化。[30] 通过比较我们所作的自由式谈话，可以看出，后来的委员们分析问题时较少强调最终目标，而更多强调实际的手段。委员们更少认为自己的角色是“对什么作出反应”而更多地认为是“对什么负责”，更少地认为自己是大众事业雄辩的领袖而更多地认为自己是公共利益能干的委托人。地区政府运行10年后，地区领导人变得不再那么理论化，乌托邦的色彩更淡了，也更少通过牺牲别人的利益去保卫特定地区集团的利益。行政、立法和融资的实际问题变得更加突出。委员们现在更多地谈到提供服务的效率，道路和职业教育的投资，更少谈到“资本主义”或“社会主义”、“自由”或“剥削”。

这些趋势无疑与领导人对制度问题的轻重缓急的认识有关。在谈到地区政府面临的最重要问题以及他们对未来的希望时，20世纪80年代的委员比70年代更少关注公正、平等和社会改革。他们现在更多的是关注行政的、政治的和程序的改革。立法自治和行政效率（或，更经常的情况，是行政的无效率）在他们关于地区政府事务的讨论中所占的比重要大得多，而早年关注的救星式的“激进社会革新”已经消失了。

当新立法委员第一次进入委员会时，他们是带着政治和社会关系实际上是零和的观念来的，脑子里盘旋着始终不可调和的冲突。这种状况有着意大利历史上社会和意识形态斗争的根源，它使委员言行极端而阻碍了实际的合作。关于社会和政治的这些观点都在地区试验的第一个

10 年里改变了。图 2—3 表明，在这个时期，委员对不可调和的冲突的强调减少了，对共识的强调则稳定增加。

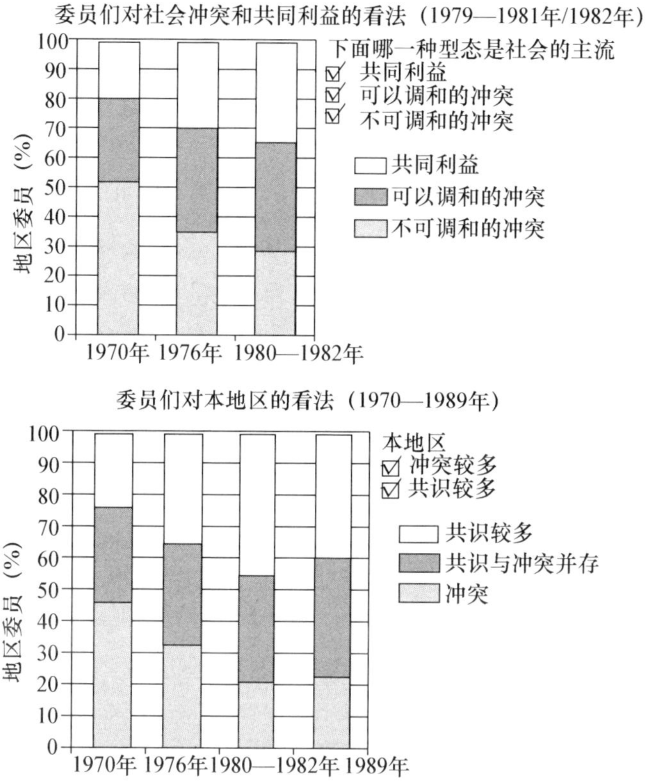

图 2—3　委员们对冲突的认识趋势（1970—1989 年）

地区舞台上政治的温和是普遍的。在这 20 年里，大多数委员都说他们可以信任他们的同事，即使是他们的政治对手。大约 2/ 3 的委员坚信意识形态上的对立仍然可以达成对地区实际问题的共识。3/ 4 的委员认为，委员会的活动更多的是合作而不是斗争，这个判断也得到了我们访谈的绝大多数社区领导人的认同。

这些报告当然不意味着每一个人在每一件事情上都达成了一致意见。事实上，1977 年以后，在具体政策上的意见分歧更大了，当时中央政府转移的权力和资源首次使地区领导人有能力作真正的选择，因而也有了对实际事务的真正争论。争论没有从意大利地区政治中消失，

（正如我们在第四章看到的）冲突与好政府并不是不相容的。然而，不同于意大利政治传统的是，意大利地区委员会“开放型”而非“封闭型”的党派关系日益发展，成为意大利政治的新特征。地区政党政治的多元化不同于意大利中央政治的那种“极端化的多元主义”。[31] 地区领导人已经学会即使发生争执也不会不愉快，他们已经学会尊重他们的对手。

收集到的证据可谓汗牛充栋：地区政府运行的头20年，政治气候与政治文化发生了巨大的变化，从意识形态冲突转向合作，从极端主义走向中庸之道，从教条主义转向宽容，从抽象的原则转向实际的管理，从利益表达走向利益整合，从激进社会改革转向“好政府”。

一些地区主义者哀叹“理想主义的斗争已松懈”，我们对他们的伤感也寄予一定的同情。远离理想主义转向“实力”可能容易造成一种死气沉沉、庸庸碌碌、积重难返的技术官僚主义。[32] 不过在意大利的情况下，我们认为我们所描述的趋势标志着意大利政治转型的一个重要阶段。无论是好是坏，随着新的地区领导人在建设新制度的任务上取得进展，“理想主义的斗争”的确是松懈了。

在这20年里，地区精英的政治文化如何能发生如此非凡的变化呢？有关连续几届地区委员会总面貌的这些趋势的解释，远不是那么简单的。在各种理论中，有三种假说比较重要[33]：

- 选举更替。早期委员会中比较喜欢攻击的委员后来落选了，被选民或地区政府外的政党提名人更喜欢的中间分子取代。如果是这样，那么，虽然委员会的构成变了，但思维方式却没有发生变化。我们可以通过对1975年和1980年新选上的委员与那些年里离开委员会的人作比较来检验这个假说。

- 中央政治。我们在地区委员中发现的变化反映的是中央政治的去极端化。或许，在20世纪七八十年代意大利政治家——不仅仅是那些直接参与地区政府的政治家——普遍地变得更加中庸和实用了。正如我们前面指出的，普通意大利人的党派对立未有衰减，反而在这个时期的许多时候有所发展，因此这个解释是有问题的。我们缺乏有关中央政治家态度变化的直接的比较材料，但是我们可以通过将1975年和1980年新选出的委员的观点分别与5年前的新委员的观点作比较，来检验这个假说。是否连续几波的新来者都更中庸了？从而表明他们所由来的全国范围的候选人群体更加中庸了？

- 制度的社会化。也许参与地区政府本身，就使得它的领导人从意识形态的教条主义者转变成为更注重互动的实用主义者。在这三种解释中，这个解释意味着制度改革本身对于地区政治来说是重要的，它为政治领导人聚集起来讨论他们地区的实际问题提供了一个场所。我们通过对1975年和1980年在任的委员与5年前他们自己的观点相比较，可以获得检验这个假说的最相关的证据。

我们作了一些典型调查，在1970年、1976年，又在1981—1982年对许多人作了重复的访问，我们虽然不能完全解决这个问题，但是这些调查确实可以检验这些不同的解释。[34] 不过，我们的研究不论多么精心策划，都不是完全受控的科学实验。虽然我们能够对曾经入选的委员作前后比较，但我们在地区制度以外没有任何一群直接受控的政客。然而，我们的证据支持以下的结论[35]：

- 选举更替与地区委员会里中间立场的发展没有关系。新选出的委员一般不比被他们取代的委员更中庸；实际上，新进人员有时还不如他们的前任中庸。选举更替更经常是打断而不是加快中庸的趋势。中庸之道不是外部的选民或提名人强加给制度的。

- 全国范围的趋势，虽然时常很难从特定的制度趋势中区分开来，但是看来略有助于中间立场的发展。委员会的连续几届新来者都比他们的前任上任时更中庸，但不如他们的前任离任时中庸。虽然1970年到1976年间全国趋势产生的效应并不明显，但我们的证据表明，全国范围的去极端化在随后的5年加速发展，并且对地区政治产生了更大的影响。

- 制度的社会化，即在任人员的转变，是强有力的，也在很大

> 程度上解释了中庸化的趋势。这些制度效应在改革的早期最为显著，因为新的地区领导人首次相互认识并面对共同的问题。同一个委员，在当选的之初支持的是意识形态极端主义和紧张对立的党派关系，五年或十年以后，观点就更温和了。一个又一个委员会越来越温和，恰巧都集中表现在在任委员身上。制度成立之初的一代委员中，有一些人连任了3届（首届委员中大约有1/3如此），他们在刚进入委员会时都是最极端和教条的人士，但到我们进行第三波访问的时候，他们已经变成了最温和、最宽容的委员了。当初最顽固的党派分子也是那些在委员会里待的时间最长的人，随着他们越来越深地卷入这项制度的生活，他们已深受它的温和化效应的影响。

从这些有时是零碎的数据中能够得出的最合乎逻辑的结论是：新的地区制度在其成员中间培养了一种宽容的、合作的实用主义精神。20世纪七八十年代的意大利，在地区委员会内外都在发生着政治变革，但是委员会内部发生变化的速度比外部快，也更深远，特别是制度成立的早年。意大利政治的传统特征是意识形态的教条主义和紧密的党派关系。[36]地区政府里低头不见抬头见的政治现实，尽管令人讨厌，却改变了这种特征。委员们长年共事，一同面对建立一个新组织的艰难挑战，这教给了他们耐心、实际与合情合理的品格。就像它的支持者所希望的，地区改革培养了“政治运行的一条新渠道”。

第三节　地区自治的深化

“政治制度的自治可以用它们在多大程度上有着不同于其他社会力量的自身的利益和价值来衡量。”[37]在这个意义上，意大利地区政府已经制度化了吗？是否存在建立真正的地区政治体系的潮流，它明显不同于地方或全国性的社会和政治力量？规则的改变是否改变了意大利政治与政府中的实际的权力和利益平衡？

提出这些问题是恰当的，因为地区制度是在强大的全国性和地方性力量的夹层中诞生的。正如我们已经看到的，地区在一定程度上是中央政党政治的副产品，而且地区政治受到中央政治气候的持续影响。另一方面，第一代地区委员有着牢固的地方政治根基。早期地区委员的提名几乎都控制在地方政党组织的手里，地区委员最重要的政治联系在地方。开始，地区是由中央创立、由地方领导的。如果地区政府要成为一个有生命力的、强有力的制度，而不仅仅是意大利垂死的公共机构中又一个形式主义的组织，那么它就应当有自己的根基。它的新领导人就应当从过去对地方和中央庇护的依赖中赢得更大的独立性。

我们的调查表明，地区制度的自治和特性已经成形，特别是在 1976 年以后。例如，在每一次调查中，我们都请委员和社区领导人评估一长串行为人的影响，从地方名流到中央部长，从农业组织到劳工联盟，从商业到教会，从地区主席到地方官僚，所有这些都包括在内。有一个趋势是绝对明显的，那就是地区行政地位的上升。地区主席、地区内阁成员、地区政党领导人，以及地区部门负责人的地位在 1970 年到 1989 年间都得到了提升。与此相对照的，所有其他集团的地位实际上都有所下降，不论它们的政治色彩是什么：农业、工会、商业、新闻媒体、教会、中央的国会议员以及地方党的官员。这些连续的调查反映了一个重大变化，即在纯粹的亨廷顿的意义上，地区官员逐渐占主导地位，他们日益独立于外部力量（当然并不是不受其影响）获得越来越大的自治性。在代议制民主的约束下，新制度的领导人们开始越来越能够掌握自己的命运。[38]

政党内权力结构的变化确证了地区政治的制度化。我们定期询问委员们有关中央、地区和地方党领导人在以下三个问题上的影响力的问题：对委员会的提名、地区内阁组成时的谈判以及摆在委员会面前的有关立法的决定。在每一个问题上，以及事实上在每一个地区，地区领导人的权力从 1970 年到 1989 年都在稳定上升，而中央和地方领导人的权力则下降了（见图 2—4）。

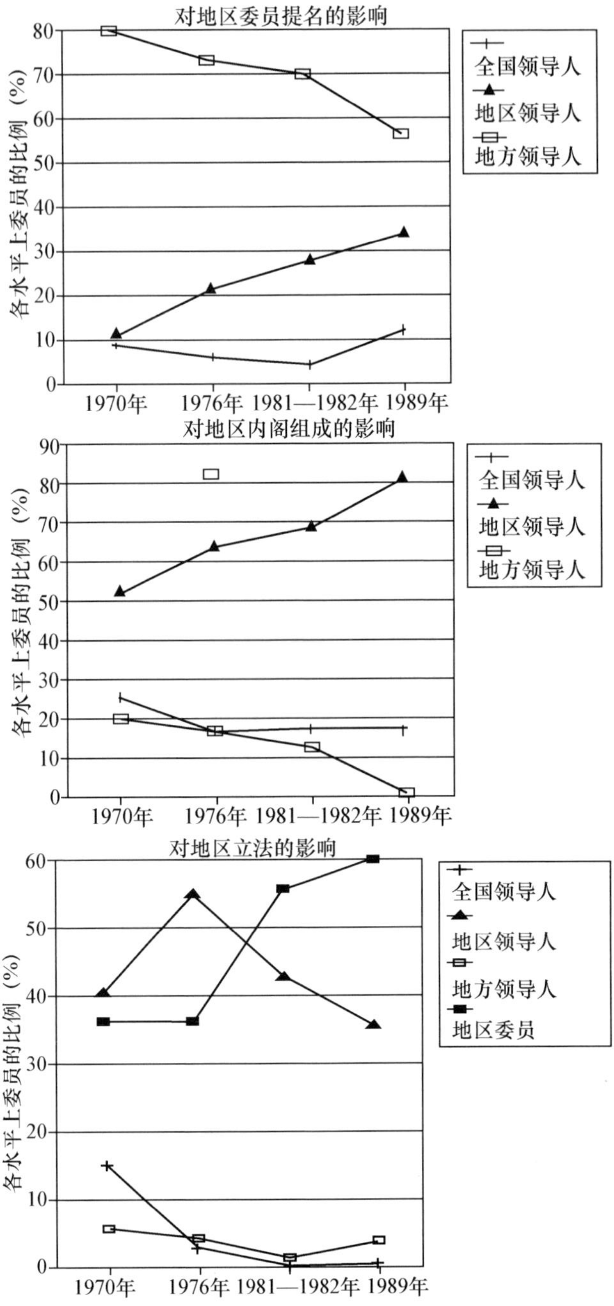

图 2—4　党领导人在三个问题上的影响力（1970—1989 年）

"你认为在这三个问题中谁具有最大的影响力：党的全国性领导人、党的地区领导人、党的地方领导人，还是（在地区立法的问题上）地区委员本身？"

地方党的老板对委员会提名的曾经不可一世的垄断丧失了，而地区党的官员提名候选人的权力上升了，虽然即使在 1989 年地方官员还有很强的影响力。尽管中央领导人很少涉入提名，但是他们经常寻求对结盟行动施加影响。例如，在撒丁区，基督教民主党中央有许多个月都在主导一个地区内阁的组建，它担心与意大利共产党的联合（受到地区的基督教民主党人支持）会损害党中央的战略。然而，如图 2—4 所示，就是在这个方面地区的自治性也在这 20 年里获得了很大的发展。最后，地区的立法权威已经变得不容置疑。在这个方面，近年来最显著的变化是委员们相对于委员会外部的地区党领导人的独立性越来越大。这个趋势进一步证实了我们关于地区制度的实际地位在增强的论断。

作为地区权力增长的伴生物，在党中央的路线与地区的需要相冲突的时候，地区政治家已经变得不那么愿意与党中央的路线亦步亦趋了。我们用图 2—5 概括了“政党全国纪律的支持状况”，它表明，1976 年后，人们的观点是如何猛然倒向从中央党组织的指令下赢得更多独立性的。在 20 世纪 70 年代初，党的全国性纪律的支持者是其批评者的两倍多，而到 1989 年批评者是支持者的四倍多。态度的改

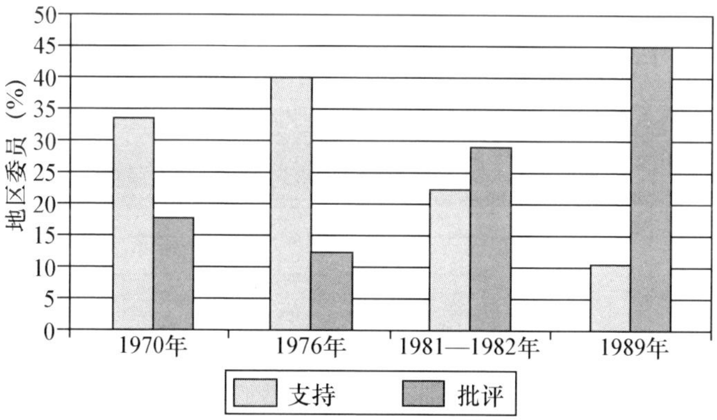

图 2—5　政党全国纪律支持率的下降（1970—1989 年）

政党全国纪律的支持状况：
1. 地区政治斗争首先是全国性政治斗争的一部分。（同意）
2. 政党的战略在各个地区都得一样，这是不必要的。（不同意）
3. 一个人加入某个政治党派时，他应该放弃一定程度的独立性。（同意）
4. 对国民的忠诚高于对党的忠诚，这是言行的根本依据。（不同意）

每一个问题的可选答案有四个：“完全同意”“一定程度上同意”“一定程度上不同意”“根本不同意”。立体图是根据对这四个问题的回答推导出来的。

变也反映在行为的改变上。马契洛·费德勒的研究指出，在中央内阁危机以后地区政府联盟发生重组的概率从 1970 年到 1990 年是稳定下降的。其结果使得地区政府的平均执政长度从 1970—1975 年的 525 天增加到 1985—1990 年的 700 天，而这个时期中央政府内阁的平均执政时间只有 250 天。[39] 在这个领域，地区的自治程度也已经获得了成长。

自治的地区政治体系的出现还反映在地区委员工作时间的变化上。一旦一个起初是地方性人物碰巧获得了地区的官职，那么这个委员就在事实上成为地区性的人物，虽然像所有选举型的政治家一样他还保留着地方的政治基础。如图 2—6 所示，平均来看，1970 年委员们更经常地与地方集团的代

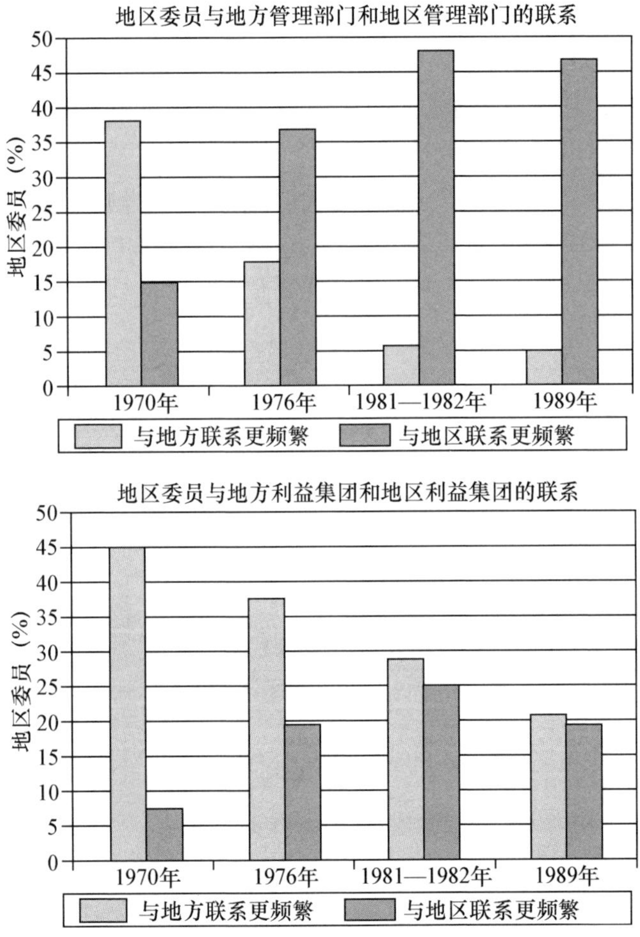

图 2—6　地区委员与地区和地方的联系（1970—1989 年）

表会晤，较少与地区集团的代表会晤，较多地与地方行政官员会晤，较少与地区行政官员会晤。到 20 世纪 80 年代，情况刚好倒过来了，这在与地区行政官员的联系上尤为明显。[40] 这些情况意味着一个自治的地区政治体系已经生成，它能够真正作出决策（表现在地区委员与地区行政官员的联系上），它的决策具有真正动态的性质（表现在委员与地区利益集团的联系上）。

地区自治程度的增长与选举行为所受影响的变化是一致的，地区的委员们报告了这种变化。他们认为，在 1970 年，传统政党联系与全国政党纲领是地区选举的决定因素，而地区候选人本身被认为完全是辅助性的。然而，在随后的年月里，候选人个人的重要性明显增强，候选人政党身份及全国纲领的重要性减弱了。在 1970 年到 1989 年间，认为政党身份是选民投票的主要因素的委员占全体委员的比例从 72%下降到 48%，强调党的全国纲领的委员的比例也从 55%下降到 24%。认为候选人个人是主要因素的委员的比例从 38%跃升至 57%，这使候选人本人成了最重要的因素。[41] 我们没有关于选民动机的直接证据来证实这个论断，但在实际政治的领域，参与者的理解本身也是很重要的。委员们越来越不认为地区选举只是对全国政治的中期投票。他们越来越多地认为他们的政治命运掌握在他们自己手里。

从严格的政府间政治关系的角度看，地区政府与中央政府之间关系在 80 年代得到了巨大的改善。正如我们在本章前文所指出的，1977 年实施的第 616 号条令是中央与地区关系的一个分水岭。在那以后，关于地区授权问题的激烈斗争已经基本落幕。20 世纪 80 年代延续了 70 年代发动的界定中央与地方权力机关关系的改革运动，但在 80 年代改革中的冲突在范围与规模上减小了，在方式上也更温和了。由于集权派与地区派斗争的战线已经基本稳定下来，所以坚持地区自治的需要就不再是那么紧迫了。从各个年代地区委员与社区领导人描述的他们与中央的关系看，80 年代的关系比 70 年代的关系和谐。另一方面，地区制度的局限性开始显露出来，这一点我们后面还将详细谈到。在颁布 616 号条令以后，地区官员就不再能够顺理成章地把他们的一切失败都归罪于过分的中央控制了。

这些变化的一个结果是，地区委员与社区领导人对中央权力机关的敌意都降低了。例如，1976年到1989年间，认为“中央政府应该严格执行其控制地区政府活动的权利”的地区委员从39%上升到58%，而认为“省可以也应当撤销”的社区领导人的比例则从60%下降到32%。把这两个问题结合起来看“反对中央政府”的状况，可以看出地区委员们态度的巨大变化，如图2—7所示。虽然在这20年里极端集权派始终是极少数，但狂热反对中央政府的人数减少了一半，而中间的温和的地区主义者的比例则翻了一倍。地区政府诞生时的紧张状态已经大为消失，地区精英也不像20年前那样那么担心地区的自治了。

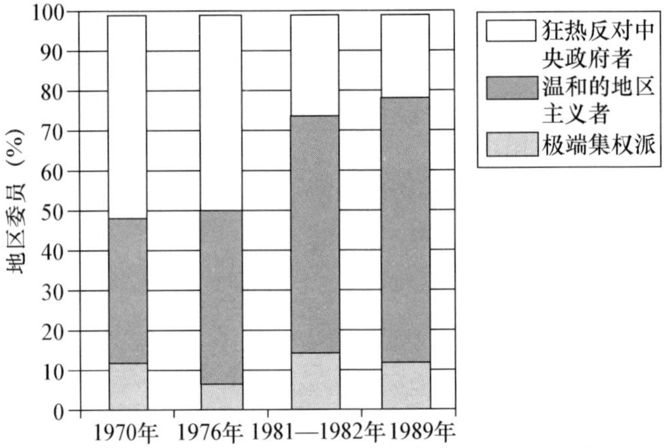

图2—7 地区委员对中央政府的态度（1970—1989年）

反对中央政府控制的问卷：

1. 省可以也应当取消。（赞同）

2. 中央政府应当严格执行其控制地区政府活动的权利。（不同意）

对每个问题有四个可选答案：“完全同意”“一定程度的同意”“一定程度的不同意”“完全不同意”。总体评估根据对这几个问题的回答作出。

当然，无论在中央还是地区，都能经常听到有关对方侵犯自己权利的抱怨。这些指责是任何真正分权的政府体系里都有的正常争论。中央官员关心日益增长的财政赤字，他们认为这些赤字是由地区不负责任的低效率造成的——所谓“不征税的代议制”，所以他们要求大大削减地区基金。地区官员抱怨他们从中得到的基金的最大份额被过于严格地限定在具体的项目上，甚至已经指定了哪一种农产品的生产可以得到补贴。他们说，中央各部常常把地区政府看作它们的现场办公机构。[42]

对于习惯了州长们抱怨联邦援助拨款和联邦控制的美国人来说，意大利地区官员的这些不满是完全不陌生的。同样，据报道，意大利国会议员把地区官员看作控制庇护关系的竞争者，而庇护关系在意大利许多地方是相当重要的政治资源。即使是左派的代表，尽管他们在意识形态上主张政治分权，但在国会活动的幕后，据说也限制对地区政府的分权。当然，联邦立法人员与州和地方官员的这种竞争关系在各地都是相似的，从芝加哥到巴伐利亚的政府间政治都如此。

同时，当地区开始行使它们新建立的监督地方政府的权力时，地区与地方政府的斗争开始替代原来简单的中央与地方的冲突。在中央、地区与地方官员的政府间三角关系中，新的联盟和复杂的三角战略开始发展起来。[43] 使一些意大利法学家感到吃惊的是，意大利的政府间关系正在向晶体（marble cake）模式的方向发展，而不是向单纯层级（neater layer cake）模式的方向发展。[44]

大多数问题引起的都不是简单的中央与地区管辖权的斗争，而是引起多角的斗争，其中包括地方政府、党的各级官员，甚至是私人机构。[45] 在诸如农业、住房、医疗保健等领域，许多项目的责任并不是明确分配给某一级政府的，其责任事实上是由中央、地区和地方政府共同承担的。所有三个级别政府的政治家和行政官员不断地进行非正式的磋商，互相之间要进行谈判，这些磋商与谈判经常是非常激烈的，即使在主要的决策责任明确属于某一级政府的时候也是如此。到 20 世纪 80 年代初期，已经成立了将近 100 个联合委员会来协调具体部门的地区政策与中央政策。

反过来，地区也在正式结构中不属于其管辖范围的事务上寻求增进自己在罗马的影响力，比如对全国经济政策甚至国际贸易政策的影响。每一个地区都在罗马设立了办事处，以代表自己的利益，并对中央政府展开游说活动。1981 年各个地区的首席行政官成立了一个永久性的主席会议，为表达他们对中央政府的意见提供了一个论坛。到 1983 年，这个集团已经与中央政府的部长会议建立了制度性的联系，从而改进了中央与地区权力机关之间高层的协调工作。当 1992 年欧盟迈入更加深入的一体化时，意大利的地区政府也增加了对布鲁塞尔决策的直接影响。

宣称地区与中央政府的关系已经进入了一个“友善的时代”，这在最好的意义上说也是为时尚早的，因为就像詹姆斯·麦迪逊在美国联邦制度建立之初对自己的同胞所说的，权力共享意味着永远的冲突。意大利政府体制还不能说已经变成了完全的联邦制，因为意大利地区的宪法和政治地位不享有像美国和德国那样的州的自治程度。然而单一制与联邦制之间的差别只是程度上的，不是二元对立的。[46] 在过去的 20 年里，意大利已经向分权的方向大为迈进，这不仅体现在正式的权力结构上，而且体现在实际的政治生活与决策当中。

这个时期末的地区领导人比该时期初的地区领导人拥有了更独立的影响力。虽然新的结构绝不是简单地决定非正式的权力关系，正式结构的变革还是逐渐地改变了非正式的关系。分权化的进程已经有了自我发展的动力。在过去的 20 年里，地区已经成为意大利政治舞台上真正的、自治的并且日益显赫的角色。

第四节　扎根：地区及其选民

“抗议的游行现在全都向地区政府进发而不是向省政府进发了”，南方的一个省长私下里发出了这样的感叹。在意大利最落后的地区之一的巴西利卡塔，1980 年 12 月，就在地区政府被迫处理大地震造成的灾害的前两天，在一天的时间里，当地的新闻媒体就报道了地区政府关于发展伊奥尼亚海旅游业的计划，报道了残疾人对地区政府在残疾人事业上无动于衷的抗议，新闻界要求政府帮助在破产的产业发展中投资的人，要求地区政府帮助一家钢铁厂和当地一家超市解雇的工人，新闻界还报道了新成立的一个为老人提供住房的地区基金，并且批评了地区在建议开展的一个化工项目中起的作用。抗议者对抗议诉求对象的改变微妙地反映了地区政府在意大利治理当中日益增长的重要性。

早在 1976 年，全意大利的社区领导人就开始积极参与新的政府，其中包括市长、劳工领袖、银行家、工业家、商人、农业代表，以及新闻记者。我们访谈的社区领导人中近一半的人定期与地区政府内阁成员、地区委员和行政官员举行会晤。这些社区和组织的领导人与地区官员的会晤，比他们与相应的地方政府官员或中央政府派驻机构的官员举行的会晤更频繁。（意大利政府的地区化造成了一个影响，就是许多全国性的组织，包括工会联盟、工商业和农业组织，以及政党，都在最近几年按照地区的划分进行了重新整合。）到 80 年代，我们调查的社区领导人中，大多数人（约 60%）认为地区政府在他们领域有“非常”或“比较”重要的影响，只有不到 1/ 10 的人认为地区政府在他们的领域完全没有影响。虽然这些社区领导人经常对这个新制度持批评态度（我们将很快见到详细情况），但是大约有 2/ 3 的人认为地区政府在他们自己领域的影响从根本上说是积极的。在不到十年的时间里，新的政府就开始扎根了。

至此为止，我们对意大利地区试验的描述已经强调了实际发展与这个试验的支持者的期望是一致的。然而，有关地区主义的争论各方几乎都认为，大多数新政府的实际管理成效是有问题的。许多地区的公共管理是怠惰与混乱的卡夫卡式的结合体。

在 70 年代末及整个 80 年代里，一种希望受挫、白费劲、错失良机、浪费光阴的情绪弥漫在许多地区政府，特别是在南部的地区政府里，但并不仅限于此。由地区主义者很高的期望与他们有限的实际成果之间的差距造成的失望开始扩散开来。到 1976 年，有 42%的地区委员和 67%的社区领导人同意地区政府在他们所关注的领域制定的官方政策，但是只有 24%的委员和 35%的社区领导人赞赏那些政策的执行情况。虽然地区规划是大多数地区政府的头等大事，但是 1976 年有 2/ 3 的委员认为他们的地区政府所作的努力是不成功的，1/ 2 强的委员认为是“很”不成功的。最常见的批评是地区政府在确立很有前景的理念之后没有相应的行政措施。

社区领导人对这些所作的批评更多，主要集中批评了地区政府在行政上的无能。在整个 20 世纪 80 年代，我们访问的一半以上的社区领导人（1982 年是 55%，1989 年是 60%）都同意“本地区政府的行政根本上是效率低下的”[47]。全国医疗保健系统的地区化，是 70 年代中期的改革中转交地区管辖的最大项目，在许多人看来是一个管理上的失败。在我们与社区领导人和普通公民的访问中，只有 1/ 3 的人同意“医疗保健服务的地区化已经产生了积极的成果，”只有5%~10%的人非常赞同这种积极评价。

表2—5表现了社区领导人的抱怨。[48]官僚程序（多是学了中央行政机构的模式）惊人的缓慢和低效，而且受到旨在确保这些程序得到遵守而不是考虑实际效率的各种控制的束缚。地区行政部门常常没有动力、不专业、效率低下，以及不够格。地区政府机构在彼此无知的情况下采取行动，相互之间缺乏协调，也没有与其他层级政府的协调。地区官员提出的项目计划经常是不实际的、不可行的。工商业领袖和劳工领袖一致认为，地区政府里没有一个人能够明智地讨论地区发展的计划。最糟糕的是，永远也别想从地区政府那里找到答案，任何答案都找不到。社区领导人承认，地区官员很渴望有所作为，而且其基本的政策方向也是值得尊敬的。但实施这些合作项目往往超出了大多数地区政府机构的能力。[49]总之，这些社区领导人说：“地区政府知道如何倾听，但它们不知道如何行动。”

表2—5　社区领导人对地区行政部门的看法（1982年）

地区政府的活动[a]	表示“比较”或“非常”满意的领导人的比例
对你的组织在协商问题上的开放程度	55
事务决策	41
工作人员的素质和勤勉程度	32
与地方政府的协调	28
地区项目的可行性	23
处理事务所费的时间	15
大致数目	（302）

a　向调查对象提的问题是：“对于本区的地区政府开展的这6个方面的业务，你在多大程度上感到满意？”

地区行政部门面临的许多困难都源自人事问题。在整个80年代，我们访问的社区领导人中将近2/3的人都不赞同“地区的公务员有良好的训练和工作意识”的说法。由于担心会形成庞大的官僚机构（也许还有担心地区得到加强的矛盾心理），国会规定地区政府的职员主要应当来自国家机关和半公共机构转移出来的人员，这就制约了地区政府自行选择职员的能力。更糟糕的是，这种转移制度使得中央机构没有动力把最有能力的人转给地区，把有志于促使地区改革取得成功的人转给地区。这个制度事实上只能提供根本不适合于从事地区主义者梦想的“激进的社会与政治革新”的官员。

地区能否明智地行使更多的权力，这还很难确定。附庸关系和党派身份而非专业知识与经验是招收新人员的标准，招收的目的是要他们去处理那些留待地区政府解决的问题。地区政治家善于要求自治，但并不善于在得到自治权后建立完善的自治。在许多地区，党派把新的政府视为获得金钱和职位的有利可图的新途径。尤其在贫穷的南方，选举制度下的管理还不如旧式庇护制度下的管理有效率。太多的金钱花费在政府大院的清洁工、司机和各种虚饰的工作上。无论是中央的转移制度还是地区的招募制度，两者都造就不出一支积极主动的有能力实施创造性的地区政策的官员队伍。

地区政府的高级行政人员经常承认这些批评是公正的。实际上，我们于1981—1982年间采访的地区高级官员中，88%的人认为，地区政府职员的素质与训练是他们地区进行有效管理的重大障碍；81%的人在地区政府部门间协调的问题上也表达了类似的观点。其中一位官员说："我们在太多方面重复了罗马思维方式的缺陷。"

与这些严厉批评不同的是，社区领导人普遍对地区政府管理的开放性表示满意（见表2—5），这一点很有意思。管理的开放性是地区政府与中央政府之间存在巨大差别的一个重要方面。地区和地方组织都可以请到地区政府官员来倾听它们的抱怨和建议。在我们对社区领导人所作的四次访谈中，有三次领导人都一致同意："与中央政府的联络往往是令人沮丧的，与地区政府的联系却不至于此。"尽管它们也抱怨地区政府，但认为罗马是更糟糕的。[50]

地区官员更容易接近的一个重要原因当然是地理位置上的：地区的首府显然比罗马更易到达。但是管理文化的重要性并不亚于地理因素，因为地区官员总的说来比中央官员表现得更为民主。1971年对中央官僚精英进行的研究表明，"意大利行政部门的精英体现着传统官僚的本质——繁文缛节、不自由、精英意识、敌视多元政治的应用与实践、本质上不民主"[51]。但是，我们在五年后对地区行政官员进行的访问中发现，他们对民主政治的态度要开放得多。正如表2—6显示的，地区高级行政官员比中央官僚机构的官员对民主政府的态度更友善，而前者当中有很多人是从后者转换过来的。

总之，在政府的"输入"方面，地区政府比中央政府有重大的改善，但是在"输出"方面，地区政府的管理还亟待改进。地区领导人可能已经学会了"政治运行的一个新途径"，但是他们中大多数人还没有发现有效"管理的新方法"。有意思的是，地区政府官员本身对地区政府的缺点所持的批评态度，并不亚于政府之外的社区领导人所持的批评态度。

表 2—6　　中央与地区行政官员的民主态度（1971—1976 年）

行政官员赞同的论断	赞成的比例	
	中央行政官员	地区行政官员
很少有人知道自己真正的长期利益	75	39
在现代这样复杂的世界里，增加普通人的控制权是无稽之谈	63	23
政治宣传的自由不是绝对的，管理者应当对它实施小心的管理	57	14

意大利选民对地区改革因无知而反应迟钝。在第一个 10 年里，有关新地区政府的公众意识缓慢增长。1972 年，当地区主要还只存在于纸面上时，一项全国范围的调查发现，2/ 3 的选民没有听说过或只听说一点点关于他们地区政府的事情，其中有 43％的人没有听到过任何消息。在 20 世纪 70 年代中期，新制度开始醒目起来，因为在中央政府的议事日程上，出现了关于新地区政府的大争论，有关的消息也渗透到了政治意识比较弱的阶层里。在那以后，形成了一定规模的公众意识，但是在南方，对地区政府的关注在某种程度上衰减了，新制度的建立在那里比较缓慢（如我们将要看到的）。[52] 到 80 年代末，南方 2/ 3 的选民和北方 3/ 4 的选民都至少听说过关于他们地区政府的一些事情。地区政府缺乏地方政府所具有的与公民日常生活的直接联系，它们也缺乏新闻媒体对全国性事务的那种关注程度。像美国的州一样，地区或许注定要比其上级与下级的政府更少吸引人们的注意力。[53]

在绝对意义上，意大利人还很不满意他们的地区政府的表现。到 80 年代初，只有 1/ 3 的意大利人是地区制度相对热情的支持者，他们"很满意"或"相当满意"地区政府的活动；有一半人表示不满，他们宣布地区政府"没有什么令人满意之处"；有 1/ 6 的意大利人表示愤怒，他们表示"完全不满意"地区政府的作为。社区领导人与普通选民实际上表现出了同样的上述态度。大多数人都同意一位市长在 1976 年告诉我们的说法，"地区的地理分界还行，但它的运行状况却不好"。

但是当选民和领导人考虑集权政府的替代选择时，他们就不那么批判地区政府了。多年来，意大利人一直对他们的公共机构没有多少信心。这种冷漠的态度在 70 年代初恰逢新制度建立时还有所发展。事实上，意大利人对中央政府的失望可能膨胀了他们对新的地区政府的期望。无论如何，尽管他们对地区改革的成果感到不满意，但是选民和社区领导人都一致地不像批判中央政府那样批判地区政府。例如在 1981—1982 年，34%的意大利人至少是“相当”满意他们的地区政府，但只有 15%的人满意中央政府；社区领导人中，29%对地区政府表示满意，8%对中央政府表示满意。对每个人就更信任哪个政府的问题而言，地区政府支持者的人数远远超过较忠于中央政府的人，其比例是 8∶1。在普遍否定公共机构的气氛下，存在时间只有 10 年的地区政府就已经获得了比中央政府更多的尊重。

不论意大利人多么严厉地批评他们地区政府的失败之处，他们还是喜欢地区拥有更广泛的管辖权，更大的自治权，而不喜欢中央政府。表 2—7 直观地显示了我们 1982 年的调查得到的证据。[54] 大多数意大利人希望维护法律和秩序的权力保留在中央政府的手里，但大约有一半人希望把至今主要掌握在中央政府手里的某些部门的权力转移给地区政府，例如教育和工业发展部门，大约有 2/ 3 的人支持地区政府在以下领域掌握主要权力：医疗保健、农业和环境保护。4/ 5 的意大利人支持地区政府官员要求从中央手里获得更大的财政自主权的主张。在社区领导人中，在这些问题上支持地区政府的比例比上述的还要高。尽管意大利人批评地区政府，但他们希望地区变得更强大而不是更弱小。[55]

表 2—7　　意大利选民与社区领导人对地区自治的态度（1982 年）

希望将更多权力交给地方的人员比例		
政策领域	选民	社区领导人
环境保护	72	85
农业	70	84
医疗保健	63	70
工业发展	50	69
教育	47	45
治安	24	13
（大致人数）	（1 585）	（295）
认为地区应该从中央那里获得更大财政自主权的人员比例		
政策领域	选民	选民社区领导人
财政	78	81
（人数）	（1 376）	（305）

注：调查对象要回答的问题是：“这是一个有关中央与地区事务的清单。在其中的每一个领域，你希望中央的权力更大一些还是地区的权力更大一些？”

整个 80 年代，对地区政府的表现感到满意的选民缓慢然而稳定地上升（见表2—8）。在1977年到1988年底之间，对地区政府表示“相当”满意及其以上的意大利人口比例从33%上升到了45%。这个全国平均数掩盖了地区之间的不平衡。到1988年底（见图2—8），57%的北方选民对他们的地区政府表示满意，南方选民中只有29%表示满意。[56] 到80年代末，几乎所有的北方地区政府（9/ 10）都使它们的大多数公民感到满意，但没有一个南方的地区政府达到这个目标。[57]

表2—8　　公众对地区政府的满意程度（1977—1988年）

满意度	比例				
	1977年	1981年	1982年	1987年	1988年
非常满意	3	2	2	2	3
比较满意	30	33	32	38	42
少许满意	43	44	42	42	39
根本不满意	24	22	23	17	17
人数	100	100	100	100	100
	（1 497）	（1 936）	（1 845）	（1 923）	（1 899）

注：向调查对象提的问题是：“你对本地地区政府的满意程度如何？”

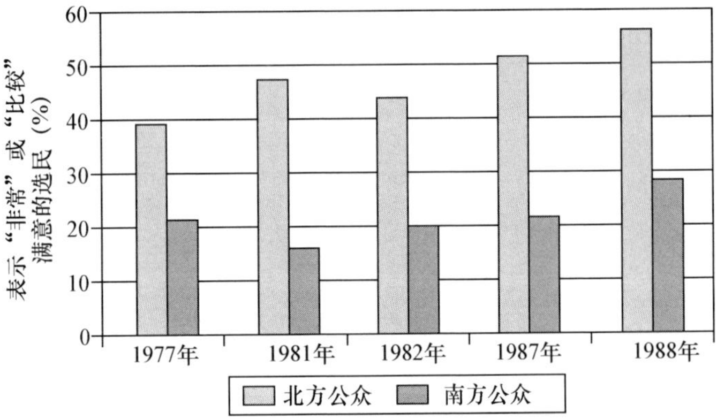

图2—8　北方与南方公众对地区政府的满意程度（1977—1988年）

图2—9比较了选民对中央、地区和地方政府的满意程度，它清楚地表明，在大多数意大利人看来，三级政府形成了一个逐级上升的阶梯，从最遥远和最不信任的一级（中央政府）上升到最接近和最信任的一级（地方政府）。但是在北方的选民看来，中央政府与地区和地方政府是非常不同的，他们中大多数人从心底里不满意中央政府，另一方面他们中的大多数人是比较满意地区和地方政府的。相反，南方人对所有

三个级别的政府都不满意，只是对地区和地方政府的批评不像对中央政府那样猛烈。[58]

对行政效率和立法效率低下提出的质疑鲜明地反映了北方与南方的差别。在整个 80 年代，大约有 60%的南方选民赞成“本地区的行政效率非常低”的说法，而北方只有 35%的选民这样看。另一方面，大约 60% 的北方人认为“无论如何，这个地区的委员会至目前为止发挥的作用还是令人满意的”，而南方只有 35%的人持同样的观点。

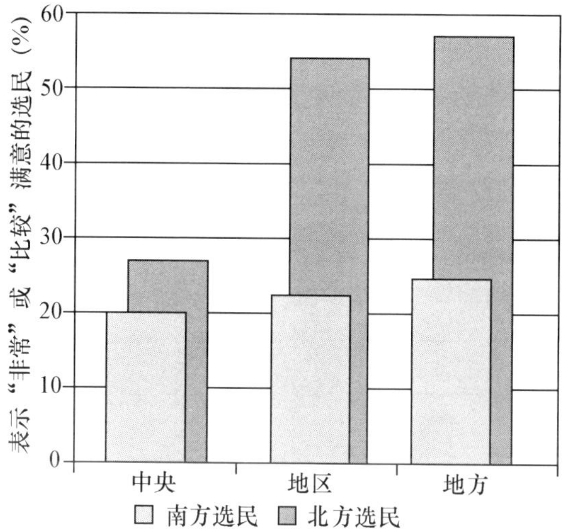

图 2—9　北方公众与南方公众对中央、地区和地方政府的满意程度（1988 年）

不管新的地区政府有哪些缺点，意大利北方人更愿意受就近的政府统治。相反，对许多南方人来说，受巴里或雷焦卡拉布里亚的统治并不比受罗马的统治更好，对他们来说，地区政府还产生了新的不便：他们对这个制度不熟悉。“一个已知的邪恶比一个新的邪恶好”，这个观点还不时能在南方听到，在北方就没有这样的看法。

在公众满意度方面，北方与南方存在着巨大的差异，这与用其他方法衡量不同地区政府的绩效所得出的结果是一致的。我们在后面的章节里还要反复回到这个问题。另一方面，图 2—8 也表明，到 1988 年底，南方与北方一样，地区政府在其选民的眼里比以往任何时候都更牢固。

通过比较地区委员与地区政府选民——既包括社区领导人也包括

普通选民——不断变化的观点，我们可以概括出地区政府在过去20年里的许多变化（见图2—10）。在改革的最初几年里，作为新制度的主要倡导人，地区委员们是轻松愉快和热情奔放的。但在1970年到1989年间，这种对于他们在制度建设中的冒险感到欢欣鼓舞的情绪逐渐消失了，取而代之的是对推动新政府有效运转面临的实际挑战作出的严肃的、现实主义的估计。另一方面，社区领导人和选民一开始的时候有很多怀疑，但他们的怀疑却逐渐被审慎的乐观情绪替代了。[59]到80年代末，正如本研究所表明的，所有阶层对地区政治生活的观点都趋同了，他们的态度都很审慎，同时抱着充满希望的现实主义态度。

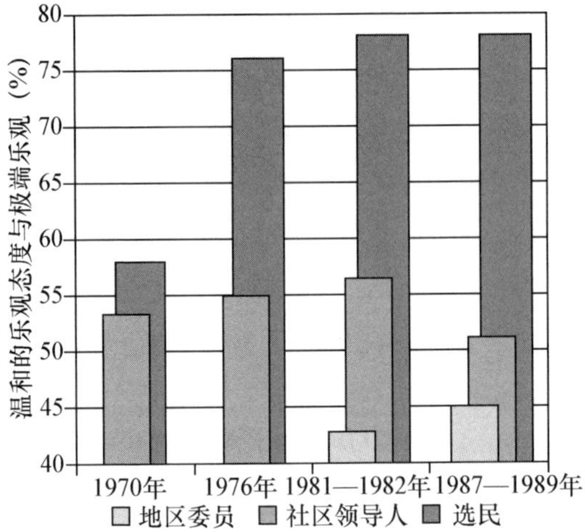

图2—10　委员、社区领导人和选民对地区政府的乐观态度（1970—1989年）

对地区政府乐观态度的评估指数：

1. 不管怎么说，本地区委员会的运作到目前为止是令人满意的。（同意）
2. 现实地讲，在这个地区，很难预见地区政府会取得巨大的、实际的成就。（不同意）

每一个问题答案有四个选项："完全同意""有点同意""有点不同意""完全不同意"。指数是根据对这两个问题的回答推导出来的。

有了20年的经验以后，一般的意大利人事实上看来在两个不同的问题上作出了不同的回答。

1. 他或她的地区政府运行令人满意吗？
2. 地区改革是需要的吗？

许多意大利人，特别是在南方，对第一个问题作否定的回答，但对第二个问题则作肯定的回答。在这个意义上，我们可以称之为“同情的批评态度”。这种回答上的差异在政治上是很重要的，因为，他们的批评意味着他们要求大大改进地区政府，他们对地区主义原则的强烈同情意味着应当大大加强这些政府的权威。对地区政府实际运行的不满并没有损害公众对强大与自治的地区制度的支持。对实际运行的强烈批评与对基本原则的有力支持形成了一种矛盾的统一，这在年轻一代的选民以及在社区领导人身上体现得尤为明显。[60]绝大多数人（尤其是较年轻的一代）希望改进地区制度，而不是削弱或取消它。

意大利人所要的不是更加受限制的地区政府，而是更加有效率的地区政府。毫无疑问，其中的一个重要原因是，大多数意大利人对中央政府运行比对地区政府更怀疑。不过，另一个原因可能是，许多公民仍然愿意把这种怀疑产生的好处送给新的地区制度。意大利人对地区政府的满意度逐渐增加，他们对地区政府的满意度高于对中央政府的满意度，这与它们在绩效上的实际差异是相符合的。比如，回顾一下前文的结论，地区政府的稳定性是中央政府的两倍，而且地区政府的稳定性还在稳步增加。[61]

表2—9给出了更多的证据支持上面的结论。这里概括的问题30年前就已经向意大利人提出了，早在普通地区创立以前很久就开始了。[62]不奇怪，在最初的若干年，很大一部分公众对未来的发展毫无想法，其他的许多人则担心出现最糟糕的情况。在后来的年份里，支持态度对不支持态度的比例稳定上升，到1987年（这是能够采集到比较性数据的最近的一年）为止，赞成地区改革的意大利选民人数（41%）是不赞成者（17%）的将近两倍半。在社区领导人中，观点的天平甚至更大程度地倾向地区改革，尽管他们是严厉批评地区政府的实际运行的。在20世纪80年代，支持地区主义的社区领导人与批评人士的比例大约是6∶1。[63]南方人对地区政府的实际运行很不满意，但南方人仍然支持地区改革，强调指出这一点是很重要的。[64]

表 2—9　　对地区改革的评价（1960—1987 年 / 1989 年）

公众[a]	百分比						
	1960 年	1963 年	1976 年	1979 年	1981 年	1982 年	1987 年
利大于弊	19	31	38	31	31	31	41
既无利也无弊	6	11	16	29	30	28	30
利弊相当	4	6	7	8	13	11	7
弊大于利	20	22	21	14	18	21	17
不知道	51	30	18	18	8	9	5
支持—反对指数[b]	100	100	100	100	100	100	100
	−1	9	17	17	13	10	24

社区领导人[a]	百分比		
	1981 年	1982 年	1989 年
利大于弊	65	59	62
既无利也无弊	22	6	13
利弊相当	6	18	17
弊大于利	7	17	8
支持—反对指数[b]	100	100	100
	58	42	54

a　向调查对象提的问题是:“你认为创立地区的改革是（1960 年和 1963 年为：将是）利大于弊还是弊大于利？”

b　支持—反对指数 =（利大于弊 − 弊大于利）

创立一个新的政治制度既不是快速的也不是容易的。最终，成果不应以年来衡量，而应该以年代来衡量。我们暂停下来简要地比较一下德国人对 1949 年创立的州政府的态度的历史是有启发的。当问及解散州政府是个好主意还是坏主意时，1952 年德国公众反对设立州政府的人大大超过支持者，比例是 49%∶21%。1960 年的民意测验表明，反对取消州政府的人数首次以微弱多数（42%∶24%）超出，支持人数一直在这个温和的水平上持续了 10 年。但是，在州创立 30 年后，州制度的支持者开始稳定增加，到 1978 年支持者已经大大超过了反对者（71%∶10%）。[65]

图 2—11 描述了德国人对强大的州政府的支持率的逐渐增长状况，以及意大利地区政府在创立早年经历的类似情况。该图表明，意大利地区政府获得相当多选民支持的时间甚至早于德国的州政府，但其后公众对地区的支持率相对缓慢地增长。对意大利地区的支持在接下去的时间里会加速发展，就像德国州政府所经历的那样，这一点当然不能保证；而且也不能保证意大利地区政府会像更强有力的德国州政府一样持久和有效。但是，德国州制度建设的经验提醒我们，即使是成功的新制度，

它在公众中的合法性也只是逐渐树立的。这为我们提供了一个评价意大利公众对地区政府态度变化的现实、冷静的标准，这个标准应该也可以用来对当今世界其他地区正在进行的新民主制度建设作出评价。

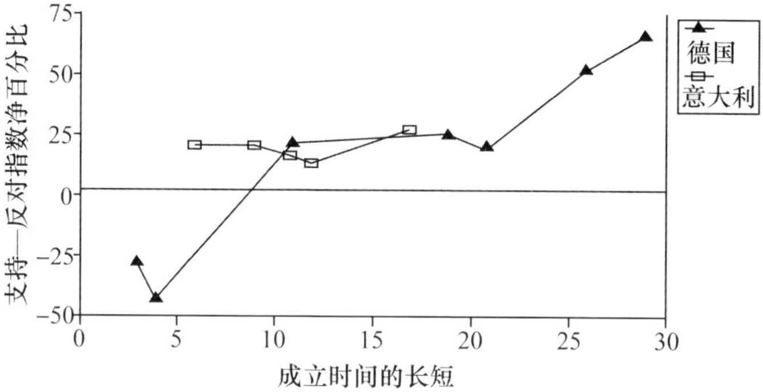

图 2—11　对州或地区政府的支持：德国（1952—1978 年）与意大利（1976—1987 年）

德国："如果解散州政府从而只有波恩的联邦政府，你将有什么的意见？对这个建议你有什么看法？"

支持—反对指数：支持州政府的净百分数。

意大利："你认为地区的创立是利大于弊还是弊大于利？"

支持—反对指数：支持地区的净百分数。

第五节　结论

人们可以一周接着一周、一月接着一月、有时甚至一年接着一年地考察制度发展，然而任何人类制度的发展都是难以观察的。制度变迁的节奏是缓慢的。要清楚地看到一个新制度对文化和行为产生显著的影响，常常需要经过几代人的时间。转瞬即逝的潮流和个体参与者的怪异言行都可能掩盖更深刻的发展趋势。我们对地区进行研究的早年，偶尔也以为我们发现了某种重要发展的迹象，但是从我们下一次访问中得到的新证据往往粉碎了我们的臆想。想要建设新制度的人和想要对此作出评价的人需要耐心，这是从意大利地区试验中得到的最重要的教训之一。

不过，本章讨论的趋势已经在意大利的政治纷扰中持续了几十年。

我们的研究方法是把今天的观点和行为与10年或20年前的相比较，但依靠的并不是模糊不清和错误百出的回忆。我们能够将领导人今天对政党纪律、资本主义或地区政府效率的看法与他（或他的前任）在几年前亲自告诉我们的观点作比较，而不仅仅是与现在的人们对当时流行观点的回忆作比较。

地区改革已经深刻地影响了意大利的基层政治，这是受到上述严格标准论证的结论。意大利政治领导人开始追求不一样的职业生涯，支持不一样的理念，用不同的方法解决社会问题，与不同的对手斗争，与不同的伙伴合作，这些都是制度变迁的结果。意大利的公民社区领导人也可以依靠不同的机构采取政府行动。虽然提供给他们的服务并不总是得到了改善，但通常都得到了改善，而在没有得到改善时，他们可以向不同的官员表达不满。地区改革已经带来了巨大的变化。

经过20年的地区试验，20世纪90年代初地区政府对重大公共政策的影响力显然要远远大于1970年的影响力。新制度已经扎下了根，获得了自治，（慢慢地）赢得了选民的支持。这场制度改革已经对意大利的政治和政府运行方式产生了巨大的影响。但是，就政治和政府的素质而言，这个新制度表现如何又产生了怎样的影响呢？

在积极的方面，新制度更接近人民，支持者们已经指出了这一点。地区政府比它们所替代的罗马行政部门更熟悉地区的现实，更易满足地区的需要。它们为政策创新提供了丰富的实验场所（我们在第三章将看到更详细的情况）。它们协助培养了一种采取温和、实际、宽容态度的政策制定和冲突管理模式——“政治运作的新途径”。它们增进地区社会集团和社区领导人的利益，它们逐渐获得了其选民的审慎支持。

指出这些成就的同时，应当在这个制度的损益表的损失项加上重要的两笔。第一，行政效率并没有像一些地区改革家预期的那样得到实现。相反，任何公正的陪审团都会断定，许多地区的行政管理很糟。第二，或许对未来意大利政治发展更重要的是，地区改革看来加剧而非改善了北方和南方历史上就存在的差距。改革使较发达的地区从罗马的牢固控制中挣脱出来，而让落后地区的问题溃烂下去。

不过，在考虑这两个指责时，我们应当寻求实际的解决办法，而非不现实的理想。在一个南方的市长激动地数落了他的地区政府一个小时以后，我们问他在集权化的制度下是否更好。他对我们天真的提问感到异常惊诧的同时，喊道:“为了上帝的爱，不！”

在地区的第三个十年之初，地区主义复兴的新季节看来又要到来了。尽管地区政府没有实现人们当初的期望造成了普遍的失望情绪，但是由于中央政府的效率低下再次引起了人们的关注，有关把意大利国家机器进一步“地区化”的讨论时兴起来。在富裕的北方地区，开始成立地区主义“军团”，比如伦巴第军团（Lega Lombarda）和威尼托军团（Lega Veneta），它们在 1990 年和 1991 年的地区与地方选举以及 1992 年的全国选举中获得了巨大的胜利。军团兴起的原因有地区的自豪感、对罗马政府效率低下的愤怒、出于对“施舍”给腐败的南方人的愤恨，以及隐蔽的种族主义。伦巴第军团要求“解放伦巴第民族”，它在这个国家最富裕、人口最多的地区获得了 20％的选票。一批地区政府呼吁举行全民公决以便把其他的重大权力转交给地区政府。

1991 年两院宪法事务委员会全票通过一项宪法修正案，要求完全取消中央政府的几个部门（包括教育、医疗保健、农业、社会事务、城市事务及其他），把它们的职责转交给地区，提高地区预算占全国预算比例一倍多使之达到 70％。[66] 在一些方面，所呈现的雄心壮志颇似 20 世纪 70 年代地区诞生时的情形，不过在北方，情绪比前一个时期的乐观主义较为昏暗也更有一种怨气。意大利政府改革的历史提醒我们要谨慎地阐释这些发展，因为中央政府强烈反对进一步下放权力，但是地区主义的压力也在持续升高，北方尤其如此。意大利地区改革的历史即将翻开新的一页。

不论后面有什么样的论述，我们已经看到，地区及其绩效是各不相同的，对地区试验的任何简单判定都是误导性的。接下来，应该评估制度绩效本身并探讨其中的差异。

注　释

［1］Sidney Tarrow，“Local Constraints on Regional Reform：A Comparison of Italy and France，” *Comparative Politics* 7（October 1974）：36.

［2］关于制度化与政治发展的经典讨论，见 Samuel P. Huntington，*Political*

Order in Changing Societies（New Haven：Yale University press，1968）。

［3］James G. March and Johan P. Olsen，*Rediscovering Institutions*：*The Organizational Basis of Politics*（New York：Free Press，1989），p. 159，p. 164.

［4］引自 Harry Eckstein，“Political Culture and Change，” *American Political Science Review* 84（1990）：254. 关于法国从 1870 年到 1999 年努力建立新区域机构的结果的评述，见 Vivien A. Schmidt，*Democratizing France*：*The Political and Administrative History of Decentralization*（New York：Cambridge University Press，1990）。

［5］Percy A. Allum and G. Amyot，“Regionalism in Italy：Old Wine in New Bottles？” *Parliamentary Affairs* 24（Winter 1970/ 71）：53-78.

［6］Emiliana Noether in *Regionalismo e centralizzazione nella storia di Italia e Stati Uniti*，Luigi De Rosa and Ennio Di Nolfo，eds.（Florence：Olschki，1986），p. 34.

［7］Ciulio Lepschy，“How Popular is Italian？” in *Culture and Conflict in Postwar Italy*：*Essays on Mass and Popular Culture*，Zygmunt G. Baranski and Robert Lumley，eds.（London：Macmillan，1990），p. 66.

［8］See Carlo Ghisalberti，“Accentramento e decentramento in Italia，” in *Regionalismo e centralizzazione*，edited by De Rosa and Di Nolfo. 意大利历史学家至今仍在对意大利统一者拒绝地区主义取代中央集权的决定进行着辩论。关于南方政治文化落后因而不宜实行地区自治的深刻见解，见 Carlo Tullio-Altan，*La nostra Italia*：*Arretratezza socioculturale*，*clientelismo*，*trasformismo e rebellismo dall' Unità ad oggi*（Milan：Feltrinelli，1986），pp. 50-52。

［9］Martin Clark，*Modern Italy 1871—1982*（New York：Longman，1984），p. 58；Robert C. Fried，*Planning the Eternal City*：*Roman Politics and Planning since World War II*（New Haven：Yale University Press，1973），pp.168-169；Raphael Zariski，*Italy*：*The Politics of Uneven Development*（Hinsdale，Illinois：Dryden Press，1972），pp. 121-122.

［10］Percy A. Allum，*Italy*：*Republic without Government*？（New York：Norton，1973），pp. 221-223；Robert G. Fried，*The Italian Prefects*（New Haven：Yale University Press，1963）.

［11］Clark，*Modern Italy*，pp. 58-61.

［12］关于地区改革正在推行的 20 世纪 70 年代意大利的中心—边缘关系的类似分析，见 Sidney Tarrow，*Between Center and Periphery*：*Grassroots Politicians in Italy and France*（New Haven：Yale University Press，1977）。

［13］Clark，*Modern Italy*，pp. 238-240.

［14］关于地区改革运动更详细的说明，见 Robert Leonardi，Raffaella Y. Nanetti，and Robert D. Putnam，“Devolution as a Political Process：The Case of Italy，" 11 *Publius*（Winter 1981）：95-117；Robert Leonardi，Raffaella Y. Nanetti，and Robert D. Putnam，"Italy—Territorial Politics in the Post-War Years：The Case of Regional Reform，" in *Tensions in the Territorial Politics of Western Europe*，edited by R. A. W. Rhodes and Vincent Wright（London：Frank Gass & Company，1987），pp. 88-107；Peter Gourevitch，"Reforming the Napoleonic State：The Creation of Regional Governments in France and Italy，" in *Territorial Politics in Industrial Nations*，edited by Sidney Tarrow，Peter J. Katzenstein and Luigi Graziano（New York：Praeger，1978），pp. 28-63；and Tarrow，"Local Constraints on Regional Reform，" pp. 1-36。

［15］1949 年在西西里、撒丁、瓦莱达奥斯塔、特伦蒂诺-上阿迪杰建立地区政府。第五个地区政府弗留利的创立，因与南斯拉夫争夺的里雅斯特而复杂化，被推迟到 1964 年。

［16］在 1958—1963 年 5 年间，意大利南方超过 7% 的人口移居到北方。见 Paul Ginsborg，"Family，Culture and Politics in Contemporary Italy，" in *Culture and Conflict in Postwar Italy*：*Essays on Mass and Popular Culture*，edited by Zygmunt G. Baranski and Robert Lumley（London：Macmillan，1990），p. 33；and Paul Ginsborg，*A History of Contemporary Italy*：*Society and Politics 1943—1988*（London：Penguin Books，1990），pp. 218-220。

［17］Allum，*Italy*：*Republic without Government*？p. 236.

［18］*Clark*，*Modern* Italy，pp. 391-392.

［19］*XV rapporto/* 1981 *sulla situazione social del paese*，Censis Ricerca（Rome：Franco Angeli，1981），p. 503. 到 1991 年，地区政府官员总数达到 90 万；*Il Messaggero*（Rome），August 10，1991，p. 12。

［20］*Ottavo rapporto sullo stato dei poteri locali/ 1991*（Rome：Sistema Permanente di Servizi，1991），pp. 231-240. 尽管地区政府要求更多的税收权力，但是地区政府直接征得的收入（区别于中央的转移支付）从 1980 年的 4.3% 下跌到 1989 年的 1.8%。集权化的税收与分权化的支出之间的矛盾构成了通向地区自治和责任的严重障碍。如表 2—7 所示，大多数意大利人支持地区政府拥有更大财政自治权的要求。1991 年，进一步加大地区财政自治权的改革方案得到了积极的考虑。见 *Il Messaggero*（Rome），August 10，1991，p. 12。

［21］Max Weber，"Politics as a Vocation，" in *From Max Weber*：*Essays in Sociology*，eds. and trans. H. H. Gerth and C.Wright Mills（New York：Oxford University Press，1958），p. 128.

［22］本章关于改变中的地区政治精英的描述，基于我们在 6 个不同地区于 1970 年、1976 年、1981—1982 年、1989 年对地区委员进行的问卷调查。

［23］Mareello Fedele，*Autonomia Politica Regionale e Sistema dei Partiti*

(Milan：Giuffrè，1988)，p. 18，p. 42. 费德勒的地区样本与我们的样本是一致的，除了一点，我们的样本用巴西利卡塔取代了他的托斯卡纳；他的党派仅仅包括了基督教民主党、意大利共产党和意大利社会党，我们的样本不仅有以上大党，还包括了其他小党。

[24] 重要的例外是拉齐奥（围绕罗马的地区），大约一半的地区委员都在其他地方，主要是在南方长大。拉齐奥地区政府新委员的这一情况反映了过去40年从南方到罗马的迅速、持续的移民潮。

[25] 更换率的降低有时被当作立法制度化的指标，但并不完全符合意大利的情形。在创立地区委员会的一代委员里，更换率比较低，1970年当选的委员中的2/ 3在1975年再次当选，与其他国家的地区立法机构相比，稳定性是很高的。地区立法机构后来的更换率有所提高50%，从而地区委员会委员的在职时长平均略低于两个任期10年。

[26] 关于与这里论及的许多事情相关的美国国会的制度化问题的讨论，见 Nelson W. Polsby，"The Institutionalization of the U. S. House of Representatives，" *American Political Science Review* 62 (March 1968)：144-168。

[27] 许多这种改变发生在撒切尔和里根上台之前，在东欧共产主义崩溃以前就已经完成了。

[28] 这个结果与我们邀请委员就每个政党在左—右倾向的百分制打分的结果完全吻合。1970年到1989年间，左派政党的左右倾向平均起来向右移动，右派政党的左右倾向平均起来向左移动，中间派政党在中心两边很窄的范围内摆动，因此，总的来说，所有政党在向政治光谱的中间地带靠拢。

[29] 比较研究发现了精英和民众共识的对比性模型，包括"竞争性精英"模型（精英阶层的党派距离最大）、"共识性精英"模型（民众间的党派距离最大）以及"接合部精英"模型（中下级的党派活动分子之间的党派距离最大但精英间的党派距离最小）。一般认为，统一的精英比分裂的精英能够进行更有效和稳定的统治，虽然也可能寡头统治意味更强。关于这一问题的理论探讨和相关的文献引证，见 Robert D. Putnam，*The Comparative Study of Political Elites* (Englewood Cliffs，N. J.：Prentice-Hall，1976)，pp. 115-132。

[30] 本段分析的基础是"政治风格"的定量编码，关于该编码的描述，见 Robert D. Putnam，*The Beliefs of Politicians*；*Ideology*，*Conflict*，*and Democracy in Britain and Italy* (New Haven：Yale University Press，1973)，pp. 34-41。1989年的问卷调查使用的是判断和选择题，没有对政治问题进行延伸的讨论。

[31] Giovanni Sartori，"European Political Parties：The Case of Polarized Pluralism，" *Political Parties and Political Development*，edited by Joseph Lapalombara and Myron Weiner (Princeton：Princeton University press，1966)，pp. 137-176.

[32] 关于这一"问题"受到战后西欧政党制度转变影响的问题，见 Otto

Kirchheimer，“The Transformation of the Western European Party Systems” in *Political Parties and Political Development*，edited by Lapalombara and Weiner，pp. 177-200。

［33］一个可能解释的详尽清单将区分不同的亚型和及其混合型，如结合了选择性退休的生命周期的变化。（例如，把温和简单地归因于老化的政客，其解释力不足，因为继任委员会的平均年龄并没有改变。）为了区分在这些复杂的替代性解释，需要更详细的分析和比我们现有数据更强大的数据。文中讨论三种理论是最可理解的，也是最简洁的。

［34］由于我们 1989 年调查得到的不是面板数据，也就是说，我们没有再访问 1981—1982 年调查的受访者，我们不能对 20 世纪 80 年代的变化进行这种详细分析。

［35］社会变化的统计分析十分复杂，这是众所周知的，附录 B 中有相关的证据。

［36］See Joseph LaPalombam，“Italy：Fragmentation，Isolation，and Alienation，” in *Political Culture and Political Development*，edited by Lucian W. Pyeand Sidney Verba（Princeton：Princeton University Press，1965），pp. 282-329，and Putnam，*Beliefs of Politicians*，pp. 56-58，pp. 82-90.

［37］Samuel P. Huntington，*Political Order in Changing Societies*，p. 20.

［38］James Walston，*The Mafia and Clientelism*：*Roads to Rome in Post-War Calabria*（New York：Roufledge，1988），p. 79，p. 127，认为，即使在最不成功的卡拉布里亚，地区政府的创建也意味着代表、部长、县官员的重要性的下降，以及地区政府官员权力的上升。

［39］一个国家的政治危机的 6 个月内地区政府联盟解散概率从 1970—1975 年间的 37％下降至 1985—1990 年间的 8％。Marcelio Fedele，“I processi politico-istituzionali nei sistemi regionali，” a research report to the Parliamentary Committee for Regional Questions，Dossier n. 416，10th Legislature（Rome：Camera dei Deputati，1990）。感谢 Nando Tasciotti 让我们注意到这个报告。

［40］在 1970 年的普通委员会见地方党的领导人多于会见地区政府内阁成员，但这一模式也已在 1989 年倒退回去了。

［41］委员会认为选民的决定对于国家、地区和地方党的领导，以及地区和地方党的平台的影响很小。

［42］会议地区主席（Cinsedo）研究中心估计，“普通”地区能够得到的资源的 82％（“特殊”地区可得资源的 36％）由罗马决定。见 *Il Messaggero*（Rome），August 10，1991，p. 12。

［43］Raphael Zariski，“Approaches to the Problem of Local Autonomy：The Lessons of Italian Regional Devolution，” *West European Politics* 8（July 1985）：64-81；Bruno Dente，“Intergovernmental Relations as Central Control Policies：The

Case of Italian Local Finance，” *Government and policy* 3（1985）：383-402.

［44］Morton Grodzins，*The American System*：*A New View of Government in the United States*，edited by Daniel Elazar（Chicago：Rand Mc Nally and Co.，1966），pp. 8-9，p. 14，用这个比喻来说明美国的政府间关系。

［45］See Zariski，“Approaches to the Problem of Local Autonomy，” and Nicola Bellini，“The Management of the Economy in Emilia-Romagna：The PCI and the Regional Experience，” in *The Regions and European Integration*：*The Case of Emilia-Romagna*，edited by Robert Leonardi and Raffaella Y. Nanetti（New York：Pinter，1990），p. 121.

［46］关于民主化与中心—边缘关系的文献，西方国家最近有很多。要了解有用的概略，见 *Territorial Politics in Industrial Nations*，edited by Tarrow，Katzenstein and Graziano；*Decentralist Trends in Western Democracies*，edited by L. J. Sharpe（Beverly Hills；Sage Publications，1979）；*Centre-Periphery Relations in Western Europe*，edited by Yves Mény and Vincent Wright（London：Allen & Unwin，1985）；*Tensions in the Territorial Politics of Western Europe*，edited by Rhodes and Wright；and *Central and Local Government Relations*：*A Comparative Analysis of West European Unitary States*，edited by Edwar C. Page and Michael J. Goldsmith（Beverly Hills；Sage Publications，1987）。

［47］有趣的是，普通选民在这一点上对地区的批评态度不那么强烈，在我们的 1982 年，1987 年和 1988 年的调查中，只有 40%～45%的人同意这个命题。

［48］表 2—5 是基于我们 1982 年全国范围内的社区领袖制作的，我们 1989 年对选定的地区社区领袖的调查得到了完全相同的结果。

［49］严重的是，持最强烈批评态度的只是最经常接触地区政府的那些部门（工业、劳工、农业和商业）；地方政府官员对地区的行政失误更宽容些，可能是因为他们对意大利公共管理感到十分失望。

［50］详细分析表明，在几乎每一个部门，较小的群体——小城镇、小农户、小商人等——的代言人比大集团的代言人更支持地区改革。小利益集团似乎对与地区打交道的优势特别敏感，而对于遥远的罗马官僚，他们特别无能为力。

［51］Robert D. Putnam，“The Political Attitudes of Senior Civil Servants in Western Europe：A Preliminary Report，” *British Journal of Political Science* 3（1973）：278.

［52］具有讽刺意味的是，在所有地区政府中历史最久的两个“特殊”的南部地区，人们的认识最少；在 1982 年，西西里岛和撒丁岛整整一半的居民表示未曾听说过自己的地方政府，而当时地区政府已存在 30 多年了。

［53］M. Kent Jennings and Harmon Zeigler，“The Salience of American State

Politics," *American Political Science Review* 64（1970）：523-535.

［54］在 20 世纪 80 年代的调查中人们对表 2—7 中提出的问题所作的回应是相当稳定的。

［55］因为我们之后会呈现很多南部居民对于地方政府当前失误不满的证据，所以针对表 2—7 反映出来的问题，强调指出南方居民对于加强区域自治所表现出来的支持态度和北方居民一样强烈，这是很重要的。

［56］贯穿全书的数据分析，“北部”均指托斯卡纳、翁布里亚和马尔凯北部地区；“南部”指的是从拉齐奥到阿布鲁齐南部的全部地区。

［57］这种被访者表现出来他们自身是“非常”或者“相当”满意的情况是非常普遍的。20 个地区中的其中两个——瓦莱达奥斯塔和莫利塞，由于规模太小无法进入国家级别的大样本，被理所当然地排除在了这项分析之外。

［58］图 2—9 是根据 1988 年的调查得出的，我们所有的调查都显示同样的结果。

［59］我们自 1976 年开始向社区领导人提出这些问题，但是我们直到 1981 年才开始征求公众的观点。

［60］在我们的大规模调查中，年青一代从没有和评估地方政府的实际行动有过关系，但是却是对于地方区域改革原则的强大的潜在支持者。换句话说，意大利的年青一代更有可能成为“同情的批评家”。

［61］See Fedele，“I processi politico-istituzionali nei sistemi regionali，" and the data presented at p. 41 above.

［62］我们感谢 DOXA 调查组织为我们的研究所作出的努力，包括让我们使用他们以前的研究所得到的数据。

［63］为了确保时间上的可比性，表 2—9 中关于社区领导人的数据被限制在我们所挑选出来的六个地区中，但是在 1982 年和 1989 年，当我们也在其他地区抽样时，这六个地区观点的分配和全国性的观点几乎一致。

［64］在 1987 年的南方选民中，支持地方改革的（37%）要比不支持的（24%）多很多；相同比例的情况也出现在北方选民中（45%∶11%）。在 1989 年南部社区领导人中，以 54%∶15% 的比例支持地方改革；北部社区领导人中相同情况的比例为 68%∶3%。也可以见注［55］。

［65］Elisabeth Noelle and Erich Peter Neumann，*Jahrbuch der Öffentlichen Meinung*（Allensbach：Institut für Demoskopie，1967），p. 458；Elisabeth Noelle-Neumann，*The Germans*：*Public Opinion Polls*，*1967—1980*（Westport，Connecticut：Greenwood Press，1981），p.175；以及 DOXA（Milan）提供的未发表的德国民意测验结果 Arnold Brecht，*Federalism and Regionalism in Germany*（New York：Oxford University Press，1945）考察了 19 世纪 70 年代德意志统一之前的时期，德国联邦制度和州治制度的情况。关于德国的全面评论，见 From Co-operative Federalism to Joint Policy-Making，in T*ensions in the*

Territorial Politics of Western Europe，edited by Rhodes and Wright，pp. 70-87。

［66］See *Il Messaggero*（Rome），August 10，1991，p. 12；*La Repubblica*（Rome），November 20，1991，p. 17；and Ottavo rapporto sullo stato dei poteri locali/ 1991，pp. 18-19.

第三章
制度绩效的衡量

“谁在统治？”和“统治得怎么样？”是政治科学的两个最基本问题。前一个问题是有关分配和再分配的问题：“谁、什么时候、怎样得到什么？”这些问题一直是最近几十年来学术争论的前沿。相反，对制度绩效进行严格的探讨却很少见，尽管“好政府”曾经是我们最紧迫的议题。由于有关绩效和效率的调查中不可否认地混杂着规范的判断，所以过去 40 年里大多数学者都不愿意探讨纠缠不清的价值判断问题，至少在“客观的”、不作价值判断的社会科学领域是如此。尽管政治科学家和普通公民一样，经常非常愿意评判政府的绩效，但是这个领域却也总是把这个政治科学历来很重要的问题——这个“我们这门手艺古老的课题”[1]——留给政治哲学家和政论家去解答。

我们准备对意大利 20 个地区政府逐个地进行多方面的评价，然后再研究造成制度成功和失败的原因。但是，我们应该从哪里开始？要满足什么样的标准才能严格、公正和有说服力地对制度成效作出评判呢？我们如何能够确证一些政府的确在整体上比另一些有效率，从而可以一般地称之为“制度的成功”呢？

我们要评价的制度是一个代议制政府。因此，我们既必须评估它对其选民要求作出反应的状况，又必须评估它在管理公共事务时的效率。[2] 从约翰·斯图亚特·密尔到罗伯特·达尔的民主理论家都断言：“民主的重要特征就在于政府不断地对其公民的意愿作出回应”。[3] 民主赋予公民为达成某种个人或社会的目标向他们的政府提出请愿的权利，同时要求他们对公共利益的不同理解必须存在着公平的竞争。然而，好政府并不仅仅是各种观点相互竞争的论坛，也不仅仅是人民不满情绪的回音壁；它是要实际地解决问题的。一个好的民主政府不仅要考虑它的公民的需求（即它是回应性的），而且要对这些要求采取有效的行动（即它是有效率的）。

为了研究制度绩效，我们必须仔细地进行令人信服的衡量。在我们能够以严格的方式探讨为什么新的地区政府在艾米利亚-罗马涅区取得成功却在普利亚区遭到失败的问题以前，我们应该首先证明这些评判不是臆造的、或仅凭印象得出的。对政府绩效的任何严肃的衡量都必须通过下面四个方面的严格检验：

- 它必须是全面的。政府做的事情很多——立法、开支、提供服务和管理它们的内部事务。有时，政府在这种日常事务之外还要进行创造性的改革，无论林登·约翰逊的左派政府还是玛格丽特·撒切尔的右派政府概莫能外。我们的评估应该包括所有这些活动，日常工作和创造性的事业。不仅如此，政府还承担了许多政策领域的责任——医疗保健、农业、公共设施、教育、社会服务、经济发展等。如果要保证评价的全面性，我们就必须把所有这些领域都考虑进去。我们不可能对 20 个地区政府在这 20 年里对每一件事情的作为作出评价，但我们应该在研究它们的效率时尽可能广泛地涵盖这些事务。

- 它必须有内在的一致性。同样，由于政府做很多不同的事情，所以它们没有所谓的“共同底线”，即没有像资本主义企业的利润一样的标准。这就可能出现这样的情况，不同的政府只是在不同事情上做得很好——有一些在医疗保健事务上做得比较好，另一些在道路建设上做得好，有一些在立法上有创造性，另一些在管理上更有效率，等等。因此，我们应该严格注意在对制度绩效进行各种操作层次上的考察时保持前后一致，要警惕“多面性”带来的问题。当且仅当我们以大致相同的方式应用各种指标实证地衡量各个地区时，我们才有资格说制度在总体上取得了成功或遭到了失败。

- 它必须是可靠的。只有当制度绩效是持续的而非转瞬即逝的时候，它才值得我们对其进行一般性的概括。随着时间的推移会发生一些变化，这是可以想象的，特别是在新制度刚刚建立的头些年。一个政府可能停滞不前，而另一个可能在大步前进。如果我们对各地区绩效的排序在各年之间像万花筒似的变幻不定，那么我们就应对评价制度绩效的基本方法作出修正。但是，如果同一个地区年复一年都治理得很好，那就意味着产生绩效的原因并不是政治力量暂时的奋力推动或某任官员的技巧（或运气），而是有着更深层次的原因。

- 它必须与制度的支持者及其选民的评价和目标一致。毕竟，民主政府是对各个地区的公民负责的政府。我们应该意识到有些强加的标准与选民的意向是不符合的。我们必须小心地比较我们对绩效的“客观”衡量与每个地区的选民和社区领导人的观点。我们在前面的章节已经认识到，各个地区之间对制度的满意程度差异很大。在给各个地区的治理质量下结论之前，我们必须检查一下我们的评价与当地人民（无论博洛尼亚还是巴里，瑟维索还是皮亚特拉佩托萨）的评价不一样的地方。

本章准备完成以上四项任务。[4] 我们首先从逐项考察衡量 20 个地区政府效率的一打指标开始。然后我们讨论这 12 项指标的相互关系，并且要考察我们对绩效的总评价在时间面前的稳定性。最后，我们要将我们就各个地区作出的评价与意大利选民和社区领导人的观点进行比较。这个严格的过程是达成我们理解制度成功与失败之目标的关键的第一步。

第一节　衡量制度绩效的 12 项指标

对于每一个地区政府，我们都要评价（1）政策的制定；（2）政策的颁布；（3）政策的实施。

一个制度的效率首先在于它对主要的内部事务管理得怎么样。因此，我们可以考察一个制度决策机关的稳定性，例如预算制定的效率，或者其管理信息系统的效率。[5]（见指标1～3）这组指标提出的问题的实质是：不论这个制度在其他方面有什么作为，它重要的内部运行是否平稳而迅速。

但是，研究政府的绩效同样意味着研究政策和项目。政府是否迅速地认识到社会需要并提出创造性的解决方案？政府制定的法律是否反映了它手头掌握的全面、连贯、有创造性地解决问题的能力？（见指标4～5）

最后，我们不仅要评价言还要评价行。我们必须在政府作为问题解决者和服务提供者的意义上评价这些政府的成就。地区政府是否成功地应用有限的资源满足了迅速变化的社会的需要呢？它们是否成功地实施了它们宣布的政策目标——成立医疗机构、建设日托中心等？它们对公民个人的需要作出回应的效率如何？（见指标6～12）

虽然我们对政府的评价要考察其行而不仅是其言，但是我们也应该小心，不要把不属于它们职能范围的功过归给它。[6]用政策分析的语言来说，我们要衡量“输入”的方面而非“输出”的方面——是医疗保健而非死亡率；是环境政策而非空气质量；是经济发展规划而非工商业利润。健康、空气质量和利润无疑是重要的，但我们不把它们列入政府绩效的评价体系的理由是简单的：社会状况受政府之外很多因素的影响。健康取决于饮食和生活方式等任何民主政府所不能控制的因素。空气质量受到气象、人口、工业以及政府政策的影响。利润是企业家的技能、工人的勤劳、世界经济的条件等的产物。以社会状况来评估政府的绩效等于犯下“马萨诸塞式的错误”：州政府的作为只是20世纪80年代新英格兰繁荣的一小部分原因（相应地也是其后衰退的一小部分原因），尽管1988年的总统选举宣扬的是相反的理念。

对输出作定量的比较当然是一项复杂的、很有价值的任务。要有说服力，任何对政策绩效的衡量都不应该受到各项政策重要性方面的差异的影响。要比较一个研究项目与一个灌溉项目的创造性、效率和社会重要性是不容易的。不过，在我们的研究里，这些困难将减少到可以控制的程度。简言之，我们对意大利全部地区的决策人士和社区领袖都强调相同的主题。虽然同一些问题的紧迫程度在各个地区之间有所不同，但是在地区政府建立的开始几年，它们面对的问题是相似的，比如公共医疗、职业教育和公共设施等。但是，它们对这些问题的处理并不是同样迅速、全面、有效和有创造性的，其结果也不是同样程度地令决策者和它们的选民感到满意。正如埃克斯坦（Eckstein）所指出的，“期望政治体（polities）达成它们不想达成的目标，这是可笑的，但是期望它们有效地达成它们渴望达成的目标，这是合乎情理的”[7]。

我们对制度绩效的详细考察将建立在就12个不同指标进行衡量的基础上。这些指标包含了许多不同的政策部门的政策制定、政策颁布和政策实施的情况。这些指标中的大多数衡量的是1978年到1985年间的情况，即1976年第382号改革法和1977年第616号条令将重要的权力和大笔资金授予所有地区以后的情况。这个时期包含了新制度立法机构第二个任期的大部分时候和整个第三个任期。我们的一些指标在定量上是精确的，不过它们与实际结果的联系是间接的。其他指标与制度绩效的联系是明确的，尽管它们在定量上并不能那么精确。任何一项指标孤立地看都不足以公正地评价地区的绩效，但是，这些指标综合起来可以为评价制度的成功和失败构筑广泛的基础。

我们首先从衡量政策制定和内部运作的三个指标开始，即内阁的稳定性、预算的及时性以及统计和信息服务。

1. 内阁的稳定性。

像意大利中央政府一样，每一个地区政府都是由保有立法机构多数支持的内阁来领导的。一些地区的内阁高度稳定，所以在原则上可以制定连贯的政策。相反，其他地区发现自己很难组成执政联盟，而要维持这个联盟则更加困难。我们的指标统计了1975—1980年与1980—1985年议会期间各个地区就任内阁的数量。结果各地的差异很大，从特伦蒂诺-上阿迪杰区和翁布里亚区的10年内两届内阁到西西里区、撒丁区和坎帕尼亚区的10年9届内阁不等。[8] 虽然这是我们全部绩效指标中最简单的一项，但它却是比较重要的一项。

2. 预算的及时性。

从 1972 年起，所有地区都要求在 1 月 1 日新财政年度开始之前完成有关年度预算的立法工作。事实上没有一个地区实现了这个目标，在 20 世纪 80 年代初，所有地区还受到在它们控制之外的中央政府预算工作拖延的妨碍。但是，各个地区对预算的拖延时间有相当的差异。我们的问题很简单：1979—1985 年期间，地区委员会实际批准预算一般是在什么时候？其结果，从弗留利-威尼斯朱利亚区的 1 月 27 日（财政年度开始的几个星期以后）到卡拉布里亚区的 8 月 7 日（财政年度已经过去了将近 2/ 3）不等。[9]

3. 统计和信息服务。

在其他条件相同的情况下，一个对选民及其问题拥有更多信息的政府能够更有效地作出反应，所以我们衡量了所有 20 个地区统计和信息机构的设置。最差的有 6 个地区，它们没有类似的机构：阿布鲁齐区、卡拉布里亚区、马尔凯区、莫利塞区、普利亚区以及西西里区。最好的有 5 个地区：艾米利亚-罗马涅区、弗留利-威尼斯朱利亚区、拉齐奥区、伦巴第区和托斯卡纳区，它们可以提供很好的信息服务，包括调研工作站以进行原始数据的积累，还有统计整理和计算机数据分析的机构。[10]

接下来，我们的研究将越过“制定过程”的考察，进入对决策内容的探讨。下面一对指标是基于对地区立法进行综合考察而建立的。

4. 立法改革。

我们考察了 1978 年到 1984 年间各个地区在以下三个政策领域所作的立法改革：经济发展、区域与环境规划以及社会服务。这项考察涉及的法律议题非常广泛，从城市规划和废水处理到为社会工人提供在职培训和建立地区工业研究和市场营销中心，所有这些都包括在内。我们在分析中使用的三项评估标准是比较全面的：

> 立法的全面性，即这个时期地区制定的法律所针对的社会需求的广泛程度或狭隘程度。
>
> 立法的连贯性，即不同立法动议的协调程度和内在的一致程

度；例如，一项资助小商业的项目，它与职业培训和基础设施项目是配套的，尽管另一个项目（如意大利人所说）能得到中央政府无差别地拨给各个地区的大量资金，上面的这些项目仍然优先考虑。

立法的创新性，即它对新需求以及尝试提供新服务的认识程度、或者它为新的私人创造提供激励的程度。

我们用五分制给每一个地区在这三个政策领域里每个领域的表现分别打分。各地区的总分差别很大，艾米利亚-罗马涅区是 15 分，表明它在所有这三个领域都有上佳的表现，而卡拉布里亚区和莫利塞区都只有 3 分，表示在所有三个领域都表现很差。虽然这些对立法的评估在某种程度上给人的印象更深刻但不如前面的指标界限精确，但是它们反映了对地区政策内容进行的仔细评估，而且（如我们在下文将要看到的）它们还相当准确地反映了每个地区的公民所作的评价。我们评价立法改革的标准看来与意大利选民实际使用的标准差距不大。[11]

5. 立法的创新。

像美国的州政府一样，许多立法观念在意大利各地区政府之间是趋于不同的，比较落后的地区学习和通过比较发达的地区委员会率先制定的有创意的法律。[12] 我们考察了类似的法律获得通过的 12 个议题，它们包括空气与水污染、渔业保护、消费者保护、预防性医疗诊所、采矿管理、旅馆分类、野生动物保护等。尽管各地的需要和各个领域问题的紧迫程度不同，但是有些地区在几乎所有这些领域都一直是领头羊，而有些地区也一直是落后者，只有三个或四个地区是例外。（在精神卫生保健、地区“议会民间冤情调查委员”，以及促进自愿者事业方面，领头羊与落伍者的排名与总体排名是不同的。表 3—1 显示了总体的立法分布形态。）[13] 我们测量的问题是：在这 12 个领域，一个模范的法律出现以后，指定地区学着制定该法律的速度一般是怎样的？率先通过某项法律的地区得分为 100，完全不加以采纳的地区得分为 0。[14] 各地区的平均分从艾米利亚-罗马涅区的 74 分到卡拉布里亚区的 4 分不等。实际上，这 12 项模范立法中，卡拉布里亚区只通过了一项，而艾米利亚-罗马涅区却是通过了全部 12 项，并且其中 5 项是该区率先制定的。

表 3—1　　　　　　　　　　**对立法创新的评估**

模型法律	因子载荷
采矿管理	0.812
渔业保护	0.806
空气和水污染控制	0.776
旅馆管理	0.756
预防性医疗诊所	0.718
野生动物保护	0.638
商业管理	0.624
消费者保护	0.501
劳工市场管理	0.432
自愿者服务	0.392
巡视官	0.222
精神医疗保健	−0.026

接下来，我们从政策颁布转到对政策实施的考察。下面 6 项指标测量在地区政府活动的所有主要部门里各个地区实施政策的能力，这些部门包括公共医疗保健、社会福利、工业和农业发展，以及住房和城市政策。这些指标的前两项是政府直接的服务，第三项反映了每个地区使用的政策工具，最后三个考察地区政府使用中央政府提供的资金的效率（“花钱的能力”）。

花钱的能力并不是在任何情况下都是衡量制度绩效的合适指标。然而，在农业、医疗保健和住房三个方面，人们广泛认为应该追加更多的投资，而且中央政府拨付给每个地区的资金数量是很大的。但是，有些地区政府累积了大笔未花出去的拨款，因为它们缺乏能够把这些资金转化为投资行动所需的组织能力和基本管理机构。另一方面，更有效率的地区总是能够实现计划订立的开支目标。

6. 日托中心。

新地区政府最早、最成功地提出的政策动议之一是提供广为公众支持的日托中心。1977 年中央政府为此目的建立了数额可观的基金供各个地区使用，以便地区自身在这个项目不要付出什么“机会成本”。到 6 年后的 1983 年，一些地区已经建立了广泛的日托中心网络，而其他地区却没有取得任何实质性的进步。我们计算了 1983 年 12 月为止正在运行的由地区支持的日托中心的数量，除以地区 4 岁以下（包括 4 岁）的孩子数量。[15] 这个指标为我们提供了一个非常清晰的尺度，来衡量地区政府在外部资金充足的条件下于基层实施政策的能力。统计的结果从艾米利亚-罗马涅区平均每 400 个孩子有一个日托中心到坎帕尼亚区每 12 560 个孩子有一个日托中心不等。

7. 家庭诊所。

在医疗保健部门，有一项重要的实验，即家庭诊所，是 1974 年由中央立法发起的。因此，家庭诊所的状况是衡量地区实施改革政策能力的一个有用指标。我们计算了 1978 年 5 月为止各个地区正在运行的家庭诊所的数量，除以地区的人口总数。数据显示，翁布里亚区（排名第一）每 15 000 名居民有一个家庭诊所，有着 3 850 000 名居民的普利亚区刚好只有一个家庭诊所，而特伦蒂诺-上阿迪杰区、莫利塞区和瓦莱达奥斯塔区则一个家庭诊所也没有建立。[16]

8. 产业政策工具。

我们在第二章已经指出，1970 年人们广泛希望新的地区政府能够带来更加迅速的经济发展，正是这种巨大的希望有力地推动了制度改革。当中央开始把款项拨付给地区时，有些地区只是把资金补贴给私人企业，常常是形成一种庇护的关系。而另一些较发达的地区则用这些资金建设基础设施，改善公共服务，以及鼓励公私合作伙伴关系。[17] 衡量每个地区产业政策领域成熟程度的一个粗略指标可以通过分析地区实际应用的产业政策工具组合来获得。这些潜在的政策工具是：

- 地区经济发展计划
- 地区土地利用计划
- 工业园区
- 地区发展金融机构
- 工业发展和市场营销协会
- 职业培训计划。

少数地区，如弗留利-威尼斯朱利亚区到 1984 年时应用了所有这些工具。而在另一个极端的卡拉布里亚只使用过两个工具。[18]

9. 农业开支能力。

1977 年中央政府把大笔资金（总值约为 4 亿美元）拨付给各个地区作农业投资用，项目包括灌溉、退耕还林、牲畜生产、园艺种植以及葡萄栽培。拉齐奥区用中央的这部分资金促进弗拉萨蒂（Frascati）葡萄酒的生产。另一方面，有几个地区的政治僵局和行政上的低效率使得这笔资金一分钱也没有花出去，即使在有些农业经济相当重要的地区也不能幸免。一个地区在这个重要的经济部门实施政策的能力可以用地区在三年内（1978—1980 年）按计划实际使用的资金占分配给该地区的资金的比例来衡量。其结果从瓦莱达奥斯塔区的 97%到卡拉布里亚和莫利塞的 0 不等。[19]

10. 地方医疗保健单位的支出。

从财政的角度看，1977 年以后向地区的分权化中责任下放程度最大的领域是国民医疗服务，包括医院、诊所和医疗保健。根据 1978 年国会的立法，这些新责任主要由新创立的组织“地方医疗保健单位”（Unita Sanitaria Locale，USL）去实施。各个地区履行责任的程度可以用 1983 年，即国会法律生效 5 年后各地区人均 USL 的支出来衡量。（这里，中央政府也是为医疗保健服务提供了充足资金的。由于 USL 支出与死亡率和婴儿死亡率呈负相关关系，所以计算的结果足以表明支出低的地区对医疗保健服务的需求也高。）计算的结果各地有很大的不同，托斯卡纳区的支出比全国平均水平高出 34%，西西里区和巴西利卡塔区的支出分别比全国平均水平低 25%。[20]

11. 住房与城市发展。

我们的调查表明，住房建设是意大利各地区官员面对的重要而日益紧迫的任务，在 20 世纪 80 年代尤其如此。从 1971 年开始，特别是在 1978 年以后，中央政府把足够的资金拨付给各个地区补贴住房建设（公有与私有房都包括在内）、住房修缮以及城市发展的征地。中央要求地区制定一个 4 年期的住房发展计划，并制定资金分配的标准。我们收集了 1979 年、1981 年、1985 年和 1987 年各地区应用这笔资金的能力的数据，衡量的指标是地区的实际支出占中央拨付资金之比。（这里的支出能力与先前对住房质量的衡量是正相关的关系，因此可以说低水平支持反映了低水平的需求。）我们对 4 年的情况进行了综合的衡量，平均来看，计算结果从艾米利亚–罗马涅区的 67%到西西里区和坎帕尼亚区的 32%不等。[21]

以上所有的指标都是从决策者的角度来看的：预算过程效率如何？立法的创新程度怎样？建立了多少日托中心、家庭诊所或发放了多少农业贷款？

我们的分析到目前为止还没有一个指标从普通公民的角度去评价地区政府。

12. 官僚机构反应的灵敏度。

为了评估政府“街道层次”的反应度，我们设计了一个不太可靠、但无害而且从中可以得到大量信息的实验。[22] 1983 年 1 月我们的意大利同事考察了每个地区的官僚机构，他们向官僚机构提了三个具体的（但是虚构的）问题：

- 他们假装在国外度假时发生了一笔医药费向医疗保健部门询问报销的程序。
- 他们代表一个刚刚初中毕业的“兄弟”问职业培训部门，该部门可以提供哪些职业培训上的帮助。
- 他们作为“一个农场主的朋友”向农业部门询问有关种植实验性庄稼的贷款和补贴的信息。

他们首先通过写信提出这些问题，然后根据回复的速度、清楚程度和全面程度进行评估。如果没有得到及时的回复，就打电话以及（必要时）亲自去访问。以上三种情况下都要评估反应的质量和速度。这个实验使我们能够建立一个混成指数来衡量这三个重要机构作出反应的灵敏度，再进行 20 个地区的比较。[23] 在最有效率的地区（艾米利亚–罗马涅区和瓦莱达奥斯塔区），三个问题中的两个问题在我们信件发出一周内就收到了完整的答复，第三个问题只需要再打一个电话就行了。在效率最低的地区（卡拉布里亚区、坎帕尼亚区和撒丁区），没有一个信件提问收到任何回答，三个问题中的两个需要费时好几个星期，打好几个电话，还要亲自到访。

第二节 制度绩效衡量指标的一致性与可靠性

我们列出 12 个指标的单子，目的是要反映现代政府对公民与为公民所作的各种各样的事情。通过这些指标的绝对值反映出来的绩效水平的差异是非常明显的：一个地区的内阁的寿命是另一个地区的 5 倍；一个地区的预算拖延了 3 个星期，另一个地区拖延了 7 个月；一个地区建立的日托中心、家庭诊所与发放的农业贷款和住房补贴是另一个地区的许多倍（尽管得到的资金是相等的）；在一些地区，居民的咨询迅速得到答复，另一些地区根本得不到任何答复。

尽管如此，我们是抱着怀疑的态度开始这个研究的。测算本身有缺点，各个地区不同任务的紧迫程度有差异，而且任何一个机构的行动都要受到多种因素的影响，在这种情况下，这些独立的衡量制度绩效的指标是内在一致的吗？例如，尽管地区内阁的垮台一般意味着制度的不稳定，但是垮台也可能是由某个关键人物的突然死亡引起的。我们猜想，立法方面的创意可能完全没有行政措施方面的跟进。或者一些地区也许特别重视住房建设，而其他地区重视的是农业。也许一个地区在建立日托中心或家庭诊所方面的无所作为只是反映了意识形态的选择，而非行政效率。没有一个指标能够单独地完整涵盖制度绩效方面的一切差异，而且一个方面的制度成功有可能与另一些方面的成功没有什么关系。

因此，当我们发现（附录C所示）衡量制度绩效的12个指标有着非同一般的高度一致时，我们感到非常高兴。[24] 内阁稳定、及时制定预算、按计划支出拨款和率先通过新立法的地区，在大多数情况下，也是建立日托中心和家庭诊所较多、全面的城市规划得到发展、将贷款发放给农民以及迅速回答邮件的地区。在这12个指标的基础上，我们建立了一套评价制度绩效的总指数。表3—2展示了所有指标以及它们与总指数的相关度。

表3—2　　制度绩效指数（1978—1985年）

绩效指标	因子载荷
立法改革，1978—1984年	0.874
日托中心，1983年	0.851
住房与城市发展，1979—1987年	0.807
统计与信息服务，1981年	0.797
立法创新，1978—1984年	0.779
内阁的稳定性，1975—1985年[a]	0.681
家庭诊所，1978年	0.640
官僚机构反应灵敏度，1983年	0.625
产业政策工具，1984年	0.580
预算制定的及时性，1979—1985年[a]	0.577
地方医疗单位支出，1983年	0.545
农业支出能力，1978—1980年	0.468

a　内阁稳定性和预算制定的及时性的评分与前文叙述的相反，以便保证高分与高绩效是一致的。

制度绩效的这些指标的相互联系还是很不完善的。大多数地区都是某几项好于另外几项。对制度成功进行详尽的考察就必须考察多个方面的制度绩效。因此，我们的方法是把这些不同的指标结合起来成为一个指数，这样就减少了任何一个指标有偏颇的影响。更重要的是，这些数据也证实了，一些地区实际上用任何一种尺度去衡量都是先进的，而另一些地区却在所有的方面都不成功。我们的综合考察既是全面的也是内在一致的。

这项评估在时间上的稳定性和可靠性如何？制度绩效如我们所衡量的那样是地区政府的一个长期特征吗？还是地区政府的绩效随着年份的不同随机波动？

在意大利地区试验的最初几年，即在第一届立法机构刚刚全部成立以后，我们对 15 个“普通”地区的绩效作了一个预估。[25] 这次预估所用的绩效指标与本章的描述有很强的可比性，但是所用的数据是 1970—1976 年的，因此与我们现在的评估所用的数据没有重叠。早先的评估也没有本章描述的评估那么广泛，因为那时地区刚开始工作，衡量政策实施的状况是不可能的。

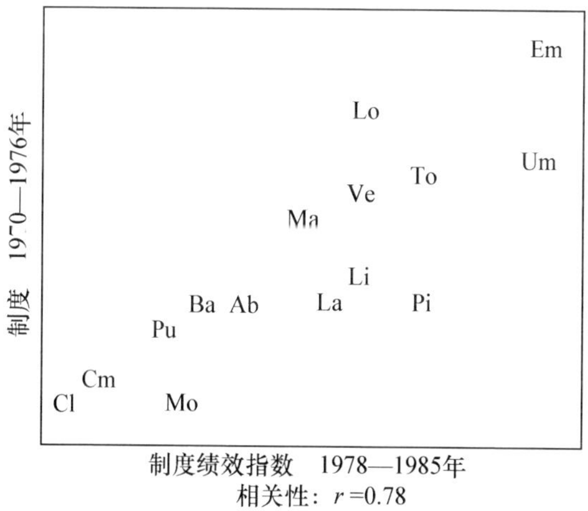

图 3—1 制度绩效（1970—1976 年与 1978—1985 年）

本书所有的统计分布图中使用的地区简称参见附录 D。

图 3—1 比较了这两次分析的结果，表明在相对意义上绩效具有非同寻常的稳定性。大多数情况下，前一次评估为绩效好的地区在后来更

完备的制度绩效指数的衡量中也居于前列，前一次评价为落后的后一次里也是落后的。其中只有少数例外：伦巴第在第一次评估里位于前列，在后一次评估里往后靠了；而皮埃蒙特则获得了很大的进步。但是，总体上的稳定性是惊人的。虽然这种稳定性对评估为绩效低的政府来说是令人沮丧的，但它在理论上是重要的，在方法论上是可靠的。制度绩效的差异，如这里所衡量的，是比较稳定的，因而值得我们作出解释。

第三节　制度绩效与选民的评价

这个总指数内在一致地反映了制度绩效方面的重要差异。但是它所得出的结论是否与制度的支持者和选民作出的评价一致呢？制度绩效的“客观”衡量与意大利人关于自己地区政府的看法相符合吗？或者评价政府的指标是否过于独特，过于受到文化相对主义的影响，因而我们的评价与意大利选民和社区领导作出的评价互不相干呢？[26]

要回答这些问题是不容易的，因为任何仅在一个地区里生活的人很难条理清晰地作出与其他地区政府的比较，而且也不能保证各个地区的居民有相似的标准，对同样的政府作为感到同样程度的满意。[27]另一方面，我们的访谈也揭示了工商业人士、市长、工会领袖、记者和其他社区领导人，甚至还包括相当一部分普通公民的观点，即他们对自己地区政府优缺点的认识。不仅如此，由于这些政府的本意是要成为代议制的政府，所以其选民的看法对于评估它们的绩效具有特别重要的地位。

事实上，制度绩效指数所作的衡量与地区里有心的公众和作为一个整体的选民所作的评价非常一致。让我们先从普通意大利人如何评价他们的地区政府的问题开始。

1977 年 1 月到 1988 年 12 月间，我们对意大利人进行了 6 次采访，即两年一次。我们在采访中提的问题是：“您对本地区的管理方式是否感到满意？程度如何？”虽然在较小的地区里样本数量太少，任何一个这样的调查都不能对人们的观点问题作出完全可靠的评估，但是各个地区得分的秩序在这些年里总的来说是稳定的，所以这 6 次调查结合起来就可以比较可靠地得出一个关于各个地区公民满意程度的评估。[28]

因此，我们可以将我们对地区政府绩效的“客观”评价与它们的选民的看法作比较。图 3—2 显示了这两种评估的高度一致性。除了“特别”地区特伦蒂诺-上阿迪杰区的情况稍有不同以外，意大利各个地区公民的意见与我们对政府的评价完全相同。[29] 民主政府的两个基本指标，即效率与反应的迅捷，是紧密联系的（至少在这个案例里是这样）。制定了有创意的法律，按计划执行了预算，建立了日托中心，回复了邮件等，做到了这些事情的政府比没有做到这些事情的政府是更受选民欢迎的。[30]

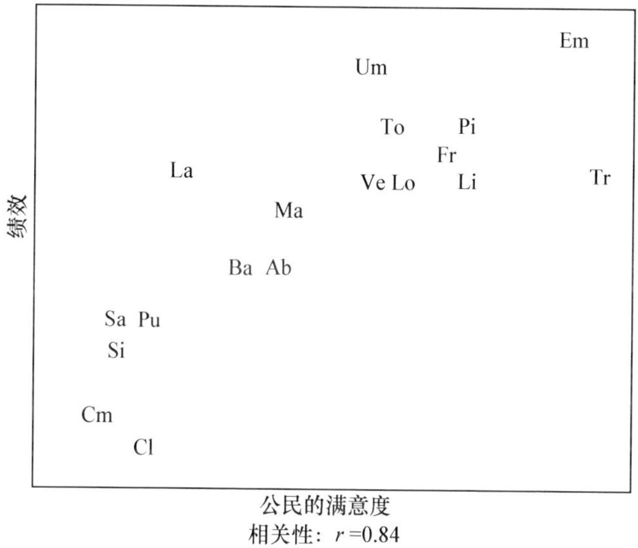

图 3—2　制度绩效（1978—1985 年）与公民的满意度（1977—1988 年）

事实上，我们所衡量的制度绩效是唯一能够前后一致地预见谁对地区政府感到满意和谁不满意的探测器。在我们所作的六次全国范围的调查中，对地区政府活动的赞成态度与任何社会学的标准分类都没有相关关系。受到良好教育的人与没有受过多少教育的人的看法没有什么不同，富人与穷人的观点相同，城市居民与乡野村夫差异不大，农场主或家庭主妇与工商业人士或蓝领工人的看法相近，男人与女人、年少与年长观点都差异不大。[31] 换句话说，在我们的“客观”衡量看来比较成功的地区，各阶层人士也都感到较为满意，而绩效差的地区大多数人都比较不满意。这些政府显然在服务于特殊利益方面差距较小，而在它们服务于公共利益方面差距较大。

可以想象，地区政府执政党的支持者比反对党的支持者对地区的表现感到更满意。然而对政党的忠诚程度与满意程度的影响，比不上政府“客观”绩效的影响力。在 1977 年到 1988 年的 6 次调查中，低绩效地区执政党的支持者对地区政府表现的满意程度低于高绩效地区反对党支持者的满意程度。如图 3—3 所示，高绩效地区里平均有 42％的政府反对者对政府的绩效感到满意，而低绩效地区只有 33％的政府支持者对政府的绩效感到满意。[32] 给定绩效，政党忠诚在满意度上的贡献率是 14 个百分点；给定政党忠诚，绩效的贡献率是 24 个百分点。也就是说，在影响意大利选民对自己地区政府是否满意的感受方面，绩效的客观差异所具有的重要性是党派忠诚的将近两倍。

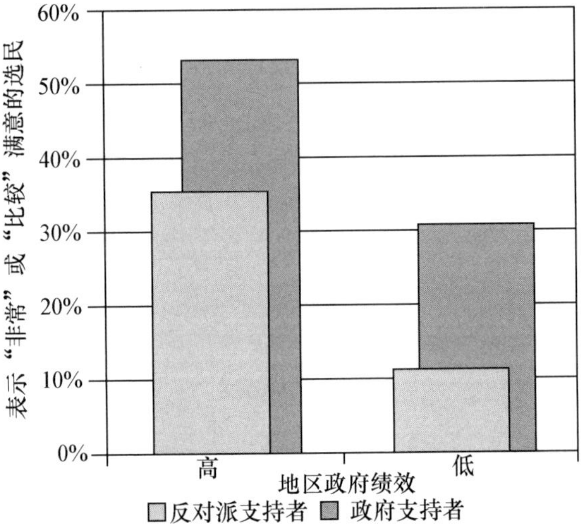

图 3—3　对地区政府的满意程度：政府绩效与党派支持的影响

1982 年我们在全国范围内对社区领导人所作的调查还提供了另一个考察地区政府运行的视角。我们的调查对象包括省长、大城市和小城镇的市长、银行家、工会领导人、记者以及工业、商业、手工业、农业和合作运动的代表。这些领导人中超过一半的人声称自己经常与地区的官员会晤，59％的人说地区政府对他们所代表的组织的利益具有“非常重要”或“相当重要”的影响；因此，这些人中的大多数，不论男子还是女士，都有直接的、个性化的知识，以对他们地区政府的绩效作出判断。

这些社区领导人经常与地区政府打交道。市长们要地区政府批准他们的区划管理条例。农场领导人要求上马灌溉工程。工商业人士与地区官员讨论地区经济规划。劳工领袖与他们协商职业培训计划。因此，这些男士与女士能够告诉我们关于地区制度的活动的详细评价。我们在第二章已经指出，我们询问了地区官员是否易于接近，地区政策的取向，具体的地区项目的可行性，地区官僚机构处理具体事件是否迅捷，地区政府与地方政府的协调，地区官员的技术水平和工作意识等问题。大多数社区领导人都严厉批评地区政府在实施政策方面无所作为，但是他们对新政府的政策取向和开放性持比较肯定的态度。[33]

关于制度绩效上述不同方面的评判，它们相互之间有着相当密切的相关关系，因为在任何一个地区，关于政府绩效的所有这 6 个方面的评价都是获得一致的好评（或受到一致的否定）。那些被人们评判为政策最有创意的地区，一般也得到反应最敏捷和倾听最耐心的评价。我们把这些个别的评价综合起来组成一个社区领导人对制度绩效的评价指数，如表 3—3 所示。他们的回答为我们提供了又一个衡量地区政府效力和效率的指标。

表 3—3　　社区领导人对地区政府的评价（1982 年）

地区政府活动[a]	因子载荷
地区项目的可行性	0.735
处理事件所需的事件	0.714
与地方政府的协调	0.700
工作人员的素质与勤勉	0.697
政策取向	0.676
协商问题时对贵组织的开放程度	0.657

a　总指数的基础是对下面这个问题的回答：“您对本地区政府在这 6 个方面的活动是否满意？程度如何？”

这个调查在各个地区所取的样本数量都很少，平均每个地区只有 15 个领导人，所以各个地区分数的准确性可能受到样本误差的损害。[34] 不过，把这些评价与我们的制度绩效指数作比较是很有意义的。图 3—4 表明，这两种衡量的结果紧密相关，特别是在小样本的误差受到一定矫正的情况下尤其如此。我们对制度绩效的衡量与那些每天都在同这些政府打交道的人们所作的评价是普遍一致的。[35]

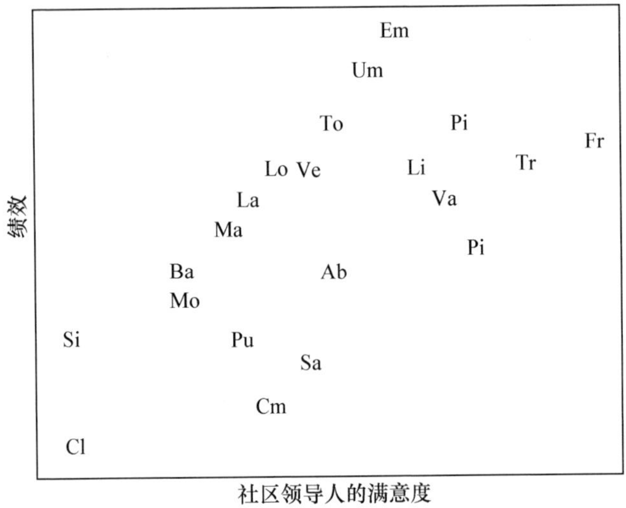

图 3—4　制度绩效（1978—1985 年）与社区领导人的满意度

相关度：r=0.66
普通地区的相关度：r=0.77
特别地区的相关度：r=0.84

我们对这些政府绩效所作的非个人化的、“客观的”评价与它们的选民所作的评价高度相关，这在方法论上是可喜的，但是，也存在过度的文化相对主义的风险，还有所谓对政府作为“显著偏好”（revealed preference）的危险：假定人们得到了他们想要的那种政府。有时，有人认为意大利某些地方的政府——像世界上其他地方的政府一样——怠惰、低效和腐败，“因为那里的人们喜欢这样”。图3—2 和图 3—4 强有力地证明情况并非如此。至少在意大利，各个地方的人们都能够分辨好政府和坏政府，他们使用本质上相同的基本标准判断问题，这些标准是效率、创造性、连续性、反应的灵敏性和实际成果。他们喜欢好的政府，不喜欢坏的政府。这当然并不意味着每个人都同意什么政策应该优先制定和实施，或者那些政策应该怎样实施，并不意味着“有一个最佳的统治方法”，也不意味着政府可以简化为技术。它也并不意味着更好与更糟之间的差异已经广泛地被人们认识。

第四节　结论

我们从这一章学到了什么？一些地区政府在多方面都比另一些地区政府更加成功，它们在内部运行方面更有效率，在政策制定方面更有创造性，在实施那些创新动议时也更有效率。绩效方面的这些差异已经持续了 10 多年。无论普通公民还是社区领导人，地区政府的选民已经广泛认识到了这一点。一些地方的统治优于其他地方，尽管进行统治的政府有着相同的结构与同样的法律和财经资源。[36]不仅如此，地区之间正是在总的制度效率上存在着差别，而不仅仅是一地的政府今年是否实施了很好的日托中心项目或预算制定是否更有效率的问题。

如果是这样，那么对政治科学以及有关的公民来说，当务之急应该是理解其中的原因。无疑，我们认为效率低下的活动对一些人是有好处的。例如，区域规划很差就可能使建筑公司和地产发展商从中渔利。然而，较好的政府——在大多数时候使大多数人受益的政府——是能够识别的。这些新的政府中有些运行良好，有些却不行。制度绩效存在这些差异的原因是什么？我们下一章要探讨这个问题。

注　释

[1] Robert A. Dahl，“The Evaluation of Political Systems，” *in Contemporary Political Science*：*Toward Empirical Theory*，edited by Ithiel de Sola Pool（New York：McGraw-Hill，1967），p. 179.

[2] Kenneth Shepsle，“Responsiveness and Governance，” *Political Science Quarterly* 103（Fall 1988）：461-484.

[3] Robert Dahl，*Polyarchy*：*Participation and Opposition*（New Haven：Yale University Press，1971），p. 1. See also John Stuart Mill，“Of the Proper Functions of Representative Bodies，” in “*On Liberty*” *and* “*Considerations on Representative Government*”，ed. R. B. MacCallum（Oxford：Basil Blackwell，1948）.

[4] 在统计方法论的语言中，这四项任务均符合表面有效性（这些指标是否在表面上衡量制度成功的明显特征?），内部有效性（指标是否显而易见地内部相关，从而我们可以合理地将它们结合成一个简单的指数?），再测信度（指标的数值是否随着时间变化表现得相对稳定?），外部有效性（指标的数据和制度表现的独立检验是否高度相关?）。

[5] Harry Eckstein，“The Evaluation of Political Performance：Problems

and Dimensions," *Sage Professional Papers in Comparative Politics* 2, no. 1-17（1971）; and Ted Robert Gurr and M. MeClelland, "Political Performance: A Twelve-Nation Study," *Sage Professional Papers in Comparative Politics* 2, no. 1-18（1971）.

[6] J. Roland Pennook, "Political Development, Political Systems, and Political Goods," *World Politics* 18（1966）: 421.

[7] Eckstein, "Evaluation of Political Performance," p. 8.

[8] 五个"特殊地区"的选举周期在时间上有一些细微的差别，我们采用的立法周期最接近于 1975—1985 年。我们感谢 Marcello Fedele 教授无私地和我们分享了他"I processi politico-istituzionali nei sistemi regionali"项目中关于内阁稳定性的数据。

[9] 数据来自 *Secondo rapporto sullo stato dei poteri locali/ 1985*（Rome: Sistema Permanente di Servizi, 1985），p. 163，并由地方政府直接收集的数据加以补充。

[10] XV *rapporto/ 1981 sulla situazione sociale del pacse*, Censis Ricerca（Rome: Franco Angeli, 1981），p. 509.

[11] 见下面注 [30]。我们估计的步骤的详细描述和针对每个地区的不同分数的解释，详见 *La Pianta e le Radici: Il radicarnento dell' istituto regionale nel sistema politieo italiano*（Bologna: Il Mulino, 1985），pp. 203-278。关于 20 个地区中最有效率地区的相关政策动议的说明，见 Raffaella Y. Nanetti, "Social, Planning, and Environmental Policies in a Post-Industrial Society," *in The Regions and European Integration: The Case of Emilia-Romagna*, edited by Robert Leonardi and Raffaella Y. Nanetti（New York: Pinter, 1990），pp. 145-170。我们项目的这个部分由 Nanetti 教授负责。

[12] See Jack L.Walker, "The Diffusion of Innovations among the American States," *American Political Science Review* 63（1969）: 880-899.

[13] 表 3—1 中的"因子载荷"是指任何单独的和复合的指标之间的相关关系，作为一个基于 12 个不同领域之间主要部分分析的指标值。这种方法为多种复杂理论变量结合成单个指数提供了一个可靠有效的方式。见 R. A. Zeller and E. G. Carmines, *Measurement in the Social Sciences*（New York: Cambridge University Press, 1980），*All indices in this book are based on this technique*。

[14] 严格地说，我们的数值是基于月份的百分比，不论哪个地区，一个模范法律在这个法律出台之日到 1984 年 12 月（我们完成书中此部分）之间都是生效的。因为在 1984 年，一般模范法律就已经被几乎超过半数的地区接受了。关于五个特殊地区的差异，数据难以获得。

[15] 关于日托中心的数据是引自贝尔萨尼在关于"儿童保健服务的参与和管理"国际研讨会上的描述。Bologna, October 17-19, 1984。

［16］*XIII rapporto/ 1979 sulla situazione sociale del pases*，Censis Ricerca（Rome：Fondazione Censis，1979），p. 410.

［17］关于一个地区的产业政策动议的详细阐述，见 Nicola Bellini，Maria Grazia Giordani，and Francesca Pasquini，"The Industrial Policy of Emilia-Romagna：The Business Service Centres，" *in Regions and European Integration*，edited by Leonardi and Nanetti，pp. 171-186。

［18］当时弗留利–威尼斯朱利亚区和卡拉布里亚区都在中立派政府的控制下，这意味着这个指标不仅仅反映了现任内阁的意识形态倾向。数据来自 *Primo rapporto sullo stato dei poter locali/* 1984（Rome：Sistema Permanente di Servizi，1984），p. 54。

［19］*Primo rapporto sullo stato del poteri locali/* 1984，pp. 50-51.

［20］同上，p. 220。

［21］我们严格的衡量指标是一个源于年度多层次指标的数值指数，这些指标本身高度自相关；也就是说，1979 年住房建设补贴分配最有效的地区在 1981 年、1985 年、1987 年也同样是最有效的。数据来源包括 *XIII rapporto / 1979 sulla situazione sociale del paese*，Censis Ricerca（Rome：Fondazione Censis，1979），p. 476. p. 481；*XV rapporto / 1981 sulla siituazione sociale del paese*，Censis Ricerca（Rome：Franeo Angeli，1981），p. 417；*Annuario* 1985 *delle Autonomle locali*，ed. Sabino Cassese（Rome：Edizioni delle autonomie，1984），p. 103；*XXI rapporto / 1987 sulla situazione sociale del paese*，Censis Rieerca（Rome：Franco Angeli，1987），p. 794。

［22］Robert Leonardi 设计和主持了这个项目。

［23］农业、医疗和职业教育三个部门一共占了所有地区支出的 2/3。在所有的需求中，33% 用信件就可以达到目的，57% 需要打电话，10% 需要亲自访问。

［24］12 个指标的 66 个二维相关关系中，平均的 r=0.43。在适当调整之后，65 个相关方向正确，有 2/3 的相关关系在 0.05 的水平上具有统计意义。基于政府表现指数主成分因子中出现的一个因素解释了 12 个指标总变量方差超过一半的数值。

［25］关于较早期的这个研究，见 Robert D. Putnam，Robert Leonardi，Raffaella Y. Nanetti，and Franco Pavoncello，"Explaining Institutional Success：The Case of Italian Regional Government，" *American Political Science Review* 77（March 1983）：55-74。

［26］评价政府的指标的有用性一直是公共政策文章中一个广泛的争论焦点。关于这个争论的一个好的综述，见 Jeffrey L. Brudney and Robert E. England，"Urban Policy Making and Subjective Service Evaluations：Are They Compatible ?" *Public Administration Review* 42（March-April 1982）：127-135。

关于公民评价有用性的正面评估，见 Roger parks，“Complementary Measures of Police Performance，” *in Public Policy Evaluation*，Sage Yearbook in Politics and public Policy，ed. Kenneth M. Dolbeare（Beverly Hills，California：Sage Publications，1975），pp. 185-215；Peter Rossi and Richard A. Berk，“Local Roots of Black Alienation，” *Social Science Quarterly* 54（March 1974）：741-758；H. Schuman and B. Gruenberg，“Dissatisfaction with City Services：Is Race an Important Factor ?” *in People and Politics in Urban Society*，ed. Harlan Hahn（Beverly Hills，California：Sage，1972），pp. 369-392。关于公民评价有用性的负面评估，见 Brian Stipak，“Citizen Satisfaction with Urban Services：Potential Misuse as a Performance Indicator，” *Public Administration Review* 39（January-February 1979）：46-52。

[27] Stipak，“Citizen Satisfaction with Urban Services.”

[28] 这种全国性的调查有 DOXA 代表我们在 1977 年、1979 年、1981 年、1982 年、1987 年和 1988 年进行的。相邻两次的地区数值都高度相关（*r*=0.7 ～ 0.8，表明受抽样误差影响不大）。我们的居民满意度指数，在六次全国性调查之中，每一次都是用来衡量地区满意度的主要分析量。这个指数的均值是 0.87。瓦莱达奥斯塔和莫利塞两个地区因为规模太小被排除在了分析之外。

[29] 我们也不完全明白为什么特伦蒂诺-上阿迪杰区的居民会对他们的地区政府比它那似乎有保障的表现更加满意。但是，阿尔卑斯地区包括了一大片讲少数民族语言的德意志民族，对于他们来说，地方政府就代表着明显的民族自治和对他们特殊身份的承认。这些 *Südtiroler* 人也许会对这些“特殊地区的象征感到格外的满意”，这特别有悖于公共政策的表现。如果将这些地区从估计中排除，我们的政府绩效指数和居民满意度之间的相关系数 *r* 就会上升到 0.90。

[30] 居民满意度和我们的绩效指标中每一个实际上都是明显相关的。相关度最高的是立法创新（系数 *r* 为 0.89），内阁稳定（*r*=0.80），改革立案（*r*=0.74）和政府响应（*r*=0.73）。

[31] 这种普遍化现象不仅存在于所有地区之间，在每个地区里也是一样。唯一的局部异常出现在 20 世纪 80 年代末，所有的国家层面的、地方的和区域的政府满意度水平，在小镇里总会比大城市增长得稍微快一些。我们对于这个有趣的发现无法做出解释，但是这并不能严重削弱我们的论证。

[32] 为了避免对于政府和反对者的歧义，在这个描述中，我们只包含了意大利共产党和天主教民主党的公开支持者。

[33] 见表 2—5。

[34] 从方法论上讲，小样本和抽样误差会使相关关系有所削弱；对这种削弱的修正会加强领导人的观点和我们指数之间的相关程度。换句话说，图 3—4 中的数据是比较保守的水平。

[35] 图 3—4 中对于“特殊”和“普通”地区的单独分析会在两组不同模

式中产生些许差别，尽管样本太小而无法确认。对于绩效满意度的既定差异的负面影响在特殊地区会比普通地区严重一些，也许因为特殊地区的社区领导有更长的时间来确认地区政府的反对者和拥护者。虽然如此，在地区的各个组中，满意度和绩效依然紧密相关。

［36］地区政府的绩效和区域内居民对政府的满意度同样是紧密相关的，地方的表现也是如此，正如附录 E 中演示的那样。这表明政府绩效的基础决定因素和政策及个别当政者的声誉关系不大，而是受到周围社会环境的影响更大。经比较，合计的全国政府绩效和其他评估中的此指标并不相关；对于地区和地方政府满意的居民所在的区域也不仅是被简单“分类”的，这些事实和第四章至第六章中提供的关于政府绩效的系统解释是完全一致的。

第四章 认识制度绩效

探索的旅程最好从地图开始。图 4—1 显示了意大利 20 个地区的制度绩效水平。这张地图的最醒目之处是强烈的北南差异。虽然纬度与制度绩效完全没有关系，但北方地区政府作为一个集团的确比南方地区政府成功。当然，这个发现是意料之中的。用无数游记的话说，“南方是不一样的”。

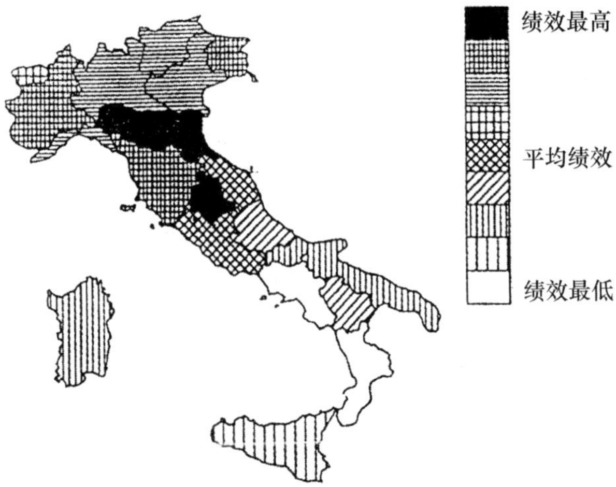

图 4—1　意大利各地区的政府绩效（1978—1985 年）

我们在第五章和第六章还要探讨北方与南方强烈反差的问题。不过，如果我们的目的不仅仅是描述，而且要理解其本质，那么这个观察结果仅仅是提出了我们的问题。什么原因造成北方的地区取得成功而南方的地区却不成功？为什么北方和南方内部各个地区之间成功或失败的程度还各不相同？像第一章所说的，我们应该集中分析两大方面的可能性：

- 社会经济的现代性，即工业革命的后果。
- “公民共同体”，即公民参与和社会团结的模式。

在本章结束之前，我们还要简要地分析其他几种可能的解释，事实证明这些解释是不够有力的。

第一节　社会经济的现代性

过去几个世纪里，西方社会最重要的社会与经济发展是工业革命及其后果，它成为人类历史的一个巨大分水岭，一百多年来，其主题深深吸引了从马克思主义者到非马克思主义者的各种社会学家。大量的人口从土地转移到工厂。生活水平的增长几乎超出了人们的想象。阶级结构改变了。资本的数量，无论是物质资本还是人力资本，都有巨大的发展。教育的水平和公共卫生的水平大为提升。经济与技术能力成倍增长。

政治社会学家长期以来就主张，稳定的民主政府有赖于这种社会与经济的转型。实际而言，很少理论概括能像主张有效的民主与社会经济现代化相关的理论那样完备。[1] 例如，关于世界上民主取得成功的条件，肯尼斯·博伦（Kenneth Bollen）与罗伯特·杰克曼（Robert Jackman）这样评述道，“经济发展水平对政治民主有突出的影响，即使考虑非经济的因素……GNP 仍是主要的解释变量”[2]。财富既减轻了公众的和私人的负担，也促进了社会设施的发展。教育推动受过训练的专业人士的数量的增长，同时还促进了公民思想和个性的完善。经济增长使中产阶级发展起来，它一直被认为是稳定、有效的民主政府保障。在考察了世界各地城市政府的成功与失败以后，罗伯特·弗里德（Robert C. Fried）与弗朗辛·拉比诺维茨（Francine Rabinovitz）得出结论认为：“在解释绩效差异的所有理论中，最有力的是现代化理论。”[3]

在意大利，虽然这种转型始于上个世纪①末，但这个转型的许多方面到最近一代人才发生。变革已经触及了半岛的各个角落，但是，像我们从后工业化的瑟维索到前工业化的皮亚特拉佩托萨的旅行所揭示的那样，北方比南方发达得多。很难相信，富裕水平和经济现代性方面的这种巨大差异不是我们所发现的地区政府绩效差异的一个重要原因——甚至可能是唯一的原因。

图 4—2 同时展现了意大利各地区经济现代性的水平和制度绩效的水平，它既显示了这种理论之于我们问题的解释力，也显示了这种解释的局限性。[4]

更富裕、更现代的北方地区（集中在图 4—2 的右上角）在物质和人力资源方面都比贫困的南方丰富得多。其优势首先就体现在地区政府的办公大楼上。南北方地区政府的办公楼对比强烈，南方几个地区的办公楼都样子难看，旁边是尘土飞扬的广场；而伦巴第的地区政府设在米兰市中心 30 层的高楼里，这座大楼起初是为皮雷利（Pirelli）跨国公司建造的。北方地区的公共医疗保健部门的官员和公共设施的管理人员可以充分调动以世界上最发达的经济为后盾的资源。而南方的地区政府官员面临着由于不发达而无法从地方得到什么帮助的大问题。举一个很能说明问题的例子：20 世纪 70 年代米兰有几千家数据处理公司，而在皮

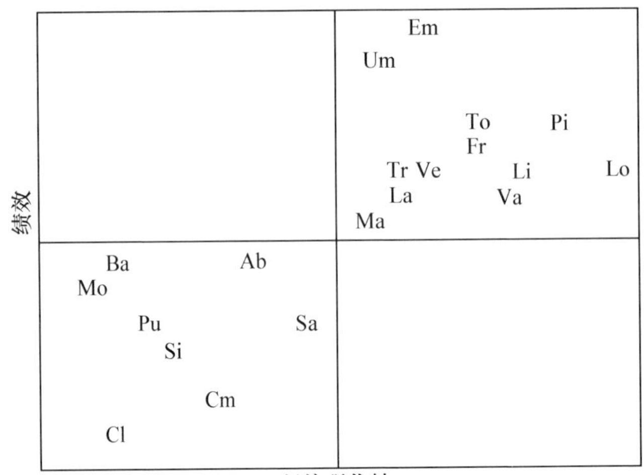

图 4—2　经济现代性与制度绩效

① 指 19 世纪。——译者注

琴察几乎一家都没有。伦巴第的地区政府官员显然在从外界得到分析问题或人事管理上的帮助方面处在比巴西利卡塔的官员更有利的地位。[5]

当然，不能把北方与南方制度绩效上的差异仅仅归结为地区政府可以使用的财经资源的差别。地区政府的资金来源是由中央政府根据倾向于贫困地区的再分配公式提供的。事实上，我们对制度绩效的调查显示，最贫穷的几个地区所拥有的资金超过了它们的花费能力。不过，图4—2表明，这种财政上的再分配显然不能弥补经济社会与技术基础设施上的巨大差距。

但是，我们越仔细地考察图4—2中的信息，就会发现这个解释的局限性越是明显。全部地区呈现出两极分化的形态，一端是绩效彰显的地区，另一端是绩效乏善的地区，后者一直呈现较低的绩效水平。但是，在每一端内部存在的巨大的绩效差异是完全不能用经济发展这个因素来解释的。[6]那不勒斯周围的坎帕尼亚区在经济上比处在经济发展水平底层的莫利塞区和巴西利卡塔区更发达，但是后两个区的政府明显比坎帕尼亚区政府更有效率。伦巴第区、皮埃蒙特区和利古里亚区——北方著名的工业三角区——都比艾米利亚-罗马涅区和翁布里亚区富有（或者至少20世纪70年代初是这样），但是后两个地区的政府显然更加成功。财富与经济发展并不是事情的全部。

经济现代性在某种程度上与高绩效的公共制度是相关的——这一点相当明显。我们的简单分析到目前为止还不能揭示的问题是：现代性是否是产生绩效的原因（可能是多个原因中的一个）？绩效是否可能以一定的方式产生了现代性？是否绩效与现代性二者都受到第三个因素的影响（因而二者之间的关系并非必然的）？或者绩效与现代性之间的联系是否比这些猜想还要复杂？我们将在本章稍后和接下去的两章回头来探讨这些更加复杂也更加有意思的问题。

第二节　公民共同体：一些理论思考

在16世纪的佛罗伦萨，在反思了古代共和政体和文艺复兴时期意大利共和政体不稳定的历史的基础上，尼科洛·马基雅维利和他的几个同事推断，自由制度的成败取决于公民的性格，或曰他们的“公民品质”。[7] 在源远流长的英美政治思想传统里，关于公民人文精神的“共和”学派随后就被霍布斯、洛克和他们的自由主义后继者战胜了。（共和主义者强调共同体和公民的义务，而自由主义者强调的是个人主义和个人权利。）[8] 据说，根本不是出于对公民具有美德和公共精神的假设，而恰恰是为了使民主免遭人性之恶的破坏，使麦迪逊与他的自由主义同事设计了讲究制约与平衡的美国宪法。作为理解现代民主的一个指南，强调公民精神的共和主义者已经不复存在。

但是，最近几年，一股修正主义的浪潮席卷英美政治哲学界。唐·赫佐格（Don Herzog）不无批判地指出，“最近 25 年左右出现的（对政治思想史的）最大修正是对公民人文精神的发现和颂扬”[9]。修正主义者认为，从希腊和马基雅维利通过 17 世纪的英国到美国的缔造者，承续着一个重要的共和主义和共同体主义的传统。[10] 新共和主义者不是歌颂个人主义，而是回忆约翰·温思罗普（John Winthrop）的演说，回忆共同体主义者对他的“建立在山上”的城市的公民发出的箴言：“我们相互之间应该使他人快乐，以他人的条件为我们自己的条件，一起欢乐，一同悲伤，一同劳作和受难，在我们的眼里永远把我们的共同体与我们自己视为一体。”[11]

新共和主义理论并不是没有遇到挑战。经典自由主义者的辩护人声言，新共和主义者宣扬的共同体观念“是危险的也是过时的”[12]。引人注目的是，这场广泛的哲学大辩论到目前为止几乎完全没有系统的实证研究作参照，无论在英美世界还是其他地方均如此。不过，这场争论播下了有效的民主治理理论的种子：“由于缺乏美德的公民越来越多，自由社会成功运转的能力大大降低了。”[13] 我们将实证地探讨，民主政府的成功是否取决于其环境接近“公民共同体”理想的程度。[14]

但是，“公民共同体”这个概念的实际含义是什么？在思考共和主义理论家的著作的基础上，我们先从对哲学争论中的核心主题进行分类开始。

公民的参与

公民共同体的公民身份首先是由积极参与公共事务来标示的。迈克尔·沃尔泽（Michael Walzer）指出，“对公共事务的关注和对公共事业的投入是公民美德的关键标志”[15]。当然，并不是所有的政治活动都称得上“美德的行为”或对公共福利有益。“牺牲一切纯粹的个人和私人目的，持续地认同和追求共同的善”看来接近公民美德的核心含义。[16]

利己主义与利他主义的两分法很容易被夸大，无论是永恒的社会，还是彻底失败的社会，都不能够否定利己主义的强大动机。公民共同体里的公民并不必须是利他主义的。然而，公民共同体里的公民追求托克维尔所说的“恰当理解的自我利益”，即在更广泛的公共需要背景下的自我利益“有远见的”而非“短视的”自我利益，有助于促进他人利益的自我利益。[17]

爱德华·班菲尔德（Edward Banfield）报道的“非道德的家族主义”的例子很好地体现了公民美德的缺乏。这是皮亚特拉佩托萨附近的一个小镇蒙特格拉诺（Montegrano）主流的思想意识：“追求核心家族的最大物质利益和短期利益，预设其他所有的人都会这样做。”[18]公民共同体里的参与要比这种形态具有更强的公共精神，要追求更广大的共同利益。公民共同体里的公民虽然不是无私的圣人，但是也不是说公共领域仅仅是追求个人利益的战场。

政治平等

公民共同体里的公民身份要求所有人拥有平等的权利、承担平等的义务。这样一个共同体的联结纽带是互惠与合作的横向关系，而不是权威与依附的垂直关系。公民之间作为平等的人，而不是作为庇护与附庸，也不是作为统治者与被统治者，发生互动。当然，不是所有经典的共和主义理论家都是民主派。当代的公民共同体也不能抛弃分工带来的利益和政治领导的必要性。但是，这样一个共同体里的领导人必须是以及必须把自己看作对他们的同胞公民负责的（绝对权力和毫无权力都导致堕落，因为二者都注入人心一种不负责任的情感）。[19]政治生活越接近互惠原则基础上的政治平等的理想状态，政治生活越采取自治的形态，就可以说这个共同体越有公共精神。

团结、信任和宽容

公民共同体里的公民在大多数情况下并不仅仅是积极活动的、有公共精神的和平等的。有美德的公民还是乐于助人的、相互尊重的和相互信任的，尽管他们在具体事情上的意见并不一致。公民共同体绝不是没有冲突的，因为公民们对公共事务有着坚定的看法，但他们对其对手的观点是宽容的。迈克尔·沃尔泽指出：“这可能是我们所能实现的最接近亚里士多德所谓的‘友谊’的状态，他认为‘友谊’应当是同一个政治共同体里成员之间相互关系的典型特征。”[20] 如詹弗兰科·波吉（Gianfranco Poggi）注释托克维尔的民主治理理论时所说的：“如果要维护共和社会的存续，私人之间的信任可能是最需要在人们之间广为传播的道德品质。”[21]

就是看起来是“利己的”交易，当它们在培育着相互信任的社会网络中进行时，也会具有不同的特点，这一点我们在第六章将有更详细的讨论。信任的网络使得公民共同体更容易克服经济学家所说的“机会主义”，机会主义使得共同利益无法实现，因为每一个人都采取孤立的行动，都有背叛集体行动的动机。[22] 对拉丁美洲社区发展的考察告诉我们，基层的合作企业和间歇的政治动员具有重要的社会意义，尽管它们没有立即取得完全的成功，原因正在于它们产生了间接的影响，即“驱散了孤立和相互的不信任”[23]。

社团：合作的社会结构

公民共同体的规范和价值体现在重要的社会结构和社会实践里，而且也由于它们而得到加强。这里，最发人深省的社会理论家还是阿列克谢·德·托克维尔。在研究了支持“美国的民主”的社会条件以后，托克维尔指出美国人习惯于建立公民组织和政治组织的性情具有非常重要的意义：

> 各个年龄、各个阶层、各种个性的美国人都在永不休止地进行着结社活动。不仅所有的人们都参加了商业和工业的社团，而且还参加了其他的上千种社团——宗教的、道德的、严肃的、无果的、很普遍的和很狭隘的、庞大的和渺小的……因此，当今世界上最民主的国家是这样的，那里的人们在我们这个时代已经掌握了共同地追求共同的愿望所设定的目标的完美艺术，并且已经应用这个新技术追求着最广泛的目标。[24]

公民社团有助于民主政府的效率和稳定，不仅因为它们对个人成员有“内部”效应，而且它们对更广大的政治体有着“外部”效应。

从内部效应上看，社团培养了其成员合作和团结的习惯，培养了公共精神。托克维尔注意到，“感情和思想得到了更新，心胸开阔起来，只有通过人们之间互利互惠的行动才能增进彼此的理解”[25]。这个论断得到了“公民文化”调查所得证据的证实，这项调查考察了包括意大利在内的5个国家的公民，调查显示，社团成员在政治上更成熟，更有社会信任感，有更多的社会参与，以及“主观上有更大的公民行为能力”[26]。参与公民组织培养了参与人合作的技巧和在集体劳作中共同分担责任的意识。而且，当个人属于有着多元目标和多样化成员的“横向”（cross-cutting）组织时，他们的态度将因为组织内的互动和交互压力而变得温和起来。[27] 具有这些值得注意的效应的组织，并不必须是明确以政治为目标的组织。参加合唱团或鸟类观察俱乐部可以使人学会自律和欣赏成功的合作带来的喜悦。[28]

从外部效应上看，大量的二级社团组成的密集网络增进了20世纪政治学家所说的“利益表达”和“利益集结”。用托克维尔的话说：

> 某个观点由社团来表达时，这个观点就应该采取更清晰、更准确的形式。它的成功要依靠它的支持者以及他们的参与；这些支持者逐渐互相认识，一些人的热情上升。一个社团统一了各种头脑的能量，并有力地使这些能量直指一个清楚确定了的目标。[29]

按照这个论述，大量的二级社团组成的密集网络既体现了又增进了有效的社会合作。因此，与卢梭这样的思想家所表达的对于宗派的担心相反，在公民共同体里，观点相近的平等的人组成的社团将增进有效的民主治理。[30]

最近，新的一批研究加强了这个观点，即大量的结社是有效自治（self-government）必要的一个前提条件。米尔顿·埃斯曼（Milton Esman）和诺曼·乌普霍夫（Norman Uphoff）总结了有关第三世界发展的一系列案例研究，他们的结论是，地方社团是乡村发展战略取得成功的一个关键因素：

> 在可预见的将来，在大多数发展中国家可能有的条件下，一个

> 有活力的由自由结社组成的网络是任何旨在克服大规模贫困的努力取得成功的关键……虽然其他要素——基础设施投资、建设性的公共政策、合适的技术，以及科层制度和市场制度——也是必要的，但是，如果没有地方组织的广泛参与，任何促进生产力增长和广泛的利益分配的乡村发展战略都不可能取得成功。[31]

遗憾的是，从社会动力的角度看，埃斯曼和乌普霍夫发现，从外界“植入”的地方组织失败的概率很高。最成功的地方组织是在比较有凝聚力的地方社区由当地人发起并积极参与的组织。[32]

虽然埃斯曼和乌普霍夫没有明说，但他们的结论与班菲尔德关于蒙特格拉诺的生活的解释是相当一致的，“极度贫困和落后的原因主要是（但并非完全是），村民们没有为他们的共同利益采取集体行动的能力，甚或没有能力集体地创造任何超越核心家庭即时的物质利益以外的利益”[33]。班菲尔德的批评与他把这种行为归结于“思想意识”的分析是不一致的，但它们与他关于蒙特格拉诺缺乏合作行为的叙述是一致，在那里，极度缺乏“精心计划的行动”以改善社区的状况。[34]

无论是公民共和主义的辩护者还是反对者都表述了很有意思的哲学观点。我们希望探讨到目前为止实证研究还没有触及的问题：在一个社区的“公共精神”（civic-ness）与治理的质量之间是否存在着任何联系？

第三节　公民共同体：理论检验

在没有研究意大利各地区成千上万个社区族群情况的条件下，我们如何能够评估各个地区社会政治生活接近理想的公民共同体的程度呢？关于社会团结和公民参与的模式有什么系统的证据吗？这里，我们将提出衡量地区生活“公共精神”的四项指标。两项与我们分析公民共同体时使用的托克维尔的宽泛概念直接相符，另两项则更直接地与政治行为相关。

公民社会性的一项关键指标是社团生活的活跃程度。幸运的是，意大利有一项关于所有社团的调查，既包括了地方社团也包括了全国性的社团，它使我们可以准确地指出意大利各地区和每一个社区各种社团的数量，如足球业余爱好者俱乐部、合唱团、远足俱乐部、鸟类观察组织、文学会、猎人协会、名人俱乐部等。[35] 表 4—1 列出了这些娱乐组织和文化协会主要的活动领域。

表 4—1　　意大利地方社团：活动的领域

活动领域	社团所占的比例
体育运动俱乐部	73
其他社团	27
其中：	
休闲	42
文化与科学活动	21
音乐与戏剧	19
技术或经济	4
健康与社会服务	4
其他	10

资料来源：*Le Associazioni Italiane*，ed. Alberto Mortara（Milan：Franco Angeli，1985），p. 57。

暂时不把工会计算在内，那么体育运动俱乐部是意大利最普遍的二级社团，不过其他类型的文化和休闲活动也很普遍。用人均的方法去除人口数量的差异，那么数据显示，意大利一些地区社团生活的繁荣程度可以同托克维尔所谓天生爱好“结盟”的美国人相媲美，而另一些地区的居民则典型地体现了班菲尔德关于蒙特格拉诺所说的孤立与猜疑的“非道德的家族主义”。在意大利的 20 个地区里，体育俱乐部的密集程度从瓦莱达奥斯塔区的每 377 人一个，和特伦蒂诺-上阿迪杰区的每 549 人一个，到普利亚区的每 1 847 人一个不等。体育运动之外的其他社团的数量，从特伦蒂诺-上阿迪杰区每 1 050 个居民有一个组织，和利古里亚区每 2 117 人有一个，到撒丁区每 131 000 个居民才有一个组织。这是我们考察各地区与理想的公民共同体接近程度的第一条线索。[36]

托克维尔也强调了现代社会里公民的活力、社团与地方报纸之间的联系：

> 当不再有任何牢固与持久的纽带把人们结合起来时，要使得一定数量以上的人进行合作是不可能的，除非你能劝说每一个需要其帮助的人，使他相信，通过自愿地把自己的努力与其他所有人的努力统一起来，他能增进自己的私人利益。而没有报纸的帮助，这一点是不可能不费气力地自动达成的。只有报纸可以在同一时间把同

一思想传播给成千个读者……所以，没有报纸，任何一个民主社团都将难以为继。[37]

在当今世界，其他的大众传媒也能起到反映城镇呼声的作用，但就今天意大利的具体情况而论，报纸仍然是最广泛地涵盖社区事务的媒体。报纸的读者比不读报的人了解的情况更多，因而更好地武装了自己以便参与公民生活的论辩。因此，读报是公民对社区事务感兴趣的一个标志。

读报的概率在意大利各地区之间差异很大。[38] 1975 年，至少有一个成员阅读日报的家庭占全部家庭的比例从利古里亚区的 80% 到莫利塞区的 35% 不等。因此，这是我们评估意大利地区的政治社会生活与公民共同体接近程度的第二个要素。

政治参与的一个标准检验是参选的积极性。但是，若干原因损害了意大利普通选举的活跃程度作为检验公民参与指标的可信度：

一直到最近，意大利的法律规定所有公民必须在普通选举时参加投票，虽然这项法律的实施并不完备，但可以设想，它还是使得很多人的投票行为并不是出于“公民”的心理。

政党组织有明显的动机去影响选举，因此，可以设想，选举参与度随着政党组织力量和活动的改变而改变，而与投票人自己的公民意识无关。

在半岛的许多地方庇护—附庸的网络盛行，这些地方普通选举时的投票是直接以即时的个人庇护利益作为交换的，不能作为“公民”参与的尺度。

不过，从 1974 年起，一个以前没有使用过的关于全民公决的宪法条款被频繁使用以解决一系列广泛争议的问题。其中的一些辩论，如 1974 年关于离婚合法化的投票深深地触及了宗教的信仰。其他一些辩论，如 1985 年关于全国工资合同中自动提升条款的公决影响了许多人的钱袋子，引起了阶级分裂。还有其他一些，如 1981 年关于反恐怖主义的投票或 1987 年关于核能利用的投票，触发了横扫社会的“新政治”结盟。每一次全民公决都激发公民表达他们关于某项重大公共政策的观点。

举行这些公决时的投票率比普通选举时的投票率低得多，无疑是因为其中不再有上面列举的“非公共精神”的动机。最近几十年来，普通选举的投票率一般都在90%以上，而全民公决的投票率从1974年首次全民公决时的86%连续下降到1987年最近一次全民公决时的64%。正如意大利全民公决投票率最优秀的研究人员所指出的，“那些把投票当作交易机会的人一般不愿意参加一场不可能获得即时的个人利益的选举（如全民公决）的投票”[39]。全民公决时投票者的主要动机是对公共事务的关心，这种关心或许还比一般的公民义务更强烈，因此全民公决的投票率为公民参与的衡量提供了一个比较“纯粹”的指标。

在连续几次的全民公决中，投票率的地区差异一直是明显而且稳定的，尽管与此同时全国的平均数在下降。从1974年到1987年间的5次全民公决中，各地区的数据显示，艾米利亚-罗马涅区的平均数是89%，卡拉布里亚区是60%。而且，各地区在投票率上的先后顺序事实上在所有的公决中都一样：离婚（1974）、政党的公共资金（1978）、恐怖主义与公共安全（1981）、工资提升条款（1985），以及核能开发（1987）。简言之，意大利一些地方的公民在一系列广泛的公共事务中积极参与公共的论辩，而另一些地方的公民则漠然处之。因此，作为我们衡量公民参与的第三个指标，我们建立了一个计算这5次全民公决投票率的总指标（见表4—2）。[40]

表4—2　　全民公决投票率指数（1974—1987年）

年份	议题	因子载荷
1974	离婚合法化	0.990
1978	政党的公共资金	0.988
1981	公共安全与反恐怖主义	0.996
1985	工资提升条款	0.991
1987	核能	0.976

虽然普通选举的投票率本身不是检测公民动机的良好指标，但意大利选票的一个特殊设计的确提供了有关地区政治实践的重要信息。在全国选举中，所有的选民都对政党投票，然后立法机关的席位按比例代表制分配给各政党。但是，在此之外，选民如果愿意也可以在他选定的政党中表达他对某个候选人的特别支持。从全国的范围看，只有少数选民投这种“特别支持票”，但是，在政党标签大大掩盖了庇护—附庸网的地方，互相竞争的派系是热衷于争取特别支持票的。在这样的地方，特别支持票实际上反映了庇护—附庸的交换关系。

特别支持票的投票概率长期以来就被研究意大利政治的学者认为是检测个人化的、宗派化的、庇护—附庸政治的可靠指标。[41] 从这个意义上看，特别支持票可以看作检测公民共同体缺乏的指标。几十年来，特别支持票的应用在地区之间的差异一直是高度稳定的，从艾米利亚-罗马涅区和伦巴第区的17%到坎帕尼亚区和卡拉布里亚区的50%不等。表4—3是有关1953年到1979年6次全国选举中特别支持票的混成指数；它是我们评估意大利各地区“公共精神”的第四个要素。[42]

表4—3　　特别支持票指数（1953—1979年）

选举年	因子载荷
特别支持票，1953	0.971
特别支持票，1958	0.982
特别支持票，1963	0.984
特别支持票，1972	0.982
特别支持票，1976	0.970
特别支持票，1979	0.978

如果我们对反映在全民公决投票率和特别支持票中的动机和政治现实的分析是正确的，那么二者应呈现负的相关关系——一个反映了事务取向的政治，一个反映了庇护取向的政治。图4—3表明的确如此。在大量选民就一系列广泛的公共问题上投票表达自己观点的地区，公民很少在大选中使用个人化的特别支持票。另外一些地区，公民陷在庇护—附庸的网络里。他们一般放过表达自己对公共事务看法的机会，因为对他们来说，选票实际上是用来交换即时的、高度个人化的依附关系的。

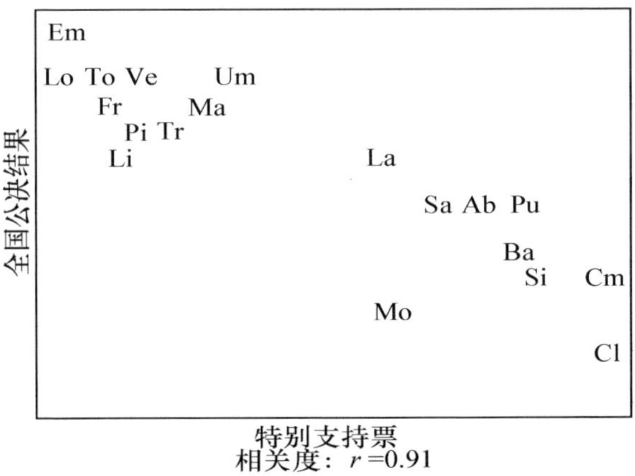

图4—3　全民公决投票率和特别支持票的投票率

从某种意义上看，二者都是“政治参与”。但是参与的质量所造成的差异比参与的数量大。参与的特征随着不同地区政治状况的巨大差异而不同。一些地区，政治行为人认为政治是对公共事务的集体论辩。而另一些地区，政治是等级化地组织起来的，是比较狭隘地集中于个人利益的。为什么地区之间会有这些差异？这些差异对地区治理有什么影响？我们将很快回过头来回答这些问题。

如我们对公民共同体的衡量所设想的，我们的 4 个指标实际上是高度相关的。在全民公决中投票率高和个人支持票投得少的地区，应当有发达的、密集的公民社团网络，同时有很大的读报率。因此，我们可以方便地把 4 个指标结合起来，编制成一个公民共同体指数，如表 4—4 所示。当然，任何单一的一个衡量“公共精神”的指标都可能是误导性的，但是这个混成指数反映的是重要的、内在一致的综合情况。

图 4—4 展示了意大利 20 个地区各个地区“公共精神”的水平。在公共精神水平最高的地区，如艾米利亚-罗马涅区，公民积极参与所有类型的地方社团——文学基尔特、地方乐团、狩猎俱乐部、合作社等。他们热心地阅读地方报纸关于公民事务的报道，他们对政治的参与超越了实际利益的考虑。相反，在公共精神水平最低的地区，如卡拉布里亚区，选民不是因为事务而参加投票，而被等级制的庇护—附庸网络驱使参加投票。这些地区缺少公民社团，地方报纸也很少，这意味着那里的公民很少被共同体事务吸引。

表 4　4　　公民共同体指数

指标	因子载荷
特别支持票，1953—1979 年	−9.47
全民公决结果，1974—1987 年	0.944
读报率，1975 年	0.893
体育与文化协会的稀缺率，1981 年	−0.891[a]

a　如文中所述，这个变量的值越大意味着协会的密度越低。

公民共同体各指标间的相互关系

	特别支持票	全民公决结果	读报率	体育与文化协会的稀缺率
特别支持票	1.00	−0.91	−0.77	0.82
全民公决结果	−0.91	1.00	0.79	−0.76
读报率	−0.77	0.79	1.00	−0.73
体育与文化协会的稀缺率	0.82	−0.76	−0.73	1.00

注：以上相关关系的统计相关度都在 0.001 以上。

在这两类社区里，公共生活是很不一样的。在公共精神强的地区，当两个公民在街上相遇的时候，两人可能都已经在家里看了当天的报纸；在公共精神较弱的地区，两人可能都没有看过。在公共精神强的地区，一半以上的公民一生中从来没有投过特别支持票；在公共精神弱的地区，一半以上的选民说他们一直投的都是特别支持票。[43]体育运动俱乐部、文化和娱乐组织、社区和社会行动组织、教育和青年组织等，这些组织成员的人数在公共精神水平最高的地区大约是最低地区的两倍。[44]

即便是将图4—4与图4—1作一个随意的比较，也会发现地区政府绩效与该地区社会政治生活同理想的公民共同体的接近程度之间存在着不同寻常的吻合关系。这种关系强度在图4—5就表现得非常清楚了。不仅"公共精神"的差异把右上方的高绩效地区与左下方的低绩效地区区分开来，而且就是在同一象限内绩效的细微差别也与我们对共同体生活的检测结果密切相关。[45]从这个意义上看，公民共同体的解释力比经济发展的解释力更大，图4—2已经展示了这一点。一个地区的公民精神越强，地区政府就越有效率。

这种相关关系如此紧密，以致当我们把地区的"公共精神"考虑在内时，我们前面叙述的经济发展与制度绩效之间的关系完全消失了。[46]换句话说，经济发达地区的地区政府之所以比较成功仅仅是因为它们有更强的公共精神。当然，公民共同体与经济发展之间的联系本身是很有意思的，是很重要的，我们将在第五章和第六章详细探讨这种联系。这里，只要认识到地区政府的绩效在某种程度上与该地区社会政治生活的公民特征密切相关就够了。(有许多公民社团、很多报纸读者、许多事务取向的选民和很少庇护—附庸网络的地区，可以培育出更有效率的政府。)这些共同体有哪些特性呢？

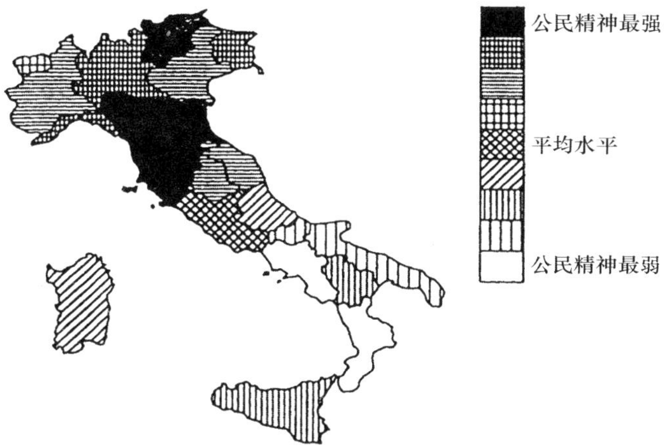

图 4—4　意大利各地区的公民共同体

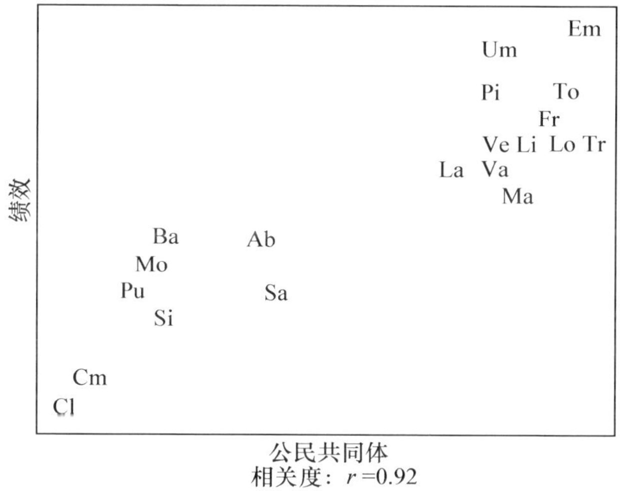

图 4—5　公民共同体与制度绩效

第四节　公民共同体内的社会与政治生活

公民共同体内的生活在许多方面是根本不同的。通过探讨我们对地区政治家、社区领导人以及公众所作的调查，我们可以深入理解“公共精神”的社会与政治含义。

首先考虑某种独立的证据。这部分证据支持我们关于政治参与的评估，即在公民精神较弱的地区，驱使与制约人们政治参与的是个人化的庇护—附庸网，而不是对公共事务的原则性认知。我们于1982年在全国范围对社区领导人作了一项调查，调查的提问是，他们是否认为该地区的政治生活是比较“原则化的”还是比较“附庸化的”。回答说本地区政治是附庸化的占全部回复的比例在莫利塞区是85%，在弗留利-威尼斯朱利亚区是14%。图4—6显示，这些对地区政治的自我描述与我们的公民共同体指数相当吻合（特别是，我们还应当记住，小样本及其伴随的样本误差会产生统计误差）。在公民应用个人化的特别支持票，但是不参加全民公决投票，不加入公民社团，也不读报的地区，它们的领导人也认为该地区的政治是附庸化的，而不是原则性的。

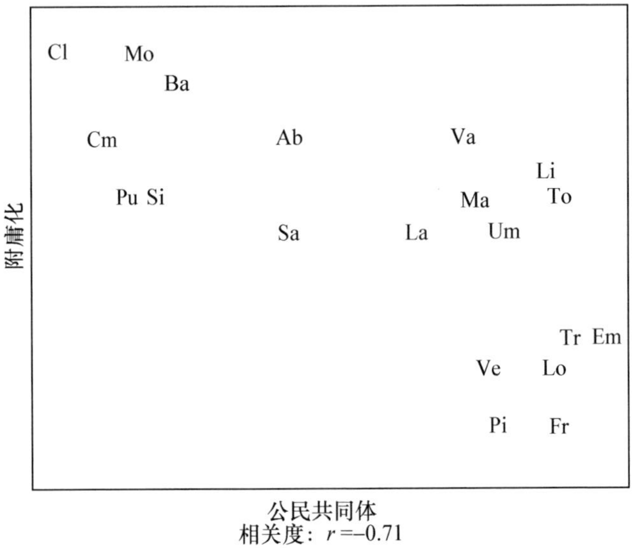

图4—6　附庸化与公民共同体

无论从居民那里还是从政治家那里得到的证据都帮助我们看清了个人化的庇护政治的强度。在公民精神较弱的地区，更多国民称存在着与代表之间个人化的契约，在公民精神较强的北方这种情况就较少。[47]更重要的是，这些契约涉及的主要是个人的事务，而不是更广泛的公共事务。在我们于1988年开展的调查里，在公民精神最弱的地区，20%的选民承认他们有时“在获得许可、工作等问题上寻求政治家的个别帮助”，在公民精神最强的地区，只有5%的选民声称这样做。在公民精神较弱的地区，这种“特别立约”并不是发生在通常以一定的人群为特征的政治参与领域，如教育、社会阶级、收入、政治利益、党派关系或年龄差别待遇，而是更常见地发生在所有的社会生活领域。这种形式的参与更多的不是依赖你的身份而是依赖你的地理位置。[48]

从我们对地区委员的调查得到的证据完全证实了上面的结论。我们对每一个地区委员提的问题是，上个星期有多少公民来找他，出于什么原因找他。我们所作的4次访问得到的结果是高度一致的。在公民精神最强的艾米利亚-罗马涅区，委员们报告，平均每个星期会见不到20个选民，在公民精神最弱的地区，委员们要见55～60人。（图4—7显示了6个地区的结果。）

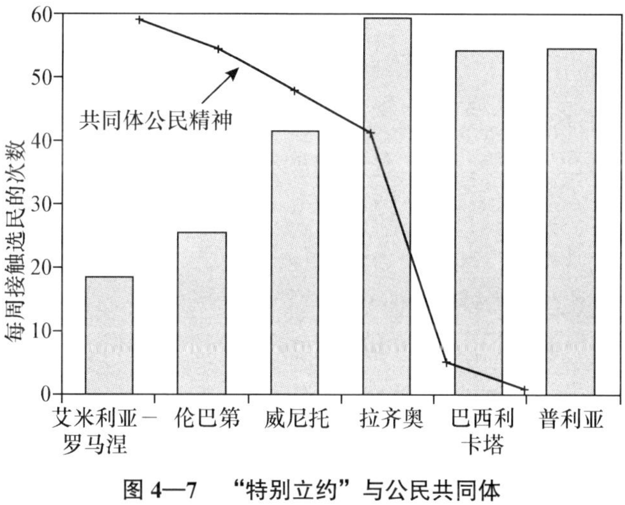

图4—7　“特别立约”与公民共同体

在公民精神较弱的地方，这些会面绝大多数是为了找工作和庇护关系，而艾米利亚人更多的是讨论政策或立法。普利亚区和巴西利卡塔区每个委员平均一天要遇到8～10个要求工作和其他恩惠的请求，而艾米利亚-罗马涅区只有约一例。另一方面，艾米利亚的委员报告，每天约有一个市民提出某些公共事务的咨询，在普利亚或巴西利卡塔，这类话题从来没有被提起过。简言之，在公民精神强的地区，市民较少与他们的代表会面，而当他们会面时，讨论的主要是政策问题而不是庇护关系。

我们对公民精神强与弱的地区之间巨大差异的讨论到目前为止集中在普通市民的行为上，但是，这两类地区政治精英的特征也反映了地区之间的差异。如我们所看到的，公民精神弱的地区，政治生活以权威和依附的垂直关系为主要特征，这体现在庇护—附庸网络上。那些地区的政治实质上比较精英主义。政治领域的权威关系恰恰反映了更广泛的社会生活里的权威关系。[49]

因此，看到公民精神弱的地区的政治领导人都出自一个比较狭小的社会等级就不足为奇了。普通国民的受教育水平在公民精神较弱的南方与北方之间的差异不是很大，1971 年南方居民中只有 2.6%的人是大学毕业生，北方居民中有 2.9%。但是在地区政治精英中，南方的受教育水平却要高得多。在普利亚区和巴西利卡塔区只有 13% 的委员没有受过大学教育，在公民精神较强的地区这个数字是 33%～40%。也就是说，公民精神较弱的地区的精英几乎完全出自最有特权的那一部分人当中，而公共精神较强的地区有一大部分政治领导人来自背景较一般的人群。[50]

公民精神强的地区的政治领导人比公民精神弱的地区的政治领导人更热心支持政治平等。从我们与 1970 年新当选的地区委员的首次会面来看，在诸如艾米利亚–罗马涅区和伦巴第区等公民精神强的地区，委员们比较一致地赞同大众参与地区事务的观点，而公民精神弱的地区领导人对大众参与持比较怀疑的态度。[51]

在早先的那些年里，公民精神强的地区的政治领导人赞扬地区改革是扩大意大利基层民主的一个机会，而公民精神弱的地区的领导人对这种人民主义的、“授权给人民”的论调持怀疑的态度。20 世纪 70 年代随着新制度成熟起来，以及最初的溢美之词的逝去，整个意大利那些曾经表达过直接民主的雄心的地区领导人都变得比较谨慎了。鼓励地区政府中引进更大程度的大众参与的努力消失了，人们关注的焦点转移到行政效能和效率上。但是，不同地区的领导人对政治平等的态度一直保持着明显的差异。

我们在 1970 年到 1980 年间的 4 次调查都对此进行了研究，我们向地区委员提出了 4 个“是非判断题”，然后把它编制成一个单一的政治平等支持指数来概括不同地区在这个问题上的差异。得分高的委员支持平等主义。相反，政治平等支持指数得分低意味着怀疑普通国民的智慧甚至怀疑普选制。他们强调要有强有力的领导，特别是传统精英的强有力的领导。

图4—8显示了6个地区的精英在支持政治平等上的巨大差异，几乎完美地反映了地区共同体的公民精神。在社团生活繁荣、市民关心社区事务、选民因事而非因庇护去参加投票的地区，我们发现，那里的领导人也是相信民主而非社会和政治等级制的。

这些地区在权威模式上的差异对大众对于意大利政府结构的态度产生了巨大、持久的影响。在这个事情上，半个世纪里意大利有两个鲜明的例子，一个是1946年关于是否保持君主制的投票；一个是1991年关于选举制度改革的全民公决，这次公决提出了一系列影响深远的建议，旨在消除“购买选票”和其他形式的庇护—附庸关系。图4—9和4—10表明，20世纪70年代社会政治生活公共精神程度越高的地区，30年前投票支持共和制反对君主制的比例就越高，10年后支持平等的选举制度改革的比例也越大。在公共精神程度高的地区，国民与他们的领导人一样，非常厌恶等级型的权威模式。

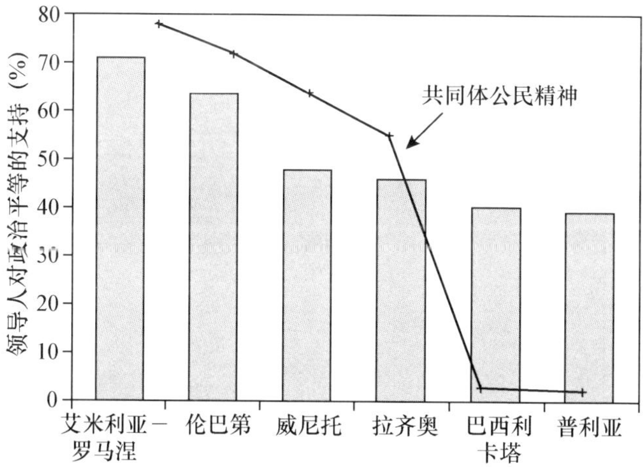

图4—8 领导人对政治平等的支持与公民共同体

政治平等支持指数：

1. 应该允许人民参加投票，即使他们不能很明智地进行投票。
2. 很少人知道自己的长期利益是什么。
3. 一部分人比他人更有资格领导国家，因为他们有良好的传统和家庭背景。
4. 少数强有力的、知道怎样进行统治的能干的个人，这始终是必要的。

后三项的给分是反比例的。

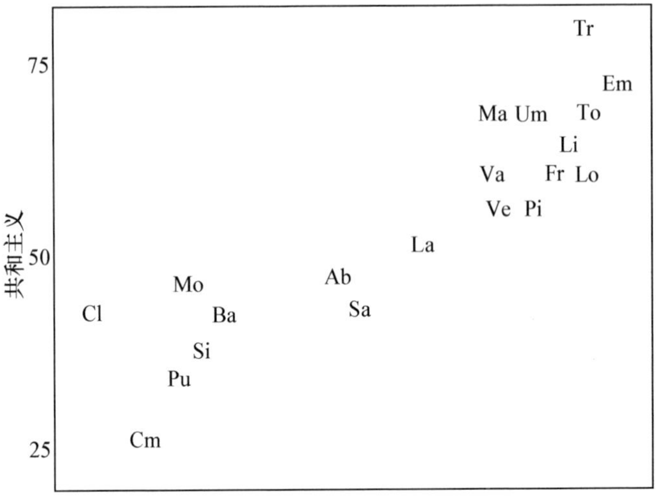

公民共同体
相关度：*r* =0.90

图 4—9　公民共同体与共和主义（1946 年）

注：1946 年反对君主制的投票率。

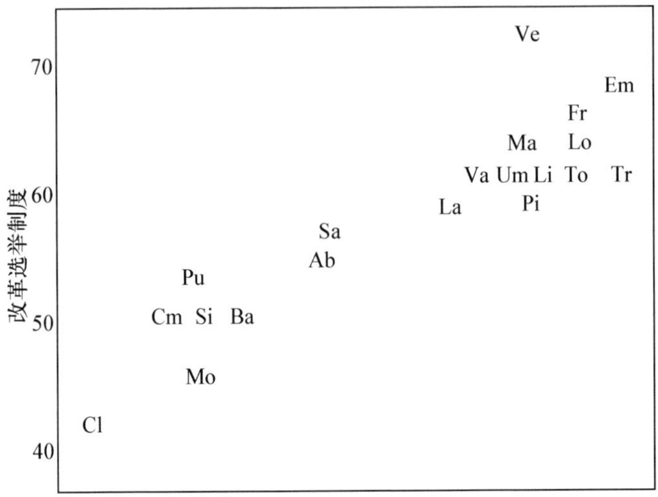

公民共同体
相关度：*r* =0.92

图 4—10　公民共同体与选举制度改革（1991 年）

注：1991 年改革选举制度的投票率相关度。

简言之，公共精神既包括平等也包括参与。在精英—大众关系的这些模式里，要分清复杂的因果关系是不可能的。要分辨谁先谁后，是先有领导人对平等的追求还是先有国民对参与的追求，这个问题是不会有答案的。我们不能说，在多大程度上，领导人只是对他们选民的能力和公民热诚（或这种品质的缺乏）作出了反应，又在多大程度上，公民参与受到了精英容忍平等和鼓励参与的意愿（或不愿意）的影响。精英和大众的态度实际上是一个硬币的两面，二者相互联结、相互强化达成一种平衡。

我们将在第五章证明，精英—大众的联系发生了长期的演进。在这种情况下，精英与大众的态度不一致，这将是很奇怪的。一个威权主义的精英和一个有强烈权利意识的公众是不可能达成稳定的平衡的，谦恭的领导人与顺从的追随者组成的模式也不会长久。我们实际发现的精英—大众联系的较稳定模式加深了我们对公共精神强弱程度不同地区的政治生活的理解。地区政府的效率与该地区政府与社会的相互关系横向地组织起来和等级化地组织起来的程度密切相关。平等是公民共同体的一个特征。[52]

公民精神较强的地区的政治领导人比公民精神较弱的地区的领导人更愿意妥协。我们很快要看到，没有任何证据表明，公民精神较强的地区更少发生冲突和争端，但是那里的领导人更愿意解决他们的冲突。公民精神较强地区的特征是有一个开放的伙伴关系，而不是没有伙伴关系。图 4—11 反映了公民精神强弱程度不同的政治生活在这个方面的重大差异。我们在这 20 年的 4 次调查中对委员们提的问题是：“与政敌妥协是危险的，因为它常常导致对自己阵营的背叛。”然后根据委员们对这个问题的回答制作出图 4—11。在公民精神最强的地区，只有 19%的政治领导人同意上述说法，不及公民精神最弱的地区同意上述说法的政治领导人的比例的一半。公民精神较强地区的政治家不否认利益冲突的现实，但他们不害怕达成创造性的妥协。[53]这也是为什么公民共同体的政府更有效率的原因之一。

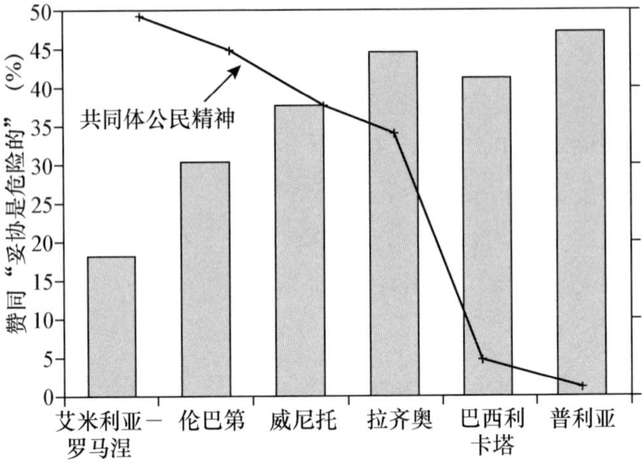

图 4—11　领导人对妥协的担忧与公民共同体

用地方文化和娱乐社团的多少来界定公民共同体，这在一定意义上是技术性的定义。然而，这个定义排除了许多意大利人参加的重要团体——工会、教会和政治党派。这三种不同的组织对其成员的公民精神具有重要的影响。

工会

在许多国家（特别是那些有“强制性”条款的国家）是否成为工会成员实际上是非自愿性的，因此在公民精神问题上没有什么意义。但在意大利，成为工会会员是自愿性的，其意义不仅仅在于保障某个具体的工作。[54] 意大利工人运动在意识形态上的分裂为各种政治结盟提供了条件，有共产党的、天主教的、新法西斯的、社会主义的，还有不属于以上任何一种的工会。意大利的白领工人工会和农业工会比其他许多国家的同类组织更重要，它们拥有的成员数量巨大。萨尔瓦托雷·科伊（Salvatore Coi）认为，“政治动机和意识形态传统”在决定意大利工会成员状况上的作用比经济结构的作用大。[55] 其结果，使得工会成员状况在公民精神方面的意义在意大利比在其他地方更大。

在公民精神较强的地区人们加入工会要普遍得多。事实上，公民精神较强的地区工会成员的比例大约是公民精神较弱的地区的两倍，在任何一项职业上都如此，无论是蓝领工人、农场主、专业人士，还是自我雇佣的商人都呈现这种形态，在公民精神较强的地区人们更普遍地加入工会。而且，是否加入工会与受教育程度、年龄、城市化程度没有关系，与社会阶级的关系也比人们想象的松散。公民精神较强地区专业人士和经理人员加入工会的普遍程度几乎与公民精神较弱地区手工劳动工人加入工会的普遍程度一样。[56] 在意大利，公民精神对工会会员状况的意义与社会经济地位的意义一样重要。在公民精神较强地区，工场的团结是更大范围的社会团结的一部分。[57]

教会与信仰

有组织的宗教，至少在天主教的意大利，是对公民共同体的一种替代，而非公民共同体的一部分。在意大利的历史上，教皇制在罗马的出现对意大利教会及其与公民生活的关系产生了巨大的影响。教皇过去禁止所有的天主教徒参加国家政治生活，虽然在第二次世界大战以后教会成了基督教民主党的一个高级伙伴。尽管进行了第二次梵蒂冈会议的改革，尽管信仰体系内出现了许多不同的思想流派，但是意大利教会仍然继承了很多反改革的传统，包括强调教会的等级制，强调服从和接受生活现状的传统美德。[58] 水平的合作关系不是意大利教会的特征，意大利教会的特征是垂直的威权关系。

在地区的层次上，宗教和教会的所有活动——做弥撒、宗教婚姻（与世俗婚姻相对）、对离婚的拒绝、在调查中表达宗教认同——都与公民参与负相关（图 4—12 显示了这个关系）。在个人的层次上，宗教情感与公民参与也是互不兼容的。在每周参加弥撒一次以上的意大利人中，52%说自己很少读报，51%说自己从不讨论政治；在那些公开表示不信教的意大利人中，相应的数字是 13%和 17%。[59] 教会的信徒比其他意大利人更满意现有的生活和现有的政治制度。他们看上去对上帝之城比对人间之城更关心。

在二战后前 20 年里，许多意大利人参加了天主教行动，这是各地天主教信徒协会组成的一个联盟，是由教会推动的，意在跟上民主的新意大利的步伐。天主教行动是当时意大利最大的群众组织，在其顶峰时期，它的文化、娱乐和教育活动网络涵盖了意大利全部男子、妇女和儿童中将近 1/ 10 的人口。成员的地区分布与图 4—12 描述的教会活动几乎相反。天主教行动在公民精神强、社团生活更繁荣的北方地区比公民精神弱的梅佐乔诺（Mezzogiorno）地区强两倍或三倍。在这种地理分布的意义上，天主教行动代表了意大利天主教“公民精神”的一面。但是，在20世纪60年代，随着意大利社会的迅速世俗化和第二次梵蒂冈会议以后教会内部发生的震动，天主教行动发生了灾难性的崩溃，它在5年之内失去了2/3的成员，到我们作研究时，几乎已经看不到它的痕迹了。[60] 在今天的意大利，像马基雅维利所谓公民人道主义的意大利一样，公民共同体是一个世俗的共同体。

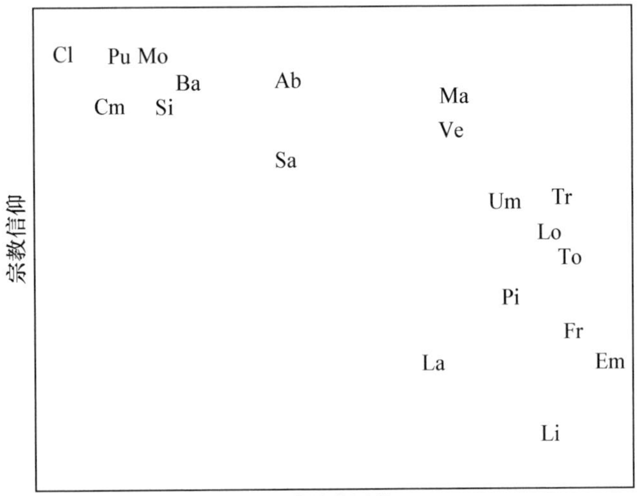

图4—12　教会活动与公民共同体

注：宗教因素的衡量是在以下8个指标的基础上作出的：

各项指标	计分
教堂结婚比率（1976年）	0.952
离婚率（1986年）	−0.915
教堂结婚比率（1986年）	0.862
反对离婚的全民公决（1974年）	0.842
离婚率（1973年）	−0.796
调查：“你是一个有宗教信仰的人吗？”	0.792
调查：“你多长时间去一次教堂？”	0.783
调查：“宗教信仰对你重要吗？”	0.767

政党

意大利政党善于适应各种差异巨大的环境，不论公民精神的强弱。结果使得公民精神弱的地区的国民对政党政治的参与和对政治的兴趣不亚于公民精神强的地区的国民。[61] 人们加入政党的普遍程度在公民精神最弱的地区与最强的地区相同。公民精神弱的地区的选民与公民精神强的地区的选民都同样感到与政党联系紧密。他们像公民精神强的地区的国民一样经常讨论政治，如我们已经看到的，他们与政治领导人的个人联系实际上要多得多。公民精神弱的地区国民是同样地党派化或“政治化”的。[62]

但是，在公民精神弱的地区，政党规模和政治参与具有非常不同的含义。首先，在梅佐乔诺，据说法西斯时代党证上的“PNF”不是代表“民族法西斯党”(Partito Nazionale Fascista)，而是表示“为了家庭的需要”(per necessità familiare)。在公民精神弱的地区，得到权势人物的眷顾仍然是很重要的。这里“关系”对于生存而言是至关重要的，最有用的关系就是依附与统治的垂直关系而不是合作与团结的水平关系。如西德尼·塔罗所说，在贫穷的、没有公民精神的梅佐乔诺“意大利南方的政治能力是高度发达的……（人们）既是高度政治化的又是抗拒水平的二级社团的。在这个意义上，他的一切社会关系都是‘政治性的’”[63]。甚至在公民精神弱的地区，尽管那里的二级社团非常贫乏，政党也是高度发达的组织，因为这个环境下的一切政党都变成了庇护—附庸政治的工具。我们前面已经观察到，公民精神强的地区与公民精神弱的地区的分别不表现在政治参与的程度上而在它的特征上。

公民态度

公民精神弱的地区的国民都觉得自己在所有政治生活中是受剥削的、被排斥在外的、无能为力的。图 4—13 表明，受教育水平低与公民精神弱的环境都增强了受剥削和自身无力的感觉（同时，全部的意大利人中很多人对国家感到相当疏离）。

在每一个共同体里，受教育越多人就越觉得自己有能力，因为教育意味着社会地位、个人能力和联系。然而，即使是这些长处也不足以弥补弥漫在意大利公民精神弱的地区的犬儒主义和疏离情绪。（公民精神最弱地区里受到良好教育的国民像公民精神最强地区里没有受到多少教育的国民一样感到无能为力。）图 4—13 还表明，社区背景对受教育水平低的国民关于能力的自我感觉的影响比对受到良好教育的人的影响大得多。在公民精神弱的地区无力感的阶级差别更加明显。[64] 我们无须认为这种不满是心理上的折磨。与较平等的、合作型的公民共同体相比，由垂直结构统治而水平结构不成型的共同体里的生活每天都会产生被剥削、依附和挫折的感觉，特别对社会阶梯底层的人来说是这样，对某种程度上更高阶层的人来说也是如此。

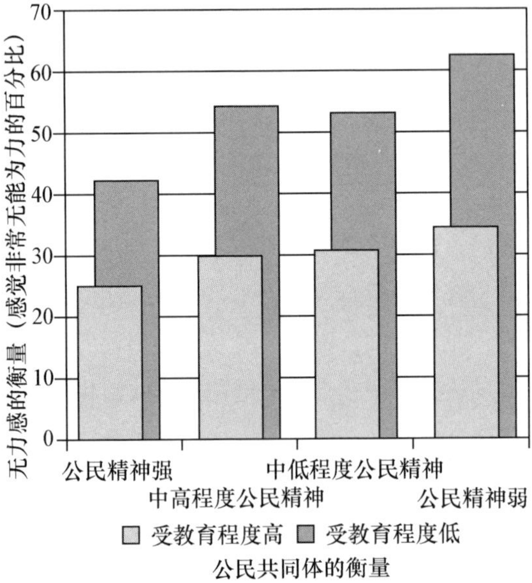

图 4—13　国民的无力感、受教育水平与公民共同体

无力感的衡量：
（“非常” = 对以下四个论断均表赞同）
1. 大多数当官的人都想剥削你。
2. 你感到周围正在发生的事情与你无关。
3. 你的想法不重要。
4. 治国者并不真正关心你的事情。

诚实、信任和守法是最重要的公民美德。人们认为，公民共同体里的国民公平地对待每一个人，也期望别人公平地对待自己。他们期望他们的政府能达到很好的标准，他们也很愿意遵守他们加于自己身上的法律。在这样的社区，本杰明·巴伯（Benjamin Barber）写道：“国民不准备也不能够为所欲为，因为他们明白他们的自由是他们参与共同决策和依照共同决策行事的结果。”[65] 相反，在公民精神较弱的社区，生活有更多的风险，国民有更多的担忧，由高等人士制定的法律就是准备人们去钻它的空子的。

关于公民共同体的这些阐述可能听起来很高尚，但也可能不现实甚至很古怪，只是在很久以前高中的公民课文里才提到。然而，意大利地区得到的证据却不同寻常地证实了这个观点。公民精神最弱的地区是古老的政治腐败的瘟疫最流行的地区。它们是黑社会及其地区变种的家园。[66] 虽然要"客观"地衡量政治诚实度是不容易的，但是我们的确在对社区领导人所作的全国性调查中提出了相关的问题，请他们评判他们地区的政治是否比一般的地区更诚实或更腐败。与公民精神强的地区相比，公民精神弱的地区的领导人更多地认为他们地区的政治是腐败的。在我们 1987 年和 1988 年对整个半岛的大众政治所作的调查中也出现了类似的情况，如表 4—5 所示，公民精神强地区的国民比公民精神最弱地区的国民具有更大的社会信任感，对他们的同胞能够守法更有信心。[67] 相反，在公民精神弱的地区，更多的人坚持认为，当局应该更严厉地在他们的社区实施法律和秩序。[68]

表 4—5　　诚实、信任、守法与公民共同体

	公民共同体衡量			
	高水平	中高水平	中低水平	低水平
哪一个更准确地描绘了地区政治的状况："诚实的"还是腐败的				
回答"诚实的"领导人的比例	89	76	67	44
有人说一般情况下你可以信任别人。有人说与他人交往你要很小心。你的观点呢？				
回答"信任"的公众的比例	33	32	28	17
本镇的人严格守法，即使交通法规也严格遵守				
回答"赞成"的公众的比例	60	47	39	25
支持更严格地实施法律与秩序				
支持所有四个论断的公众的比例 a	37	46	49	60

a　更严格实施法律与秩序的衡量：

1．警察应该有更大的权力来保护法律。

2．政府在确保公共秩序方面做得不够。

3．今天的人们对权威的尊重不够。

4．意大利的警察权力太大。（完全不同意）

这些逻辑一致的巨大差异触及了公民精神强的地区与公民精神弱的地区差异的核心。公民精神强的地区的集体生活比较轻松，因为人们可以期望别人遵守规则。知道别人会这样做，你也就同样会去满足别人对自己的期望。在公民精神弱的地区，几乎每一个人都认为别人会破坏规则。如果你知道别人在舞弊，而你却遵守交通法规或税收法律或福利规定，那么你就成了傻瓜了。（意大利语形容这种天真行为的词是fesso，这个词也有“被戴了绿帽子”的意思。）因此你也采取舞弊的行为，结果每个令人恼火的、愤世嫉俗的想法都得到了证实。

由于缺乏公民精神强的地区有把握的自律，公民精神较弱的地区的人们就只得依靠意大利人所谓的“维持秩序的暴力”，即警察。出于我们将在第六章更详细地探讨的理由，公民精神较弱的地区的国民没有别的办法可以解决霍布森式的公共秩序困境，因为他们缺乏在公民精神强的地区里有效运行的互惠合作的水平联系。由于没有团结和自律，等级制和暴力是替代无政府状态的唯一途径。

在最近共同体主义者与自由主义者展开的哲学辩论中，共同体与自由常常被说成是对立的。无疑在一些情况下这是正确的，像马萨诸塞州Salem的情形一样。但是，意大利的情况表明，由于公民精神强的地区的国民拥有共同体的利益，他们也拥有更多的自由。具有讽刺意味的是，正是公民精神弱的地区不讲道德的自由主义者发现自己在要求更严厉地实施法律。

而且，这是一个恶性循环：在公民精神弱的地区，即使是重权在握的政府——法律的实施机构——本身也被公民精神程度弱的社会环境削弱。促使国民渴望强硬政府的共同体是不太可能产生强有力政府的，至少作为民主政府是不可能强有力的。（这是一个合理的论点，例如，过去的半个世纪里，意大利国家机器无力解决西西里的黑手党问题。）相反，在公民精神强的地区，权力不大的政府却非常有力，因为它可以依靠国民更加主动的合作与法律和契约的自我实施。

我们调查得到的证据有力地证明，公民精神较强的地区的公共事务更成功地得到了办理。因此，毫不奇怪，公民精神较强的地区的国民一般比较公民精神弱的地区的国民生活得更快乐。在1975年到1989年展开了一系列全国范围的调查，大约询问了25 000人，所提的问题是他们是否“很满意、比较满意、比较不满意或根本不满意自己的生活”。图4—14显示，公民精神强的地区的国民对生活满意度高得多。公民共同体里快乐是随处可见的。

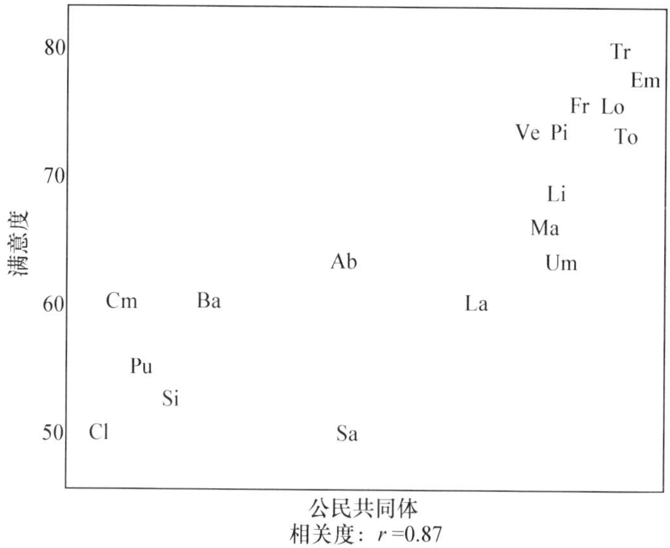

图 4—14 对生活的满意度与公民共同体

就个人而言，对生活的满足感可以最准确地用家庭收入和宗教信仰来衡量，但是它与公民共同体的关系实际上是与这些个人属性的关系一样紧密的。[69] 公民共同体与制度绩效和地区富裕程度的关系如此紧密，以致很难在统计的意义上把它们对生活满足感的影响区分开来，不过这三者中，公民精神的影响是最大的。在任何一个场合，正如我们在后面几章更详细地谈论的，共同体生活的这三个特征紧密地结合成了一个互相关联的综合体。图 4—14 显示，在这个意义上，一个人生活于其中的共同体的特征对个人幸福感的意义与个人环境的影响是同样重要的。

这一系列数据显示的公民精神强地区与公民精神弱的地区的差异，在许多方面，与政治哲学家的思考是一致的。但是，有一个重要的方面，我们的研究与大多数经典的论述是相反的。许多理论家认为：公民共同体是小型的、亲缘关系紧密的、前现代社会的产物，它与我们的现代世界是很不同的，公民共同体作为一个世界性的现象已经不复存在。[70]

当代社会思想从 19 世纪德国社会学家费迪南德·滕尼斯（Ferdinand Tonnies）那里借用了公社与社会的区别，即传统的、小型的、面对面是社会与现代的、理性主义的、非个人化的社会的区别，前者依赖关于团结的普遍感觉，后者依赖于自私的利益。这个视角必然得出结论，公民共同体是一种祖型现象，是注定要消失的。取而代之的是大型的现代团体，它在技术上是先进的，但更没有人性，它逐渐去除共同性，同时激发个人主义。现代性是文明的敌人。

我们的研究认为，情况完全相反。意大利公民精神最弱的地区恰恰是南方传统的农村。传统社区的公民意识不应该被理想化。今天在传统意大利下的许多生活是典型的等级性的和剥削性的，根本不是平等互利的。詹姆斯·沃特森仔细考察了意大利靴子尖上的卡拉布里亚区，这是20个地区中公民精神程度最弱的一个区，他强调指出了公民信任和公民社团的缺乏：

> 对卡拉布里亚的考察者来说，首先使你震动的特征是不信任，不仅是对外部人不信任，而且对社区内部人也不信任，甚至在小村庄里也是如此。信任是一种供应不足的商品……历史上，公民社会在结社的意义上是完全缺乏的，只有偶然可见的村或镇的社会俱乐部。[71]

相反，在公民性最强的艾米利亚-罗马涅区，这里远不是经典意义上的传统“社区”——我们民间回忆中理想化的亲密村庄。相反，艾米利亚-罗马涅区是当今世界最现代、最繁忙、最富裕、技术上最先进的社会之一。但是，它也是不同寻常地集中了互相交织的社会团结网络的地方，这里的居民有着非同寻常的高度发达的公共生活。这是一个公民共同体的网络。艾米利亚-罗马涅区的居民并不是天使，但在这个地区里（以及意大利中北部的邻近地区）各种形式的集体行为，包括政府形式的，都因公民参与的规范和网络而得到了发展。我们在第五章将看到，这些规范和网络在地区传统中有深远的根源，但把艾米利亚-罗马涅区划归为“传统”社会是完全没有道理的。意大利公民精神最强的地区包括半岛上最现代的一些镇和城市，在这些社区，人们感到自己有着广泛的授权去参与有关公共选择的合作思考。那些选择也将最完整地转化为有效的政府政策。现代化绝不意味着公民共同体的死亡。

我们可以在本章相当简单地概括一下我们的发现。意大利一些地区有许多合唱团、足球队、鸟类观察俱乐部和扶轮社。这些地区的大多数国民都通过日报热切地关心社区事务。他们为公共事务所吸引，而不是为个人化的或庇护—附庸型的政治所吸引。居民们相互信任、行为公允、遵守法律。这些地区的领导人比较诚实。他们相信民众政府，始终愿意与自己的政治对手达成妥协。这里的国民与领导人认为平等是合意的。社会网络和政治网络的组织方式是水平型的，不是等级制的。社区鼓励团结、公民参与、合作和诚实的品质。政府是有效的。[72]难怪这些地区的人民对生活是满意的！

另一端是“公民精神弱”的地区，可以很恰当地用法语的“无公民品质”来概括。[73]这些地区公共生活的组织方式是等级化的而非水平型的。“国民”的概念被严重扭曲。在个体居民的眼里，公共事务是别人的事务——即高级人士的事务，“老板们的”“政治家们的”——不是自己的事务。很少人有心去参加关于共同利益的思考，这样的社会提供给他们的这种机会也不多。政治参与的动机是个人化的依附或私人的贪欲，不是集体的目标。对社会和文化社团生活的参与非常少。私人的考虑代替了公共的目的。腐败被视为常态，政治家们自己也这样看，他们对民主的原则冷嘲热讽。“妥协”是一个贬义词。（几乎每个人都认为）法律是让自己去违反，同时去吓唬别人不得违法的东西。人们要求更严厉的纪律。陷在这种恶性循环里，几乎每个人都觉得无力、受剥削和不幸福。总之，这里的代议制政府不如公民精神更强的地区的代议制政府有效，这是不令人吃惊的。

这个发现提出了两个重要的新问题：公民精神强的地区是怎样产生的？公民参与的规范和网络是怎样支持了好政府的？我们将在后面两章探讨这些问题，但是在这里，我们也要简单地评述一下有关地区政府成功和失败的其他潜在的解释。

第五节　制度成功的其他解释

社会不和谐与政治冲突常常被认为是有效治理的天敌。共识据说是稳定民主的前提条件。这个观点源远流长。西塞罗曾写道:“共同体就是人民的事务,但人民并不是以随便一种方式组织起来的随便的一群人,而是由在法律和权利问题上达成的共同意见与互利互惠地参与的愿望统一起来的相当数量的人的集合。”[74] 由于受到了法国大革命时期社会冲突状况的震动,艾德蒙多·伯克认为,秩序良好的社会应该是一个伙伴关系的社会,“在一切科学领域是伙伴关系,在一切艺术事业里是伙伴关系,在一切美德里是伙伴关系,在一切领域中都是这样”[75]。

这个观点在20世纪社会科学家中也有许多重要的倡导者。加布里埃尔·阿尔蒙德赞扬“英美”政治体系中“同质”的政治文化;他把分裂的“大陆型”政治体系描述为“僵死不动的”,受着“恺撒式突变”的破坏。[76] 乔瓦尼·萨托利认为意识形态的两极分化和分裂是效率低下的、“趋向崩溃的”民主的特征。[77] 一个社会和政治体的分歧越大,就越难构成一个建筑在被统治者同意之上的稳定政府。对重大问题的意见分歧越大,就越不可能实施前后一致的纲领:“如果每个人的政治倾向都一样,那么政策制定的任务将轻松得多。”[78]

这种关于社会凝聚力、政治和谐和好政府的联系的假说经常隐含在许多关于公民共同体的阐述里:

> 对卢梭和一般的古典共和主义者来说,“爱国情感和政治参与”建立在也只能建立在社会、宗教和文化统一的基础上。它们是同质的人民的政治表达。一个人也许可以说,对他们而言,国民的身份只有在这样的地方才成为可能,在那里,政治仅仅是始于公共领域以外并为其所支撑的共同生活向公共领域的延伸,而且是在不得已的情况下向公共领域的延伸。[79]

这种论调为我们的研究提供了许多关于社会统一和政治共识与制度绩效之间关系如何的假说。可惜的是,我们的期望都被彻底推翻了。意大利地区政府的成败与政治分裂、意识形态极端化和社会冲突的一切考虑都没有关系:

> 我们从政党力量和地区领导人的看法的双重视角考察了政党体系的意识形态极端化的状况,发现左右两派的鸿沟越深、极端主义的势力越强,建设一个有效的政府就越困难。

我们考察了选民对关键的社会与经济问题的看法，发现选民在重要政策问题上的共识越弱，政府领导人要实施前后一贯的战略就越难。

我们考察了地区政党体系的分裂状况，认为众多小型的、派别林立的党将妨碍政府的稳定。

我们考察了有关经济冲突的数据，比如罢工率，发现社会紧张局势可能会妨碍政府的效率。

我们考察了各个地区内部经济发展和人口分布的不平衡，感到大都市与周边乡村如果在是否现代性的方面反差太大，形成紧张关系，将使治理更加困难。

我们请社区领导人从冲突程度和共识程度的角度评估自己的地区，并把他们的评估与我们对制度绩效的测量作比较，发现在冲突明显的地方，为共同目标进行合作是困难的，治理也因此受到损害。

但是，上面的这些研究没有一项支持了如下的理论，即社会政治冲突与好政府是不相容的。我们看到一些地区绩效高而冲突程度低，如威尼托区，但我们也看到一些成功的地区有着强烈的冲突，如皮埃蒙特区。我们看到了一些不成功的、有很多冲突的地区，如坎帕尼亚区，但我们也发现一些地区共识程度很大，政府绩效却低于全国平均水平，如巴西利卡塔。

这些结论还隐含了一个事实，即冲突与公民共同体之间没有任何相关关系。公民共同体根本不是指和谐的、几无冲突的共同体。本杰明·巴伯关于“强势民主”的观点概括了我们研究意大利时提出的公民共同体的特点：

强势民主的基础是国民自我管理共同体的理念，它们的团结是出于公民化的教育而非同质的利益，公民态度的美德和参与制度而非利他主义或善良本性使他们能够达成共同的目标并采取共同的行动。强势民主与政治上的冲突、社会学意义上的多元主义以及私人行为领域与公共行为领域的分离是相伴相生的，事实上是依赖于此的。[80]

当其他几个理论碰到我们研究意大利政府试验得到的证据时，它们对制度绩效的解释也都不能令人满意：

社会稳定有时被认为与有效的治理有关。迅速的社会变迁，据认为，增加了社会的紧张程度，消解了社会团结，破坏了支持政府的现有规范和组织。我们对1976年地区绩效进行初步分析得到的暂时性的证据表明，人口状况的不稳定和社会变迁制约了绩效[81]，但是这种关系在我们后来对绩效和社会变迁更完整的分析中就再也见不到了。

教育是影响政治行为的最有力因素之一，世界各地几乎都如此，意大利也不例外。但是，当代的教育水平并不能解释意大利地区在绩效方面的差异。制度绩效与过了离校的最小年龄14岁以后还上过学的人在总人口中的比例之间的关系是显著的。艾米利亚-罗马涅区是绩效最佳、公民精神最强的地区，卡拉布里亚是绩效最低，公民精神最弱的地区，但二者在这个教育水平指标上的得分是一样的（前者是46%，后者是45%）。[82]从历史上看，教育可能在加强公民共同体的基础方面起到过重要的作用，但它似乎对今天的政府绩效没有什么直接的影响。

城市化在某种形式下可能被认为与制度绩效有关。其中的一种假说与马克思关于乡村生活的蒙昧性的格言有关，它暗示成功的制度可能与城市化密切相关。另一种流传甚广的理论，即我们前面提到过的，认为公民美德存在于传统农村中，城市里盛行的是邪恶。这种理论认为制度绩效在城市化地区应该是比较低的。一种较细致的理论则把制度绩效（或许还有公民共同体）特别与中等城市联系起来，认为现代化大都市里个人的渺小和乡村的隔绝都是不利于制度绩效的。但实际上，我们发现城市规模或人口密度与地区政府的成功或失败不存在任何一种联系。[83]

人事的稳定性，根据一些有关制度化的理论的观点，是高绩效制度的标志。更换率低意味着其成员对制度及其成功很投入。人事的稳定性也确保了经验丰富的决策者的供给。更换率高，特别是在一个制度建立的早期，据说会危及不稳定的过渡进程。[84]但是，在考察了我们对选定的6个地区的仔细记录以后，我们发现制度成功与各地区委员会或内阁中的人事稳定性之间没有任何相关关系。

整个1970年到1988年间，平均任期最短的两个地区委员会是艾米利亚-罗马涅区和威尼托区，而它们在我们对制度绩效的评估中是得分最高的。“更新”领导层对于保证制度取得成功起到的作用可能不亚于“稳定”领导层所起的作用。

意大利共产党有时被认为是一些地区绩效较好的原因。当然，从描述性的意义上看，我们的证据与这个判断是一致的，意大利大多数政党人士都认为，共产党统治的地区比大多数地区都治理得更好。有时，这实际上是共产党谋划的结果，他们从理性的、与别的党竞争的角度考虑，通过显示自己多么出色地统治了地区和地方，证明自己能够成为中央政府最好的执政党。有时另一种更讽刺的说法是，共产党尽管自己是中央权力的一部分但已经克服了它的腐败影响。共产党人自己把他们“商业式”的成功归功于作出了不懈努力去招募能干的干部或甚至归功于他们崇高的道德水平。这些解释都包含一定程度的真理，但我们认为第一种更有道理一些。

我们最初的分析包含了1970—1976年这个时期，这个分析表明，其中的差异完全是因为共产党在公民精神很强的地区取得了权力。“我们认为，共产党的地区政府更成功是因为他们在更肥沃的土地上耕种，而不是因为他们耕作的技术更好。真正的原因不在于他们是什么人，而在于他们在哪里。”[85]我们后来的分析都表明，这可能是整个情况的关键所在。

1975年后，共产党加入了几个公民传统较差的地区的执政联盟，这些地区的绩效实际上也改进了。到我们后来更完整地分析制度绩效的时候，共产党执政与制度绩效的关系还不能完全归结为与公民共同体的不巧合。[86]另一方面，在我们调查期间，共产党在所有这些地区，主要是南方的地区，事实上都一直是反对党，而南方的公民状况和经济条件最严重地打击了有效治理的实现。只有在意大利共产党（现在已更名为“左翼民主党”）在这类不利的环境下取得权力时，我们才有可能对政党控制对于好政府的影响的问题作出最终的评判。[87]

除了共产党统治的因素可能在某种程度上是个例外以外，上述补充性的解释没有一个能够加深我们对为什么有些地方的政府起作用有些地方的政府不起作用的问题的理解。本章讨论的证据是明白无误的：公民精神强弱背景对制度运行的方式是重要的。到目前为止，解释好政府的最重要的因素是一个地区的社会政治生活接近公民共同体理想状态的程度。公民精神强地区在许多方面是很不一样的。接下来的问题是：为什么一些地区比另一些地区的公民精神强？

注　释

[1] Robert A. Dahl，*Democracy and its Critics*（New Haven：Yale University Press，1989），pp. 251-254. See also Dahl，*Polyarchy*，pp. 62-80. Seymour Martin Lipset，*Political Man*（New York：Doubleday，1960），Chapter 2，是这个问题上当代前沿的实证研究成果。C. F. Cnudde and D. Neubauer，*Empirical Democratic Theory*（Chicago：Markham，1969）是20世纪60年代关于现代化与民主研究成果的一个简易集子。关于确认经济发展与民主相关关系的最近的精密研究成果，见 John Helliwell，"Empirical Linkages between Democracy and Economic Growth，" NBER Working Paper 4066（Cambridge，Massachussetts：National Bureau of Economic Research，1992）。

[2] Kenneth A. Bollen and Robert W. Jackman，"Economic and Noneconomic Determinants of Political Democracy in the 1960s，" *Research in Political Sociology*（1985），pp. 38-39，as cited in Samuel H. Huntington，*The Third Wave*：*Democratization in the Late Twentieth Century*（Norman，Oklahoma：University of Oklahoma Press，1991），p. 60.

[3] Robert C. Fried and Francine F. Rabinovitz，*Comparative Urban Politics*：*A Performance Approach*（Englewood Cliffs，N. J.：Prentice Hall，1980），p. 66.

[4] 经济现代化在此处是用1970—1977年所有的个人平均所得和地区生产总值、工农业的劳动力分配、工农业的增加值分配来衡量的。这些指标都高度自相关（平均水平为0.90）。这些指标中的任意一个，以及其他富裕和社会经济现代化的指标——从汽车到室内测量，在本质上反映着同样的问题。

[5] 人口规模是伦巴第和巴西利卡塔差别的另一因素，但是考虑到所有的20个地区，人口规模和政府绩效之间是完全不相关的。

[6] 经济现代化与政府绩效之间的相关性在图4—2的第一象限较发达地区为 r=−0.03，而在第三象限较不发达地区为 r=0.05。

[7] See J. G. A. Pocock，*The Machiavellian Moment*：*Florentine Political Thought and the Atlantic Republican Tradition*（Princeton：Princeton University Press，1975）.

［8］当然，不管是共和主义者还是自由主义者在这场历史对话中都没有和同时代的美国党派政治家们一样的意图。对于传统英美政治思想的自由主义者解释，见 Louis Hartz，*The Liberal Tradition in America*（New York：Harcourt，Brace，1955）.

［9］Don Herzog，"Some Questions for Republicdans，" *Political Theory* 14（1986）：473。

［10］关于这场广泛的辩论，见 Robert N. Bellah，Richard Madsen，William M. Sullivan，Ann Swidler，and Steven M. Tipton，*Habits of the Heart*：*Individualism and Commitment in American Life*（New York：Harper and Row，1986）；Isaac Kramnick，"Republican Revisionism Revisited，" *American Historical Review* 87，no. 3（June 1982）：629-644；Alasdair MacIlntyre，*After Virtue*（Notre Dame：Notre Dame University Press，1981）；Pocock，*The Machiavellian Moment*；Dorothy Ross，"The Liberal Tradition Revisited and the Republican Tradition Addressed，" in John Higham and Paul Conkin，eds. *New Directions in American Intellectual History*（Baltimore：John Hopkins University Press，1979）；Michael Sandel，"The Procedural Republic and the Unencumbered Self，" *Political Theory* 12（1984）：81-96；Quentin Skinner，"The Idea of Negative Liberty：Philosophical and Historical Perspectives，" in *Philosophy in History*，*eds*. Richard Rorty，J. B. Schneewind，and Quentin Skinner（New York：Cambridge University Press，1984）；Michael Walzer，"Civility and Civic Virtue in Contemporary America，" in his *Radical Principles*（New York：Basic Books，1980）；and Gordon Wood，*The Creation of the American Republic*：*1776—1787*（Chapel Hill：University of North Carolina Press，1969）。

［11］Cited in Bellah et al.，*Habits of the Heart*，p. 28.

［12］Harry N. Hirsch，"The Threnody of Liberalism：Constitutional Liberty and the Renewal of Community，" *Political Theory* 14（1986）：441.

［13］William A. Galston，"Liberal Virtues，" *American Political Science Review* 82（1988）：1281.

［14］在实证的政治学中，理解民主绩效差异的这种方法许多灵感都来自 Gabriel A. Almond 和 Sidney Verba 的里程碑式的研究，*The Civic Culture*：*Political Attitudes and Democracy in Five Nations*（Princeton：Princeton University Press，1963）。

［15］Walzer，"Civility and Civic Virtue，" p. 64.

［16］Skinner，"The Idea of Negative Liberty，" p. 218.

［17］Alexis de Tocqueville，*Democracy in America*，ed. J. P. Mayer，trans. George Lawrence（Garden City，N. Y.：Anchor Books，1969），pp. 525-528.

［18］Edward C. Banfield，*The Moral Basis of a Backward Society*（Chicago：

The Free Press，1958），p. 85.

［19］此处，以及我们对于公民道德的所有讨论，我们的启示都来自 Jeff W. Weintraub，*Freedom and Community*：*The Republican Virtue Tradition and the Sociology of Liberty*（Berkeley：University of California Press，1992）。

［20］Walzer，“Civility and Civic Virtue，” p. 62.

［21］Gianfranco Poggi，*Images of Society*：*Essays on the Sociological Theories of Tocqueville*，*Marx*，*and Durkheim*（Stanford：Stanford University Press，1972），p. 59.

［22］Mark Granovetter，“Economic Action and Social Structure：the Problem of Embeddedness，” *American Journal of Sociology* 91（November 1985）：481-510.

［23］Albert O. Hirschman，*Getting Ahead Collectively*：*Grassroots Experiences in Latin America*（New York：Pergamon Press，1984），p. 57 *et. passim.*

［24］Tocqueville，*Democracy in America*，pp. 513-514.

［25］同上书，p. 515。

［26］Almond and Verba，*The Civic Culture*，chapter 11.

［27］Arend Lijphart，*Democracy in Plural Societies*（New Haven：Yale University Press，1977），pp. 10-11；*Lipset Political Man*；David Truman，*The Governmental Process*：*Political Interests and Public Opinion*（New York：Knopf，1951）.

［28］“在我眼里，没有什么比美国的知识与道德的组织更值得注意的了。美国政治与工业的组织通常更吸引眼球，但是其他组织不容易被注意到。” Tocqueville，*Democracy in America*，p. 517。

［29］Tocqueville，*Democracy in America*，p. 190.

［30］并非所有志趣相投的人的组织都决心追求民主或者平等；思考一下，比如 3K 党或者是纳粹党。权衡为了民主治理而集合的特定组织的结果时，人们也应该考虑其他公民美德，比如宽容与平等。

［31］Milton J. Esman and Norman T. Uphoff，*Local Organizations*：*Intermediaries in Rural Development*（Ithaca：Cornell University Press，1984），p. 40.

［32］Esman and Uphoff，*Local Organizations*，pp. 99-180，and David C. Korten，“Community Organization and Rural Development：A Learning Process Approach，” *Public Administration Review* 40（September-October 1980）：480-511。他们发现诸如自然资源、基础设施建设、经济资源、收入分配、识字率、党派分化似乎都和当地组织的发展效率没有关系。关于第三世界地方参与的效率的更多证据，见 John D. Montgomery，*Bureaucrats and People*：*Grassroots Participation in Third World Development*（Baltimore：Johns Hopkins University Press，1988），pp. 42-57，以及该书引证的著作。

[33] Banfield，*Moral Basis of a Backward Society*，p. 10.

[34] See Alessandro Pizzorno，“Amoral Familism and Historical Marginality，” *International Review of Community Development* 15（1966）：55-56，and Sydel F. Silverman，“Agricultural Organization，Social Structure，and Values in Italy：Amoral Familism Reconsidered，” *American Anthropologist* 70，no.1（February 1968）：1-19. Banfield 的书所刺激的辩论是“文化”和“结构”哪个更有解释力的学术争论的一部分，我们在第六章要回到这个问题。

[35] *Le Associazioni Itdiane*，ed. Alberto Mortara（Milan：Franco Angeli，1985）。数据和 1982 年的一样。我们的分析排除了以盈利为目的的商业组织、旅游部门和当地一些国家组织的分支；后者排除了“外来”组织也许会在合作意向上有缺失的假设。被附加性排除的工会和教会组织，会在本章后面被讨论。

[36] 在意大利的地区之间，体育社团的出现概率和其他协会是有相当紧密的联系的（r=0.59），为了避免只有一个单一的活动部门影响我们对于协会成员的衡量，我们构造了一个指标值，平均地包括了运动和其他类别中的每一个。然而，本书中统计结果并不依赖于关于体育社团的精准衡量。

[37] Tocqueville，*Democracy in America*，pp. 517-518.

[38] 我们关于报纸读者的数据是来自 the *Annuario Statistico Italiano*（Rome：Istituto Centrale di Statistica，1975），p. 135。这些数据与欧洲晴雨表（Eurobarometer）调查在 1976 年、1980 年、1983 年、1986 年和 1989 年中集合的数据是高度一致的（r=0.91）。欧洲晴雨表调查也同时阐释了在社团成员和报纸阅读之间个体水平上的关联强度：53% 的成员每周阅读报纸超过一次，相较于非成员的是 33%。这几乎适用于包含体育团体在内的所有类型的社团，但是并不适用于地区内的宗教团体。

[39] Roberto Cartocci，“Differenze territoriali e tipi di voto：le consultazioni del maggio-giugno 1985，” *Rivista Italiana di Scienza Politica* 15（December 1985）：441. See also PierVincenzo Uleri，“The 1987 Referendum，” *in Italian Politics：A Review*，vol. 3，eds. Robert Leonardi and Piergiorgio Corbetta（New York：Pinter Publishers，1989），pp. 155-177.

[40] 如表中列出的所有指数一样，1974—1987 年的 Beferenda Turnout 指数是一个因素值，其唯一根据是五次全民公决投票率的主成分分析。包括本章描述过的所有全民公决投票率的相关性都适用于每一次全民公决的情况。换句话说，这种模式完全不受每次事件的内容所影响。

[41] See，for example，Richard S.Katz and Luciano Bardi，“Preference Voting and Turnover in Italian Parliamentary Elections，” *American Journal of Political Science* 17（1980）：97-114；and Roberto Cartocci，“Otto risposte a un problema：La divisione dell’Italia in zone politicamente omogenee，” *Polis* 1（December 1987）：481-514. 由于其规模很小，瓦莱达奥斯塔区是单一选取，未

使用偏好投票制，因此不在本研究之内。

［42］1953—1979 年投票偏好指数，是基于六次选举的主成分分析得出的唯一指标值。

［43］这些数据来自巴尔内斯进行的 1968 年全国调查的二次分析，我们感谢巴尔内斯教授允许我们使用这些数据。调查中的地区间比较和选举数据显示公共精神弱的地区的被调查者对于他们的投票偏好被有些过度呈现了，但是这种无关紧要的夸张，不管是什么原因引起的，并不能影响基础的比较。

［44］这些数据来自 1975 年、1977 年、1983 年和 1987 年的欧洲晴雨表调查，并得到了 1968 年巴尔内斯的调查的补充。这些调查反映出，意大利超过 1/3 的成年人是一级或二级组织的成员，包括工会会员，他们是 40% 多的协会的会员（有经验的研究者相信这些调查中有限的样本数量也许会低估社团成员数量，但是这种可能出现的偏见在所有的地区都会出现）。在个体分析中，意大利的团体成员最好是按照公民团体的教育、性别（联盟和体育社团是联盟最常见的形式）和住所来划分。考虑到所有的社团形式，包括工会在内，公民精神发展程度解释了 10% ～ 15% 的会员增长，性别解释了 15% ～ 20% 的增长，小学以上教育程度解释了 20% ～ 25% 的会员增长。在公民程度最低地区的受教育程度最差的女性中，只有 15% 宣称是社团成员；在公民程度最高地区的受过大学教育的男性中，66% 报告自己是社团成员。

［45］图 4—5 中，第一象限十二个地区的政府绩效和我们对于公民团体之间的相关关系是 r=0.53，而在第四象限的八个地区之间 r=0.68，都是统计上显著的（p<0.04）。

［46］经济发展和制度绩效之间的部分相关性，以公民团体指数为控制变量的时候，相关系数 r=−0.34，不仅方向有误，而且统计上不相关，然而公民团体指数和制度绩效间却保持着高度的相关（p ＜ 0.000 1）。在公民团体指数和我们对经济发展的衡量之间的双变量相关分析的值为 r=0.77。统计学专家将会发现此处存在多重共线性的问题，但是在第五章，我们会呈现更多的证据来区分经济发展和公民团体的影响。我们应回顾中央政府提供给贫困地区的特别资金的再分配方案。这些转移支付的目的是帮助贫困地区摆脱贫困，这个外部援助也许可以解释，一旦我们控制公民团体指标时，为何地区财富并不支持制度绩效。

［47］在 1968 年巴尔内斯全国调查中，在公民性程度较低的地区，39% 的调查对象表示自己了解一位下议员，与之形成对比的是公民性较发达地区这一指标数据为 23%。在我们 1977 年的调查中，公民性程度较低的地区公民与地区官员存在联系的数量超过公民性程度高的地区的两倍。

［48］Compare Sidney Verba，Norman H. Nie，and N.-O. Kim，*The Modes of Democratic Participation*：A *Cross-National Comparison*（Beverly Hills，Calif.: Sage，1971）.

［49］Harry Eckstein and Ted Robert Gurr，*Patterns of Authority*：*A Structural*

Basis for Political Inquiry（New York：John Wiley and Sons，1975）.

［50］这个比较与Giovanni Sartori的报告一致：*Il Parlamento Italiano*（Naples：Edizioni Scientifiche Italiane，1963）。在1946年和1958年之间的国家议会的代表中，所有南部官员中的61%是来自上层阶级背景的，和公民性程度比较高的中北部地区的39%形成对比。但是，我们不能夸大地区委员的社会根源。正如我们在第二章中讨论的，即使是在南部，地区委员更多的是来自中层阶级背景。

［51］在1970年和1976年，我们访问了所有的地区委员，“在这个地区，有很多关于增加公民参与的可欲性的讨论。在你看来，公民团体中的居民在地区事务中的实际角色是什么？”调查对象的反应在多个层面进行编码，包括关于对更多公民参与的支持。

［52］在合计后的1975—1989年的调查中，重组（被公布的家庭收入的地区内变更系数）的收入分配在公民性的地区要更加平均（r=0.81）。公民性一致的情况下，收入不均衡和绩效是不相关的，即使多重共线性有可能会影响结果。

［53］Robert D.Putnam，“Studying Elite Political Culture：The Case of Ideology，” *American Political Science Review* 65（September 1971）：654-681，研究发现，在意大利（和英国），政客们对一系列价值和信念的强烈坚持，与妥协的意愿，并非不相容。

［54］See Carol A. Mershon，“Relationships Among Union Actors after the Hot Autumn，” *Labour* 4（1990）：46-52，and I. Regalia，“Democracy and Unions：Towards a Critical Appraisal，” *Economic and Industrial Democracy* 9（1988）：345-371.

［55］Salvatore Coi，“Sindacati in Italia；iscritti，apparato，finanziamento，” *Il Mulino* 28（1979）：201-242，quotation at p. 206. 科伊指出实际上较之工业部门，在公共部门和农业部门中工会化程度要更深。

［56］在男性体力劳动的工人中，工会化的比例在公民性程度较大的地区是39%，在公民性程度较小的地区的值是21%。在男性的管理者和专业人士中，工会化的比例在公民性程度较大的地区是15%，在公民性程度较小的地区的值是8%。对于农民来说，工会化的比例在公民性程度较大的地区是12%，高于公民性程度较小的地区三倍。总而言之，粗略估计意大利成人中有15%是工会成员，25%是工会成员家属。所有的数据都来自欧洲晴雨表在1976年、1985年、1988年和1989年做的调查。

［57］See Chapter 5，pp.157-158，for historical confirmation of this point.

［58］See Percy Allum，“Uniformity Undone：Aspects of Catholic Culture in Postwar Italy，” in *Culture and Conflict in Postwar Italy*：*Essay son Mass and Popular Culture*，edited by Zygmunt G. Baranski and Robert Lumley（London：Macmillan，1990）.

［59］在妇女和老一辈的人中，宗教信徒的比例要远高得多，但是这些差异在我们控制性别和年龄时都已考虑进去。这段论述中的所有发现都是基于欧洲晴雨表在 1975 年到 1989 年的调查。

［60］Gianfranco Poggi，*Italian Catholic Action*（Stanford：Stanford University Press，1967）；Allum，“Uniformity Undone，” esp. p. 85，p.91；and Paul Ginsbory，*A History of Contemporary Italy*：*Society and Politics 1943—1988*（London：Penguin Books，1990），pp. 169-170，p. 348.

［61］其一般化的一个不完全但是可理解的例外是，与公民性程度较低地区的公民相比，在公民团体中的居民对于当地事务有着更加浓厚的兴趣。

［62］这段中做出的一般化是基于欧洲晴雨表在 1975—1989 年的调查。

［63］Sidney G.Tarrow，*Peasant Communism in Southern Italy*（New Haven：Yale University Press，1967），esp. pp. 80-81，pp. 198-246；quotations at p. 7 and p. 75（emphasis in original）.

［64］这些数据均来自欧洲晴雨表在 1986 年和 1988 年的调查。“低”教育程度是指 62% 的成年公民在 15 岁以前就离开了学校；“高”教育程度指除前者之外的情况。这种无能为力的感觉和对意大利民主政治的不满是高度相关的。无能为力指数和教育水平的相关系数是 $r=-0.19$，和公民团体指数的相关系数是 $r=-0.15$，和受访者被问到“意大利的民主政治效果的满意程度”的相关系数是 $r=-0.26$。

［65］Benjamin Barber，*Strong Democracy*：*Participatory Politics for a New Age*（Berkeley：University of California Press，1984），p. 179.

［66］See Chapter 5（pp. 146-148）for a more detailed discussion of organized criminality in the less civic regions.

［67］即使是在公民性强的地区，只有 1/ 3 的被访者在选项中选择了信任，但是这仅仅比同时段美国的相同调查得出的结论的比例少一点。详见 Eric M.Uslaner，“Comity in Context：Confrontation in Historical Perspective，” *British Journal of Political Science* 21（1991）：61。

［68］“法律与秩序”条目来自 1972 年 Samuel H. Barnes 和 Giacomo Sani 主持的全国性调查，我们特别感谢他们做出的这些结果。Ronald Inglehart in *The Silent Revolution*：*Changing Values and Political Styles among Western Publics*（Princeton：Princeton University Press，1977）and *Culture Shift in Advanced Industrial Society*（Princeton：Princeton University Press，1990）指出，“唯物主义”和“后唯物主义”价值对于政治行为有很大影响。在 1976 —1989 年欧洲晴雨表的调查中，我们可以发现，在控制了年龄、受教育程度、家庭收入、宗教信仰、性别和地区富裕程度等变量之后，公民性强地区的公民明显更加强调“政府中更多的话语权”和“保护自由言论”，明显更少强调“维持现有国家秩序”。英格尔哈特（Inglehart）的第四种价值的差异（涨价的抗争）是不明显的，

这些反差，纵使在绝对意义上不明显，但是和我们关于公民团体的论述是一致的：教育程度相同，地区富裕程度相同，同样年龄和宗教信仰的男性或女性，来自公民性较强地区的人要更加关心民主，较不关注权力。和英格尔哈特一样，我们也相信这些文化差异很重要，虽然我们对于这些差异的来源的解释不尽相同。

［69］数据来自欧洲晴雨表在1975—1989年的调查，图4—14的结果结合了“非常满意”和“相对满意”。在大样本的情况下，地区间的数据是非常可靠的。在根据收入、宗教信仰、公民团体、年龄、受教育程度、性别和访谈日期（来检验时间的可能趋势）预测生活满意度的多重回归中，只有前三个是显著的。贝塔值对于宗教活动是0.16，收入是0.15，公民团体是0.14。

［70］See，for example，Richard Dagger，“Metropolis，Memory，and Citizenship，” *American Journal of Political Science* 25（1981）：715-737；*Alasdair MacIntyre*，*After Virtue*（Notre Dame：Notre Dame University press，1981）；and Michael Taylor，*Community*，*Anarchy and Liberty*（New York：Cambridge University Press，1982）。诚然，并不是所有的公民团体的理想的拥护者都赞成传统的乡村生活；比如托克维尔，就担心在法国乡下的亲属和朋友的力量会阻止公民参与。关于农民为集体公共品的提供而自愿合作的程度在各村庄的差异情况，见Robert Wade，*Village Republics*：*Economic Conditions for Collective Action in South India*（New York：Cambridge University Press，1988）。

［71］James Watson，*The Mafia and Clientelism*：*Roads to Rome in Post-War Calabria*（New York：Routledge，1988），pp. 98-99。如书名所示，即便是诺贝尔俱乐部也不一定是为平等的社会团结而奋斗的力量。

［72］我们这里的案例始终贯穿着一个长期存在的关于美国城市以庇护为基础的政治机器的效率的争议。“好政府”的拥趸蔑视“由领袖控制的政党”，那些纠结的庇护制的捍卫者争辩说这种政治机器将移民群体整合进政治生活，保证了官员对于环境和福利的关注和回应。党派中坚分子宣称，庇护型政府是有效的。美国的社会，甚至在大城市中具有的基本的社会平等主义和在传统意义上形成美国社会组织的公民团结的高密度横向联系网络，意大利都没有。宽泛而言，美国有庇护型政府，但是没有扈从主义。至于城市政治机器是否如捍卫者所言的那样有效，美国的社会组织近年来是否已经受到严重的破损，是两个值得进一步深究的问题。关于美国城市政治的研究在某些方面和我们关于意大利的研究是相似的，见Terry Nichols Clark and Loma Crowley Ferguson，*City Money*：*Political Processes*，*Fiscal Strain*，*and Retrenchment*（New York：Columbia University Press，1983）。

［73］*Oxford English Dictionary*将之定义为“好公民的匮乏”。

［74］Cicero，*Republic*，I，25，as quoted in George H. Sabine，*A History of Political Theory*，3rd ed.（New York：Holt，Rinehart，and Winston，1961），p. 166.

[75] Edmund Burke，*Reflections on the Revolution in France*（1970，reprint ed.，New York：Liberal Arts Press，1955），p. 110.

[76] Gabriel Almond，"Comparative Political Systems，" *Journal of Politics* 18（1956）：391-409. See also Gabriel Almond and G. Bingham Powell，*Comparative Politics：A Developmental Approach*（Boston：Little Brown，1966）；James Bryce，*Modern Democracies*（New York：The Macmillam Co.，1921），chapter 15；and Robert A. Dahl，*Polyarchy：Participation and Opposition*（New Haven：Yale University Press，1971），pp. 110-111.

[77] Giovanni Sartori，*Parties and Party Systems：A Framework for Analysis*（New York：Cambridge University Press，1976），esp. chapters 6 and 10.

[78] G. Bingham Powell，*Contemporary Democracies：Participation，Stability，and Violence*（Cambridge：Harvard University Press，1982）p. 41.

[79] Michael Walzer，"Civility and Civic Virtue in Contemporary America，" p. 69.

[80] Barber，*Strong Democracy*，p. 117.

[81] Robert D. Putnam，Robert Leonardi，Raffaella Y. Nanetti，and Franco Pavoncello，"Explaining Institutional Success：The Case of Italian Regional Government，" *American Political Science Review* 77（March 1983）：56，67.

[82] 这些数据来自欧洲晴雨表在1975—1989年所作的调查。根据这些数据，54%的北方人在15岁前离开了学校，南部人是57%。在1981年的人口普查中发现，文盲已经下降到不足以造成影响的程度，均集中于旧时代的兵丁中，比例在南部（4.6%）比北部（0.9%）稍高。

[83] 人们经常认为美索兹阿诺的城市化不如意大利北部高，但这明显不对。在1986年，51%的北方人生活在约两万人的城镇上，南方人则是42%；15%的北方人住在超过25万人的城市，对比之下南方人是22%。即使不包括被罗马控制的拉齐奥，美索兹阿诺的对比数据仍然是46%和14%。简言之，南部在某种程度上比北方的城市化程度要高。

[84] Samuel P. Huntington，*Political Order in Changing Societies*（New Haven：Yale University Press，1968）：Nelson W. Polsby，"The Institutionalization of the U. S. House of Representatives，" *American Political Science Review* 62（1968）：144-168；John R. Hibbing，"Legislative Institutionalization with Illustrations from the British House of Commons，" *American Journal of Political Science* 32（August 1988）：681-712.

[85] Putnam，Leonardi，Nanetti，and Pavoncello，"Explaining Institutional Success，" p. 72.

[86] 在1978年到1985年之间，在四个最成功的地区政府之中，三个是在1970年到1985年整个期间由共产党领导的，第四个由共产党领导的政府出现在

1975 年到 1985 年，当时的绩效有明显提高。但是这四个地区全部都有公民性传统（如我们将在第五章看到的），这些传统的出现早于共产党的领导几个世纪。（如果在公民性和共产党力量之间存在因果联系，那么是公民性导致了共产党的领导。）在多远回归结构中，公民团体指数（贝塔值 =0.76，T=9.19，$p < 0.0000$）和共产党执政年数（贝塔值 =0.31，T= 3.73，$p < 0.002$）都是我们政府绩效指数的有效预测指标。另一方面，如果控制公民性程度这个变量，那么共产党在政府领导中的出现和居民对于他们地区政府的满意程度没有关系。

［87］在 1985 年，共产党进入了卡拉布里亚政府，这是 20 个地区中公民性程度最低的地区，在 1984 年到 1989 年间共产党参与了撒丁区政府的领导，这也是公民性程度较低的地区，但是我们的绩效评估并不包含这一时期。

第五章
追溯公民共同体之源

我们对地区政府在七八十年代绩效的研究，凸显了意大利某些地区公共生活的独特性。顺着这条线索，我们现在回到意大利各地区对比鲜明的久远历史之中。大约 1 000 年前，意大利半岛出现了一个重大转折，我们的回顾就从那一时期开始。当时，意大利人正在走出那个被人们准确地定义为黑暗时代的历史时期。中世纪初的意大利，更接近于古罗马时代，而不是我们的现时代。这不仅体现在年代学上，也表现在日常生活方式之中。然而，从中世纪初到今天，发展轨迹清晰可见的意大利社会模式，对于解释下述问题实际上是至关重要的：在 21 世纪的前夜，为什么有些共同体比另一些更有能力管理自己的集体生活，更有能力保存富有效率的制度。[1]

第一节　意大利中世纪的公共生活遗产

意大利的各地区政府，旨在抗衡具有百年历史的高度集中的全国政府。尽管它们成立于 1970 年，但各地区本身的历史却极为悠久。从罗马帝国的衰落到 19 世纪中叶，在 1 500 多年里，按照奥地利政治家梅特涅（Metternich）的轻蔑说法，意大利不过是“一个地理词汇”，不过是众多的小型城市国家和异邦帝国之半殖民地的一种堆积。在欧洲各民族国家不断迈向现代化的世界背景中，这种分裂局面使得意大利人陷入经济贫困和政治动荡之中。

然而，情况并非一直如此。在中世纪，意大利人曾经建立过基督教世界中最为先进的政治结构。1100 年左右，意大利半岛出现了两个截然不同的政治制度，它们都具有创新精神，都注定要产生深远的社会、经济和政治影响。

> 11 世纪，在意大利半岛全境，历史悠久的帝国政治体系——南方的拜占庭、北方的德意志，都经历了一段负荷沉重日趋衰败的历史时期，最终实际上崩溃了。这使得主动权落到了地方势力手中。在南部，中央政府的解体过程相对短暂，一个强大的诺曼王国在拜占庭和阿拉伯人的基础上逐渐形成了；在北部，复兴帝国权力的企图都归于失败，地方独立自治的原则几乎大获全胜。正是在这一地区，从罗马到阿尔卑斯山，独特的意大利中世纪社会得到了最充分的自由发展。在那里，自治城镇实际上成了城市国家，因此，我们不妨把这一地区称为公共的意大利。[2]

南方的新政权，是由来自北欧的雇佣军建立的，其核心是西西里。这一政权在行政和经济上都极为发达。“1130 年，诺曼统治者罗杰二世（Roger Ⅱ）大帝统一了西西里、普利亚和卡拉布里亚地区。他保留了以往拜占庭和穆斯林统治者的制度，特别是那些有效的税收制度。”[3]在经历了一段时间的动荡之后，其继任者腓特烈二世（Frederick Ⅱ）在意大利教皇国以南全境重建了统治，并施行了一种明智的和广受推崇的混合体制，它“结合了希腊官僚制和诺曼封建制，并较以往更完整地融入一个统一的国家之中”[4]。1231 年，腓特烈颁布了一部新宪法，其中包括了七个世纪以来的第一部行政法汇编，它是后来遍布欧洲的中央集权专制国家之众多准则的雏形。腓特烈的宪法，表达了君主垄断正义和公共秩序供给权力的强烈诉求，同时也反映了他们对封建贵族特权的坚决认可。[5]中世纪初，全欧洲都深受暴力困扰，无政府状态泛滥，在这样一个霍布斯式的世界里，建立社会秩序是统治的至高无上的问题。

在宗教上，诺曼王国实行了宽容政策，赋予穆斯林和犹太人信仰自由，这在当时是极不寻常的。在诺曼国王的庇护下，希腊、阿拉伯、犹太、拉丁和意大利的本土艺术、建筑和学术研究，出现了空前的繁荣，其声名之大，以至于人们有时将从罗杰二世到腓特烈二世这段时期的诺曼王国称为“学者共和国”。1224 年，腓特烈在那不勒斯建立了欧洲第一所国立大学，学位候选人在那里被培养成文职官员。诺曼王国的文官制度，是由罗杰在 12 世纪创立，由腓特烈进一步完善的。“在其巅峰时期，诺曼西西里拥有着西方各王国中最为发达的官僚制度。”[6]

在经济上，诺曼王国拥有几个兴旺的商业城市，包括巴勒莫、莫西拿、萨勒诺、那不勒斯、巴里和阿莫非。腓特烈扩建了那里的港口，建立了海军和商业船队。他坚持国家垄断王国的大部分商业（与他的专制目标一致），这一政策在未来对国家并没有什么益处。腓特烈既是一个富有创造性的统治者，也是一位军事外交家、天才的鸟类学家和才华横溢的诗人，他被同时代人视为“世界的奇迹”。[7]“到 12 世纪末，控制着地中海航线的西西里，成为欧洲最富裕、最先进和组织最严密的国家。”[8]

然而，在社会和政治制度安排上，南方当时是，以后仍然是，完全的专制国家，它提供了一种权威模式，这一模式由于腓特烈的改革而得到了加强。腓特烈的宪法再一次确认了贵族拥有的全部封建权利，并且宣告，质疑统治者的决策是一种“亵渎行为”。“腓特烈的法律，以其广泛性和详尽性，尤其是其有关王室权威的概念，突出了西西里在西欧的独特性。统治权是皇帝从上帝那里得到的。”[9]像其前任罗杰二世大帝一样，腓特烈对国王的地位有着玄秘的和半神性的解释，其统治建立在敬畏之上，并与恐惧，间或还与残忍相伴。当他向北方城市发动军事进攻时，他认为，这是要教训那些“选择某些含糊而奢侈的自由而舍弃稳定的和平”的人。[10]

南部的小城镇也曾表现出了某些自治的愿望，但很快就被纳入诺曼王国之中，被压制在只对国王负责的中央和地方官员的网络之下。贵族尽管同市民一样，受到皇家行政体系的控制，但他们提供了政权的核心支柱——军事力量。“封建的”“官僚的”或“专制的”，哪一个词能最准确地描述诺曼王国，历史学家在这一问题上争论不休。实际上，最佳的判断是，它包含了上述三方面的浓厚成分。在这一王国里，无论什么时候，城市自治的星星之火一旦出现，立刻就会被扑灭；工匠和商人的公共生活受到来自中央和上面的管理，而不是（像在北方那样）内部的调节。正如丹尼斯·麦克·史密斯（Denis Mack Smith）所总结的那样：

> 西西里的确是一个相当富裕的地区，人们或许曾经期望它有着活跃的城市生活，但是，实际上，它对诸如独立城市一类的事情毫无所知，这些独立城市存在于意大利北部。也许，这种状况只是简单地表现为缺乏民间企业，但是它反映了这样一个事实：诺曼王室太专制，太强大了，它无须鼓励城市去反对贵族……腓特烈把城市与国家绑在了一起，尽管也许看上去这是为了政治而牺牲经济，但是，西西里的历史告诉他，繁荣来自强大的君主政体。在某种程度上，腓特烈是正确的。只是随着时间的推移，当意大利其他沿海地区变得越来越富于冒险精神、越来越富裕时，历史的发展将要表明，西西里的经济发展受到了制约。[11]

腓特烈去世之后，王室权力开始衰微，南方的贵族得到了权力和自治，但是南方的城镇却没有得到这些。岁月流逝，世纪更迭，陡峭的诺曼社会等级制日益控制在拥有封建权力的土地贵族手里；而在底层，广大人民群众悲惨挣扎，几近生命的极限。在这两个社会构成之间，蜷缩着一个弱小的、基本上无能为力的中产阶级，其构成是行政官员和专业人士。在以后的七个世纪里，意大利南部成为诸多外国王室（主要是西班牙和法国）激烈争夺的对象，尽管如此，那里的等级制度在本质上并没有什么改变，无论其君王多么开明，诺曼政权仍然是一个封建君主政体。实际上，在腓特烈后来的继承人中，开明者要大大少于贪婪者。

与此同时，在意大利北、中部的城镇——“封建沙漠里的绿洲”[12]，情况正相反，一种前所未有的自治形式出现了。相对于欧洲中世纪其他地方的基于采邑的领主—农奴的封建制，这种自治城市的共和制逐渐成为另一种重要的选择。在谈到意大利这一地区时，著名历史学家弗里德里克·莱恩（Frederick Lane）这样写道：“从12世纪到16世纪，意大利社会区别于欧洲其他地区的最显著特征就是，人们能够参与决定他们生活的立法和决策的程度更高，这种参与主要是通过说服来进行。”[13]

新出现的共和制政权，如同腓特烈二世的专制政权一样，也是应欧洲中世纪特有的暴力和无政府状态而生。在意大利，从南到北，贵族家族之间的血腥残杀，使得城镇和村庄变得一片荒芜。然而，北方人的解决办法却大大不同于南方，他们更多地靠横向的合作，更少地靠垂直的等级制。北方的自治城市起源于由众多邻里街坊组成的自发组织，这些邻居起誓，为了共同安全和经济合作而互相提供帮助。“把那些早期的自治城市描述成私人联盟，可能是走得太远了，因为自治城市从一开始就必须包含有公共秩序在内，但是，它们的确主要关心其成员的安全和他们的共同利益，而且与旧政权的公共机构没有有机的联系”。[14] 到12世纪，佛罗伦萨、威尼斯、博洛尼亚、热纳亚和米兰，几乎所有意大利北、中部的大城镇，都出现了自治城市，它们都植根于那些年代久远的原始的社会契约之中。

在现代意义上，正在出现的自治城市并非是民主的，因为只有一小部分居民是正式成员。[15] 实际上，共和制的一个显著特征就是，农村贵族被城市贵族接纳了，从而形成了一种新的社会精英。然而，不论以什么标准来衡量，当时大众参与政府事务的程度都是极高的。丹尼尔·韦利（Daniel Waley）把自治城市描绘为“委员的天堂”。据他讲，锡耶纳，一座大约有 5 000 名成年男人的小镇，拥有 860 个市政公职；而在更大的城镇，市政会可能有数千成员，其中许多人积极参加各项议题的审议。[16] 在这一背景下，“城市共和制的成功与否，取决于其领袖们是否乐意与他人在平等的基础上分享权力”[17]。自治城市的行政领导是根据一定程序由选举产生的，这些程序因城镇而异。[18] 城市共和国的管理者们承认，他们的统治有着合法的界限。“共和国颁布了详尽的法律，以制约因权力过大而出现的侵权现象。”[19] 从这个意义上说，城市共和国的权威结构，在本质上，要比同时代欧洲其他地方的政权，当然包括意大利南部在内，更为自由和平等。

随着城市生活的发展，手工艺者和商人组织起了同业公会（即基尔特），以提供自助和互助，其宗旨既是严格为本行业的，也是为社会的。[20] “最早的同业公会法规出现在维罗纳，时间从 1303 年算起，但是，它明显地借鉴了更为古老的法规。其成员的义务包括，'危难时刻，兄弟互助'，'走街串巷时，要善待陌生人'……以及'遇有老弱，予以关怀。"[21]"谁违反了法规，谁就会受到大家的抵制，被社会流放。"[22]

不久，这些公会就与其他市民一道，开始施加压力，要求进行更广泛的政治变革，实施"某种能确保秩序——即'城市的安详与和平'的代议和控制制度"[23]。

> 13世纪上半叶，同业公会成了激进政治运动的核心，它们寻求在自治城市中，实行比以前更广泛的权力分配……它们赋予"人民"一词以更强烈的民主色彩。到1250年，在主要城市的宪法中，人民已经取得了统治性地位。[24]

由此看来，就在腓特烈二世在南方加强封建权威的同时，北方的政治权力开始大量地扩散到传统精英阶层之外。例如："1220年，在摩德纳市政会，已经有了不少手工艺者和小店主，包括鱼贩、裁缝和废品收购商等。当然，还有很多总是少不了的铁匠。"[25]意大利北方实行的城市共和制，为公共政策的制定拓宽了大众参与之门。在中世纪的世界里，这是独一无二的。

这些政治变化只是更大变迁的一部分，"伴随着城市、同业公会和商业合作的兴起，生活中的联合和交往蓬勃发展……这些新的团结形式具有更强烈的平等感"。[26]除去同业公会外，各种地方组织在地方事务中也开始起决定性作用，如邻里组织、掌管地方教会财产并选举牧师的教区组织、实行互助的宗教团体、由庄重誓言维系的政治性和宗教性派别，以及提供共同安全的保护者协会。[27]

这些社会各领域中的组织，其成员的互助誓言，听起来极像我们前面所引述的维罗纳同业公会誓言。1196年，在博洛尼亚，一个由权贵组成的保护者协会成员宣誓，"要用我们的堡垒和公共房屋来互相帮助，要不带欺骗和真心实意地……我们发誓，我们当中的任何人，都不会直接或通过第三方来与他人对抗"。在博洛尼亚众多自发的邻里组织中，有一个叫做"利剑"的协会，其1285年的条约这样写道，协会成员"应当互相保护，防备所有的外人，无论是来自本城内部还是外部"。在这些宽泛的承诺后面，都会附有关于组织程序的详尽描述，其中既包括解决成员内部争端的程序，也有诸如法律援助一类成员能够得到的实际帮助。[28]“在这些更为复杂的共同体内部，以及共同体之间，冲突不可避免地出现了。这呼唤着经验丰富的领袖们、调停人和政治家的出现，甚至是公民道德的更新、以避免新社会在两败俱伤的内讧中四分五裂。”[29]丰富的组织生活网络和新的共和国道德观，赋予中世纪意大利城市一种独特的品质，它恰好类似于我们在前面章节所说的“公民共同体”。

在这些城市共和国里，公共行政管理被专业化了。各城市政府的专家们在诸多领域都建立了极为发达的制度，例如公共财政（其中包括可讨价还价的长期公共证券市场）、土地开垦、商业法规、会计、行政区域划分、公共卫生、经济发展、公共教育和社会治安等，他们还建立了政府的各种委员会，并经常与临近城市的同行们交流经验。博洛尼亚以其著名的法学院，扮演的角色相当于“意大利自治城市中的首都，它的非正式的卓越地位，不是建立在暴力或财富之上，而是基于思想上的领导”。[30]由选举产生的具有一定任期的市政长官，开始在城市事务中起关键性作用。他们受过专业训练，身兼法官和行政官二职，巡回于城市各地。[31]

在这些城市共和国的生活中，契约和合同是重要组成部分，大批的公证员、律师和法官出现了，他们记录、解释和执行这些约定。据估计，在博洛尼亚大约 5 万居民中，有 2 000 名公证员。[32]无疑，这一数字表明这些城市中有动辄争议的倾向，但是，在更为本质的意义上，它体现着人们对书面协议，对谈判，对法律的不同寻常的信任。当时，在欧洲其他地方，人们还只能依靠暴力和家庭步出集体行动的困境，而意大利城市国家的公民已经设计出了一种新的集体生活组织方式。这最清楚不过地凸显了这些城市共和国的独特贡献。

在意大利的城市共和国中，教会的权威处于最低点，其原因并非是世俗性取代了宗教虔诚，而是世俗组织和联盟代替了教会的等级制：

> 市民们往往就像对待他们的世俗政府一样，把教会实际上视为一种地方事物。但是他们并不挑战教皇理论上的至高无上地位……在他们看来，牧师并不比其他人更优越，其主要职责应该是服务于共同体，满足它们的精神需要……然而，人们不应该由此认为，意

> 大利人的宗教热忱衰退了。实际上，14—15世纪是意大利历史上极为虔诚的时代，只不过意大利人的宗教虔诚具有一种特别的品性。在普通信徒自发组织的、旨在将敬神演出和礼拜活动结合起来的团体中，这种虔诚找到了自己的表达方式。[33]

这些新的发展趋势使得公民的奉献精神空前高涨：

> 在阿尔诺河两岸，在波河附近地区，在威尼托区和利古里亚区，公民们把对自己城市、对决定自己政治命运的地方机构的忠诚放在了首位。这种情感在文艺复兴之后依然存在……从自治城市出现之日起，人们就通过结社和联盟建立了秩序，找到了保护者。随着城市的扩大，市民的生活与地方政府的决策日趋紧密相关。人们把自己尘世的和家庭的命运与城市的命运连在一起，这种感情如此之炽热，以至引起了无比强烈的爱与恨。[34]

与城市共和制的扩展紧密相连，商业也出现了高速发展。随着城市公共秩序的建立，大胆的雄心勃勃的商人们也扩大了自己的贸易网络，最初是在各城市国家的周围地区，然后逐渐延伸到已知世界的最边缘地带。“这些商人，世界贸易大师，欧洲资本主义的创始人，把他们的贸易帝国扩展到从中国到格陵兰岛的广大地区。”[35]为了让这一复杂的市场体系得以发展，商人共同体的紧密结合是至关重要的，它能维系法律的和半法律的制度，以便解决争议，交换信息，共担风险。[36]贸易带来的繁荣，反过来促进了共和国公共制度的形成，维系了它们的存在。“13世纪，十个同业公会基本上接管了佛罗伦萨政府，其中有七个是出口商。”[37]

商业的发展对共和国的经济极为重要，其基本制度——市场、货币和法律，复兴了古典时代一度相当发达的惯例。然而，另一种重要性毫不逊色的经济制度却是崭新的：在中世纪意大利共和国中，信用制度出现了。[38]就在意大利南方的诺曼王国，在社会和政治等级制的基础上，享受新的经济繁荣的同时，北部城市共和制为世界历史上一次伟大的经济革命奠定了基础。这次革命的重要意义，(在某些历史学家看来)只有新石器时代的永久定居和后来的工业革命，可以与之相提并论。

“信用的巨大增长是这一转变的核心。”[39]以往的时代，无论多么伟大或平庸，在储蓄和投资之间，都只有最为原始的联系机制，这制约了经济发展的前景。在没有信用的情况下，单个的家庭或许也能积累起巨大的财富，国家或许也能通过税收和投资于大型的公共工程，比如说金字塔和巴特农神庙，来实施强制性财富积累。但是，在个人储蓄和独立投资者之间的高效率中间环节被设计出来之前，私人资本积累的巨大力量，是无法被经济增长利用的。实践证明，城市共和制之独一无二的历史背景，是信用这一重大社会创新得以成功的关键。

与西西里王国以土地为基础的财富不同，北方城市国家不断增长的繁荣植根于金融业和商业。[40] 金融业和远程贸易依赖于信用，而信用的有效率供给，则需要相互之间的信任，需要双方确信有关的合同和法律会得到公正的执行。[从词源上说，credit（“信任”）是从 credere（“去相信”）演化而来的。] 在北方城市中出现的共和国制度、各种组织网络以及超越亲属纽带的扩展了的团结，对于增加人们的相互信任，增强人们对合同和法律公正性的信心，是至关重要的。我们将在下一章中对有关的成因进行更详尽的探讨。

在北方极具公共精神的城市土壤上，涌现出无数商业惯例上的创新，它们推动文艺复兴时期的佛罗伦萨及其邻邦的公共和私人经济走上富裕之路：

> 信用的扩展和合同的增加，是意大利北、中部城镇在 11 世纪和 12 世纪经济起飞的重要特征。在热纳亚、比萨、威尼斯，以及稍晚些的佛罗伦萨，致力于集资和创立商业伙伴关系的新的法律举措开始时髦起来。毫不奇怪，这些合作性契约是在家庭纽带上嫁接出来的……但是，到了 12 世纪，更为灵活的合同安排出现了，外来人的参与受到了欢迎。远程运输公司、储蓄银行、信用货币和信用函的出现，反映了这些新的变化。这些新的经营规则和商业组织，降低了风险，增加了合作和盈利的机会……从利率的下降和储蓄及银行转账的上升，我们可以觉察到这种信托的扩大。当时，在意大利北、中部城市中，借方和贷方之间的合作态度，变得越来越普遍。[41]

通过这些和其他一些机制，即便是小储户也能够向大型商业企业投资：

> 11世纪以降，欧洲经济史的一个基本事实就是，储蓄之被用于生产，达到了以往世纪所无法想象的程度……除去明确的法律义务外，正是那种广泛存在的，由对统一共同体的归属感所强化的诚实，使得所有人能够将其积蓄用于生产过程之中。[42]

总之，在中世纪意大利北部的城市共和国，各种有关公民参与的规范和网络，使得政府行为和经济生活上出现重大改进成为可能。（在这种独一无二的社会环境中，政治和经济的根本制度出现了革命性的变革，这些政治和经济上的发展，以其横向的合作和公民团结的纽带，反过来又促进了公民共同体的成长。）

但是，无论是对自治城市的平等，还是对它们在解决社会冲突和控制暴力上的成就，我们都绝对不能夸大其词。那里人口的一半左右还住在贫民窟里。[43] 在整个中世纪，贵族阶层虽然越来越多地融入并且从属于共和国生活，但依旧是社会的重要组成部分。在威尼斯和佛罗伦萨等共和城市里，寡头家族依然在生活中扮演着重要角色，尽管他们的权力不似在南方那样不受限制。贵族仍然保存着自己的附庸，各种派别林立，族间仇杀和暴力（包括低烈度游击战争）从未间断。博洛尼亚和佛罗伦萨的碉堡及壁垒森严的宫殿提醒着人们，即便在最成功的城市中，依然存在着严重的社会不平等和社会治安问题。

意大利城市共和国的社会流动，高于当时欧洲所有其他地方。而且，集体的团结精神在维护公共秩序方面发挥了作用，这使得这些城市显得独树一帜。例如，1291年，一个不知名的编年史者这样简洁地写道："在帕尔马出现了一场骚乱，四大行业（屠户、铁匠、鞋匠和皮匠）出面，与法官和公证人及其他行业同仁一道，宣誓自卫，并且制定了一些规则条款，骚乱立刻停止了。"[44]

因此，可以说，到14世纪初，意大利创造出了两种各具社会和文化特性的政治治理模式：南方著名的诺曼封建专制制度，北方富饶的城市共和制度。"意大利人是政治统治艺术的典范，一般说来，在干预市民生活方面，相较当时欧洲其他国家，意大利诸国的官僚权力都要更大些，不论是从善还是作恶"。[45] 如同在政治领域一样，在经济和社会生活方面，无论是君主制还是共和制，都跨越了集体行动的困境，都解决了集体生活的问题，而这些困境和问题，在欧洲其他地方则窒息了社会的进步。意大利在欧洲的领导地位，不仅体现在政治上、经济上和艺术上，也体现在人口上：南方的巴拉莫，北方的威尼斯和佛罗伦萨，人口都超过 10 万，是当时欧洲最大的三座城市。[46]

然而，北方和南方创造出的制度，在结构上和产生的影响上是截然不同的。历史学家约翰·拉纳（John Larner）得出这样的结论："在这里，双方面对的是不同的社会、不同的生活方式。"[47] 在北方，封建的人身依附关系减弱了；在南方，它们却得到了加强。在北方，人们是公民；在南方，他们是臣民。北方的合法权利"只是（由共同体）授权给政府官员的，他们要对授权的委托人负责"。[48] 南方的合法权利则是由君主垄断的，君主只对上帝负责，尽管君主可能也赋予官员以行政职责，也确认核准贵族的特权。在北方，尽管宗教的情感依旧强烈，但是教会只是诸多公共机构之一；在南方，教会是封建等级中强大而富裕的所有者。[49] 在北方，重大的社会、政治甚至宗教上的忠诚和联合，都是横向的；而在南方，它们却是垂直的。合作、互助、公民承担义务，甚至包括信任，这些都是北方的显著特点，它们当然并非无所不在，但却比同时代欧洲其他任何地方都更多地超越了亲属关系的界限。相反，南方的主要优点则是，在潜在的无政府状态之上建立了等级制度和秩序。

中世纪的首要社会问题，就是公共秩序，这也是任何进步所必不可少的。当时，盗窃和抢劫盛行。安全与保护，既可以由专制的君王或地方头号强大的贵族来提供，就像在诺曼王国那样；也可以通过错综复杂的大致平等者之间的互助协议来寻求，城市共和国就采取了这样一种比较复杂的战略。与基督教世界的其他地方相比，这两个政权都创造了繁荣，都提供了有效率的政府管理。但是，到了 13 世纪，南方的、等级制的解决集体行动困境的方法，已经开始暴露出其局限性。就在一百年前，人们还普遍认为南方像北方一样发达，而现在，城市共和国正在快速超前。北方的这一领先地位在以后的几个世纪中将持续扩大。在封建的意大利和共和的意大利之间，由共同体生活和社会结构上的差异导致的不同后果，正在全面显现：

> 在封建的世界里，普遍盛行的是垂直的制度安排，人与人之间的关系是由这样一些概念所决定的：采邑与服务；分封与臣服；贵族、封臣及农奴。在城市里，则出现了横向的制度安排，其特性是合作和平等。同业公会、兄弟会、大学，以及集同业公会之大成的全体市民之誓盟，都是由新的观念所建立的机构，它们反映了崭新的理想。[50]

14 世纪，宗派之争、饥馑、黑死病以及百年战争，开始侵蚀城市共同体的精神，破坏共和政府的稳定。黑死病的破坏力是空前的，在 1348 年残酷的夏天里，意大利 1/ 3 以上的人口，也就是城市人口的一半以上，死亡、消失了。接踵而来的周期性流行病，使经济严重萧条长达一个多世纪。城市共和国的领袖们也未能幸免，在 1348 年 6 月底当选的奥维多七人委员会中，有六人到 8 月时去世了；类似的大规模死亡在其他城市也有发生。锡耶纳的大教堂，在鼠疫来临时，刚建成一半，以后就一直维持原样不变，成为一个沉默的见证物：黑色鼠疫是多么彻底地削弱了城市的活力，摧毁了市民的生活。[51]

不仅如此，城墙之外范围更为广泛的宗教和军事力量之间的冲突，在共和国内部也不断产生反响。“城市的历史，除去混乱，很难找到别的词来形容。因为，这些城市试图在一个保存大量等级制度的社会里，将政府的运行建立在政务会的原则之上。”[52] 在归尔普派（教皇派）和吉柏林派（皇帝派），以及一百多个其他家族之间，无处不在的较量和斗争，在无尽的阴谋和间或的血腥中进行。个别专制君主及其家族依靠雇佣军，取得了政治统治地位。这些新的暴政“持续得非常长久，由中世纪的专制君王，不露痕迹地转变为文艺复兴时期的最高统治者”[53]。

14 世纪初，在建立了两百多年后，城市的共和政府开始屈从于专制君主的统治，当然，这些君主常常继续对共和政府的形式和理念表示效忠。[54] 在这幅衰败的景象中，有片城市地带却置身其外，它北起濒临亚得里亚海的威尼斯，穿过艾米利亚区和托斯卡纳区，南抵意大利中部紧靠第勒尼安海的热纳亚。历史表明，这一地区的共和传统比更北部的其他地区浓厚稳固。[55]

正如密涅瓦智慧之鹰只在黄昏时起飞一样，政治哲学家也只是在城市共和国消亡之时才开始阐明公共生活的基本美德。城市共和制的命运，激发了以马基雅维利为代表的文艺复兴时期的政治理论家们。(他们开始思索共和政府稳定的先决条件，并将注意力特别集中在公民的品质，也就是他们的公共品德之上。)

这些理论家的论述，与我们对制度成败的探讨，有着极大的相关性。马基雅维利指出，共和政府（尽管在那些可行的地方是最吸引人的政府形式），在社会条件不适宜的地方注定要失败。在人们缺乏公共品德，社会和经济生活以封建方式加以组织的地方，“从来都不会出现共和的或其他公共形式的政治生活，因为，在这样的环境下生长的人们，对任何形式的公共政府都会持有完全的敌意。在这些地方（诸如那不勒斯），没有任何建立共和国的尝试能够取得成功”。与之相反，在马氏的家乡托斯卡纳，社会条件非常有利，“以至于任何一个熟悉古代城市政府形式的智者，都应该能够轻而易举地为当地制定公共宪法”。马氏所使用的篇章名，恰如其分地总结了我们或许可以界定为“城市共同体铁律”的东西：“在大众没有堕落的国家里，对事务的管理是极为容易的；在存在平等的地方，不可能建立最高权力，而没有最高权力，就无法建立共和国”。[56]

马氏、圭西阿蒂尼（Guicciardini）和其他一些理论家的著述，“表达了对这样一种特别政治共同体的情感：它是具体的、带有连续性的实体，独立于任何既定时代的人和政府，值得人们付出自己的爱、忠诚和支持”[57]。这种有关公共生活的意识形态，其核心是这样一种理想，“模范公民，在城镇和乡村里管理自己的事务，并且尽职尽责地参与国家事务的管理”[58]。

与此同时，到了13世纪，在从南方的西西里王国到北方的城市共和国之间的土地上，罗马教皇建立了世俗统治。在这片领土上，教皇行使着封建君主的权力，他在封地上任命诸侯，以换取他们的效忠。教皇的统治，与诺曼王国对南方的统治相比，中央集权程度要低一些。[59] 从1305年到1377年，在阿维尼翁教皇统治时期，教皇那多少有些雄心壮志的世俗统治进一步削弱了，在教皇国辖区内，出现了各种各样的社会结构和政治实践。在某些城镇，地方暴君拒绝教皇的干预，在另一些地方，“贵族相互争斗，恣意妄为，对农村实行恐怖统治，匪徒令处处不得安宁”[60]。而另一方面，在北方，教皇的领土名义上还包括几个具有浓厚自治传统的城市，如费拉拉、拉文纳、里米尼，尤其是博洛尼亚。

图 5—1 展示了 14 世纪初的各种政体，它们构成了意大利社会的品性。[61] 该图清晰地显示了意大利半岛上的四个地带，它们不同程度地分别与共和体制和专制体制相对应。从南到北，这些政体分别是：

- 罗马以南地区由诺曼人建立的封建君主制
- 混杂有封建制、专制制度和共和制的教皇国
- 共和制的核心地带，那里的自治城市将共和制度保存到了 14 世纪
- 更北的昔日的共和地区，到 14 世纪，这里沦为专制统治的猎物

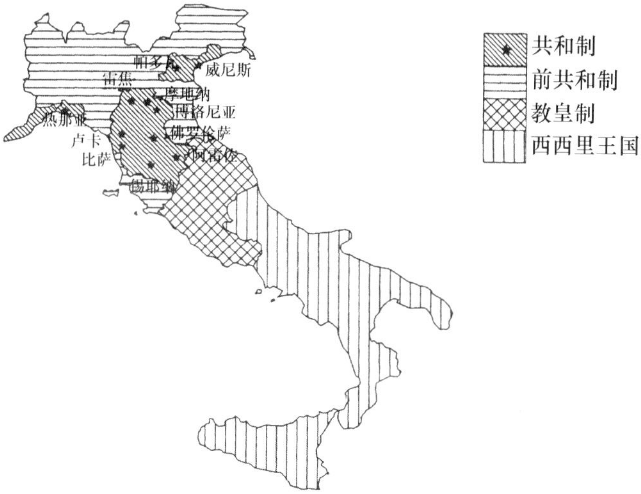

图 5—1 公元 1300 年意大利的共和与专利传统

资料来源：*The Times Atlas of World History*，3rd edition，eds. Geoffrey Barraclough and Norman Stone（London：Times Books，1989），p.124；J. K. Hyde，*Society and Politics in Medieval Italy*：*The Evolution of the Civil Life*，*1000—1350*（London：Macmillan，1973），Map 4；and John Larner，*Italy in the Age of Dante and Petrarch*：*1261—1380*（New York：Longman，1980），pp. 137-150。

此图与有关 20 世纪 70 年代公共规范和网络分布的图 4—4 有着明显的相似之处。以往被诺曼国王们统治的最南部，正好是 70 年代 7 个公共精神最为缺乏的地区。教皇国（除去其北部的城市共和国），恰好

对应于公共精神比南部 7 个区强些的 3 ～ 4 个地区。在标尺的另一端，1300 年的共和制核心地区，不可思议地对应于今天公共精神最为发达的地区。仅次于它们的是更北的地区，在那里，中世纪的共和制传统虽然还存在，但实际上已经有些削弱了。这一有趣的吻合，展现的究竟是真正的历史延续，抑或仅仅是离奇的巧合，为了弄清这一点，我们将对期间 7 个世纪里意大利社会和政治生活的演变进行详尽的考察。

15 世纪和 16 世纪初，更多的苦难降临到了意大利半岛，西班牙和法国等欧洲强国在意大利领土上进行了血腥战争。外部入侵对人口和经济的影响，加之以往的鼠疫和贸易中断的冲击，对北方自治城市的创伤尤为严重。例如，布雷西亚和帕维亚，在经历了一次次攻击和劫掠之后，到 16 世纪初，人口减少了 2/ 3。直到 19 世纪，北方城市的人口才重新恢复到中世纪的水平。相反，南方倒是躲过了这一劫难的大部。那不勒斯的人口在 15 世纪翻了一倍，到 16 世纪上半叶，又增加了一倍多，成为欧洲第二大城市（仅次于巴黎）。与 12 世纪的人口流向不同，16 世纪时，北方凄凉地衰落了，受南方相对繁荣的吸引，许多北方人迁往南部。17 世纪上半叶。正当经济复苏隐隐出现时，新的传染病又横扫意大利。1630—1631 年，中、北部城市的半数居民因瘟疫而丧生，1656—1657 年，类似的情况再次发生。[62]

到 17 世纪，中、北部所有城市都不再实行共和制，许多地方甚至不再是独立的了。城市共和制的衰落，使得意大利半岛出现了一种“再封建化”。商业和金融方面的创新，被土地所有权和懒惰的寄生代替了。地方冲突、宗派斗争、错综复杂的阴谋，凡此种种，标志着社会结构的解体，而就在此时，欧洲其他国家正在走向民族统一。[63]

到此时，在意大利全境，从南到北，庇护—附庸的关系网络，成为专制政治的实现方式。不过，在北方，作为自治城市后继者的保护人，不论多么专制，都依然承担着公共责任。我们今天所说的“艺术赞助人”（patron of the arts），借鉴的就是这个意思。对这一时期意大利中部一座山城的详尽复原证实，尽管地方士绅垄断了政治权力，他们仍然对公共生活给予补贴和资助，他们捐资建医院，兴修公路，捐资给当地的合唱队和乐队，甚至捐资给市政办公室，为市镇办事员补贴工资。共同责任的伦理观念在北方农村也保存了下来，例如，那里传统的邻里换工习俗依旧存在。[64]因此，尽管不平等、剥削和派别冲突在扩大，北方自治城市共和制的遗产，虽然已不再体现在政治制度之中，却依然通过有关公民参与和社会责任的道德理念，通过社会的平等者之间的互助，传承下来了。

此时，北方的权威模式，与南方的封建结构相比，也不再迥然不同。然而，自治城市的光荣历史，由公民参与所带来的活跃的经济生活，在波河河谷和托斯卡纳地区，却部分地存活了下来。18世纪上半叶，当复兴的春风，先是文化上的，后是经济上的，沿半岛悄悄吹来之时，这些地区更容易回归进步之路。几个世纪的外族劫掠、瘟疫和内部纷争，使社会经济一片萧条，尽管如此，在具有城市共和制传统的地区，公共生活的理想却依旧保存了下来。

南方中世纪的政治统治遗产，则提供了另外一种对比鲜明的结果。腓特烈二世的王权，曾经为集体行动问题提供了一种解决方法，但很快就因绝对权力的众所周知的后果而腐蚀了：国王和贵族成了掠夺成性的独裁者。南方的政府依旧是封建的和专制的，零星的反抗和起义只是使它稍微收敛些。这一专制的政治制度，因传统的垂直社会网络而得到了加强。这种社会网络体现了权力的不对称性，代表着剥削和依附，完全不同于北方传统的基本平等者在团结中相互联合的横向组织。在南方，庇护—附庸的政治制度更为因人而异，更为短暂，更具剥削性，更少"公共精神"。

到18世纪，"那不勒斯王国，以其分布于大陆和西西里岛的两片土地，500万居民，成为有史以来意大利最大的城市。但是，在相当长的时期里，它或许也是行政管理最差的，例行公事最多的，办事最为马虎的城市"[65]。与人们普遍的理解正相反，此时南方的都市化一点也不逊于北方，就像它在中世纪最初期和今天一样。[66]1791年，那不勒斯的人口是罗马的两倍，米兰的三倍，都灵和佛罗伦萨的四倍。但是，它是"一个怪异的寄生物，其众多居民要么受雇于王室，要么是神甫，要么是家仆，或者是乞丐。这个城市靠劳作极端过度，生活极端贫穷，没有任何公民权利的农民为生"[67]。在南方的城市中，贵族的权力依然是至高无上的，几乎没有“那种在北方社会中普遍存在的贵族与市民的交往”[68]。

北方的贵族权力长期以来一直受到挑战，已经开始衰落。“南方则相反，‘在 18 世纪的前 10 年，贵族的政治权限和经济力量还基本维持原样不动’。在那里，废除封建制的过程极为缓慢，到 18 世纪末，贵族的权力依然十分强大”[69]。由于所有持续统治南方的王朝实际上都是来自异族，统治者和被统治者的鸿沟更为加深。从 1504 年到 1860 年，意大利教皇国以南全境，都是在哈布斯堡和波旁王朝的统治之下（如安东尼·帕格登所详尽描述的），这些王朝系统地加深了其臣民之间的猜疑和冲突，并且，为了维护垂直的依附和剥削关系，摧毁了横向的社会团结纽带。[70]

14 世纪以后，北方的自治城市共和制黯然失色了。尽管如此，到了 19 世纪，随着即将横扫欧洲的民主革命的来临，富有洞察力的观察家还是会发现，7 个世纪前在中世纪出现的文化和社会结构上的地区差异在意大利依然存在。它们将在极大的程度上决定，统一后意大利各地区如何迎接面临的新挑战和新机遇。我们将在下面谈到这一点。

第二节　统一之后的公共生活传统

19 世纪，在西欧大部分地区，社会的交往和组织生活都处于极度的动荡不安之中，尤其是那些占人口大多数的所谓“大众”阶级的社会交往和组织。古老的有组织的社交形式，如中世纪的同业公会和宗教组织，在过去的几个世纪里，逐渐丧失了生命力。当大众利益和情感真正出现时，它们已经成了以往世纪的残存遗物。法国革命孕育的变革之风，扫除了这一衰败的社会下层结构之大部。受自由放任严峻教义的启示，法国、意大利和其他一些地方的自由派政府，取缔了同业公会，解散了宗教组织，阻止人们复兴任何类似的社会和经济“联合”。为了维持这一新秩序，法国和意大利的官员们严密监视着（而且经常试图镇压），即便像劳动者酒吧一类无关宏旨的有组织的社交活动。

这种铲除社团组织的举动，对欧洲大陆的农村和城镇造成了不小的影响。顺便说一句，同时代的托克维尔著述颂扬美国结社传统，针对的就是这一历史背景。很快，工业革命初期轰轰烈烈的社会变革，使得建立新型社会和经济上的联合和组织，显得更为迫切了。在疾病、意外事故和衰老等传统风险之外，现在又出现了人们所不熟悉的社会危险，如失业以及新兴工业城市令人生厌的陌生感。任何依然居住在这片土地上的人，都无法回避这些新的风险。19 世纪下半叶在农村出现的恐慌，就清楚地表明了这一点。在这样一个动荡和不确定的时代，许多人都想到同志式的组织之中寻求援助和慰藉。如同春风吹绿了野火之后的荒原，新的更有活力的组织开始蓬勃出现，取代了 19 世纪初已经衰败和被取缔的社团组织。

在法国，这种“大众交往的蓬勃发展”（法国著名社会史学家莫里斯·阿居隆语），出现于 19 世纪上半叶。[71] 当时出现的共济会旅舍、大众酒吧、合唱队、宗教兄弟会和农民俱乐部，尤其是提供生老病死保障的互助会，即为明证。许多组织都有着极为详尽的书面章程，并“以注重严格的财政纪律，以及在职责和政治与道德权益上的公平分配而著称。简言之，以注重各方面的效率而享誉于世”[72]。

这些新的组织，其成员绝大多数来自下层阶级，但是，在地方社区中，成员的成分常常跨越了传统的社会等级界限。比如共济会，“大多数成员是‘工人和匠人’，是‘瓦匠、锁匠和皮匠’，而领袖则是一些自由民，更确切地说，是身为知识分子的小资产阶级”[73]。在乡村，社会不平等显然依旧大量存在，然而，由新的结社风气所塑造的社会结构，已经不容易加以分类了：

> 这一社会结构，介于旧式的庇护制度和新的平等制度之间的某个地方……看上去好像出现了从右向左的进步，也就是说，从保守的庇护结构进步到了民主的平等结构，其间穿越了民主的庇护制度（democratic patronage）这一中间阶段。[74]

尽管这些新的社会组织不具有公开的政治性，但是，它们常常与法国某一政治生活倾向有着密切关系。社会互动和组织技巧的运用，开阔了参与者的文化视野，增强了他们的政治意识，从而（最终）促进了他们的政治参与。“那时，对法国的普罗旺斯地区的下层阶级来说，加入组织，意味着学习如何阅读，接触各种新东西，面对变迁，走向自立。或许还不止这些。”[75]这种文化动员在1830年以后的岁月里，直接导致了1848年大规模的政治动员，莫里斯·阿居隆对当时法国南部几个村庄煞费苦心的复原，向我们展示了这一点。

同时期的意大利社会史研究，期待着像莫里斯·阿居隆那样的学者出现。目前，对于19世纪初期的意大利城镇，我们还没有类似的再现当时社会生活的著述。然而，相近的趋势似乎很有可能出现在意大利复兴运动时期，这一运动呼唤人们投身政治行动，并最终在1870年实现了意大利的政治统一。[76]事实上，支持统一的论点大多基于对“结社原则”的诉求，各种民族主义运动（马志尼派、新归尔甫派和加富尔温和派）都强调这一点。各种科学的和职业的组织以及改革团体（尤其是在皮埃蒙特、托斯卡纳和伦巴第等地），要求进行重大的社会、经济和政治上的改革。在1848年流产了的革命中，新成立的组织和团体（包括“秘密社会”在内）与各种报纸是主力军。它们主宰了随后的民族主义大辩论，这场辩论导致了批准统一的1860年公民投票。当时，在大多数城镇，都出现了新型的公民的、慈善的和教育性的组织和团体。[77]

各种互助会在这一时期也得到了发展，它们完全类似于法国的互助会和英国的“友谊社”（friendly societies），成为“结社原则”在意大利统一后的极其重要的体现。在查禁了同业公会和“敬神社”（pious societies）之后，尤其是在1850年之后，“作为组织建构的先行者”[78]，意大利互助会的成立，旨在舒缓城市工匠和手艺人面临的社会和经济苦难。

这些互助会的功能包括：给老弱病残和丧失工作能力的成员提供福利；给丧亡成员家属提供救助；给工伤成员提供补助；给失业成员提供补贴；给去外地寻找工作的成员提供财政支持；给丧亡成员支付丧葬开支；给女性成员提供哺乳和孕期福利；给成员及其家属提供教育福利，如夜校、初级教育、艺术和工艺课程以及流动图书馆等。虽然互助会是应城市工人阶级的特别需要而生，但是，其成员成分和诉求都超越了通常的阶级、经济门类和政治上的分野。[79] 实际上，互助会相当于 20 世纪人们所说的福利国家，只不过在组织上具有地方性，在资金上有所不足，具有自助性质而已。

这些自发出现的组织，与其说是代表了一种理想的利他精神，不如说反映了一种实用主义的未雨绸缪。处境相同者愿意齐心合作，以抵御社会的迅速变迁所带来的风险。互助会的核心是实用性的互惠：你帮我，我就帮你；让我们一起来面对那些任何单独的个人都无法应付的问题。在这一点上，这些新的社会交往形式，让人一下子就联想到七个多世纪前中世纪城市的形成，后者也是用集体行动的组织网络来实现互惠。中世纪最早的自助组织是为解决当时基本的人身安全问题而自发出现的，互助会则是为对付现代社会所特有的经济风险而进行的集体合作。

就在同一时期，合作组织在生产者和消费者中间也开始大量出现，它们通常是由互助会主办的。“像互助会一样，意大利的合作社也是脱胎于保守的自助原则，力图在不对现有经济制度做重大改变的前提下，改善其成员的命运。”[80] 这种新型合作组织遍布经济的各个领域，有农业合作社、劳工合作社、信用合作社、乡村合作银行、生产合作社和消费合作社，后者到 1889 年占据了合作社总数的一半以上。一位细心的研究工人阶级组织的学者总结道：“合作社的多样性，使得意大利在合作的世界里独树一帜。”[81]

当时，在欧洲大部分地区，合作社开始变得流行起来了。但是，意大利的合作社有自己的独特之处，它在乡村目不识丁的农民间的影响就是其一。在北方，许多成立于 19 世纪 80 年代的合作社，“都在歇冬期间从事公共工程”[82]。例如，1883 年，在艾米利亚-罗马涅区，一些无地农民组成了合作社，投标修建土地排水工程。

> 在农村，既有乡村合作银行，也有乳品和酿酒合作社。对那些产品极易腐烂的蔬菜园来说，成立联合销售公司极为必要。在赶集日，农业合作社会雇用一些专家给农民做示范，传授剪接和酿酒技术，告诉他们如何轮种蔬菜。[83]

在 19 世纪最后的几十年里，这些自发的但有组织的社会联合迅速发展了起来。在1870年以后的30年里，互助会的成员增加了四倍多，在世纪之交，人数达到了顶峰。一位学者写道："从1860年到1890年这30年，无疑可以被刻画为互助会的黄金时代。"[84] 可以相提并论的合作社的发展高峰，大概10年之后才到来。

这些合作组织是对以往社会交往组织的继承，其谱系关系常常得到了有意识的和清晰的保存，尤其是在意大利北部，例如利古里亚区阿尔泰瑞玻璃制造业中心的工艺玻璃协会，它是新型合作社中成立最早的：

> 1856年圣诞夜，朱希皮·塞西奥（Giuseppe Cesio）出面，把这一古老行业在阿尔泰瑞的84位匠人召集到一起。他们提议，为了摆脱经济衰退和霍乱病的严重困扰，改善本行业的命运，成立一个合作性组织。他们所提出的详尽阐释宗旨的仪规和程序，让人联想起中世纪的传统。在1000年前后，在阿尔泰瑞出现过一个闻名远近的同业公会，在1823年6月6日卡洛·菲利斯国王查禁之前，它一直在活动。[85]

这些组织公开的宗旨是非政治性的，但是具有重要的潜在政治功能。如同法国的类似组织一样，意大利的各种互助会在形式上也不具有党派性，但有些有模糊的激进和共和色彩，另一些则有各式各样的自由派、社会主义或者天主教倾向。同样，虽然与互助会和新生的工会运动有着多种合作，各合作社组织还是独立于政治党派。尽管有着这种无党派性，参加互助会和合作社，无疑还是具有人们后来称之为"意识觉醒"的效果，例如，在新出现的工会和政治运动中，许多领袖人物都来自互助会和合作社。在20世纪前20年里，在农业和工业领域，工会活动急剧增加。最大的工会联合会具有社会主义倾向，但天主教的工会联合会也很强大，此外，还有众多的独立工会组织。

从19世纪70年代到90年代，"社会天主教"运动催生了大量业余组织，特别是在天主教色彩浓厚的东北部地区。到1883—1884年，最有影响的业余组织天主教唱诗协会，在北部、中部和南部分别拥有993个、263个和57个教区组织。"到1897年，它声称拥有3 892个教区委员会，708个青年分部，17个大学小组，688个工人协会，588个农村小组，24份日报，105种期刊，以及其他众多的组织和活动。"[86] 南方的天主教热忱尽管不输于北方，但其社会天主教的公民组织却明显少于北方，在二战以后的天主教行动中也是如此。[87]

相对于天主教组织，早期的社会主义组织是围绕着工会而形成的：

> 这些工会，或者其分支组织，组织起了住房合作社、商业合作社和教育组织，并且常常出版自己的刊物，兴办自己的娱乐休闲设施……它们向人们展示，所谓的“现代的”社会主义工人运动，浸润了多少马志尼的旧式理想，如地方合作社、自助、还权于世俗和互助等。[88]

尽管男子普选权直到一战才开始实施，但是，在世纪之交，意大利已经出现了几种大众政治力量。在新兴的政党中，数社会主义运动规模最大，最为活跃，其力量在新兴的工业化地区，在那些利用了当地农民和佃农集体抗议传统的农村地区，都有所发展。在这些新的政治动员中，不断趋于进步的天主教运动也是一支重要力量，尤其是在东北地区，那里的业余组织在过去的20年里一直是最为活跃的。1919年，就在战后首次选举前夕，天主教运动正式组建了大众政党（panito popolare）。社会主义和天主教政党的选举力量，共同代表着对传统政体的有组织的大众反抗。一战后、法西斯主义到来之前，就在实行男子普选权不多的几年里，它们达到了巅峰。

社会主义和天主教政党，都继承了社会动员的传统，利用了低层的组织结构，借助了互助会、合作社和工会的力量。在米兰一个叫做西斯托·桑·乔瓦尼的工业郊区，存在着两个强大的对立的社区网络，一个属于天主教，一个属于社会主义，它们都有各自的住房和消费合作社、教育和体育组织、乐队和合唱队。[89] 在争取意大利大众选民的忠诚上，它们是天然的对手，每一方都有自己特定的地区性阵地。一般说来，社会主义政党及其附属的劳工组织，在米兰、都灵和热纳亚附近的工业化地区蓬勃发展；而天主教政党及其附属工会，则在农业地区更为强大。这一对立构成了二战后意大利政治社会的主要图景，其核心是两种“制度化传统”或者说“亚文化”之间的冲突，即红（社会主义政党）与白（天主教政党）。[90]

然而，就某些方面而言，这种红白之分不尽正确。尽管二者互相对立，但是，这两个大众政党，在集体团结和横向合作等古老传统方面，却有着共同的社会学根源。在19世纪和20世纪之交，它们都与当时的权威斗争过。在那些当权的保守派联盟——基于与地主和官员等有权势的社会精英的委托关系——极为强大的地区，它们的力量都极其薄弱。在意大利基层政治中，除了社会主义和天主教组织，盘根错节的垂直的庇护—附庸网络也是人们一种主要的选择。在近半个世纪里，这一网络构成了国家庇护（通过地方贵族）与选民相互交易的过渡体制之基础。二战后，这些庇护—附庸网络，尽管不断被组织到群众性政党之中，但是，在那些缺乏公民传统的地区，它们依然构成了权力的主要结构。[91]

互助会、合作社和其他公民合作组织，尽管在整个半岛和各经济领域都有所存在，但并非同样的成功和普及。在意大利北、中部，也就是五个世纪前城市共和国持续最久的地区（20世纪70年代公共精神最强的地区），即便是在最贫穷的农民之间，中世纪的合作传统依然继续存在。“社会和经济义务的重要网络，是由对邻里情谊的共识形成的。在邻里之间，互助和劳务互换持续存在”[92]：

> 事实上，佃农家庭形成了丰富的交换和互助网络，其中最普遍的就是一种叫做埃乌塔雷拉（aiutarella）的互助形式，佃农在农忙时互相换工，例如打谷季节。在文化层面，也有一种重要的交往形式，叫做维格利亚（veglia）。在漫长的冬夜里，佃农们聚集到马厩、牛棚或者厨房灶间，玩牌游戏，编织缝补，说书听乐。参与维格利亚，不是按照家庭划分……人们轮流做东，并依复杂的规矩互相造访。[93]

形成鲜明对比的是，1863年一份来自卡拉布里亚的报告显示，在那片被封闭在南部专制主义统治传统中的荒芜土地上（注定在20世纪70年代名列公共精神地区排行榜末端），“没有任何组织，没有互助，一切都是孤立的。维系社会的只是天然的公民和宗教纽带。没有任何经济联系，家庭间或个人间，以及他们和政府之间，没有任何联合或合作”[94]。

在意大利那些长期受到专制统治的地区，国家的统一并没有给人们输入多少公民习惯：

> 在所有阶层中，共同体感的缺乏，其根源都在于，人们在长达数世纪的专制统治中养成了不服从的习性。甚至连贵族都习惯于阻碍公务，以为只要能够取得成功，完全可以在不违背道德的情况下去欺骗政府……人们并没有意识到必须交税，反而采取了这样一种态度：如果一些人发现逃税有利可图，其他人最好也去关照一下自己的利益。因此，每一个省、每一个阶层、每一个产业，都在谋求牺牲共同体的利益以使自己获益。[95]

南方的农业，尽管土地的持有如百衲衣般纵横交错，有代表性的还是由贫穷农民耕种的大庄园。[96]

> 为了在大庄园里获得一片好地，为了那些现有的贫瘠资源，农民相互之间始终在不停地竞争。对他们来说，庇护人和附庸者的垂直关系，巴结和奉承地主，远比横向的联合更为重要。贝维拉克瓦（Bevilacqua）对1880—1920年那一段历史有过这样一段描述："农民阶级更多的是自己相互斗争，而不是与农村其他社会阶层对抗。这种相互较量根源于在经济、心理和文化上反复出现的真实的悬殊差别。"这样一种态度能够取得优势，这只能在猜疑占据主导地位的社会背景下得到理解……历史的重负，再加上1860年后国家权威的失败，以及农民与地主关系的灾难性恶化……使得社会中的公共信任降到了最低程度。"老实人招恶报"，这是卡拉布里亚地区一句有名的谚语。[97]

在南方地区，这种原始的互不信任撕裂了社会组织，我们还可以找到许多类似的谚语：

> - 谁相信别人谁该死。
> - 别借钱给人，别给人礼物，别做善事，否则到头来会对你不利。
> - 人人为自己，人人骗人人。
> - 邻里失火，备水自家。[98]

总之，在意大利南部，正如帕斯奎尔·维拉里（Pasquale Villari）1883年所说："人们考虑'我'太多，想到'我们'太少。"[99]

贫穷加上互不信任，阻碍了横向合作的发展，培植了一种班菲尔德所说的“非道德的家族主义”[100]。西德尼·塔罗写道，“在过分拥挤的大庄园经济中，村庄空地就是寻找工作的场所，少数幸运儿能在这里找到一天的活计，其他受苦受难的邻居则在一旁眼巴巴地望着”[101]。“人们之间开始出现差异，他们发现，为了获得工作，为了有一小块地种，需要越来越多地与他人进行痛苦的竞争。他们因而越来越少地参加阶级合作，参加集体生活，似乎只对自己和家庭的发展感兴趣”[102]。而在艾米利亚-罗马涅地区，没有土地的农民面临同样的困境，但是他们却组织起了自愿合作社，谋求共同工作。

正如塔罗等学者所强调的，南方人那时并不是（现在也不是）对政治不感兴趣，孤僻不合群。[103]相反，政治上的精明和社会关系，长期以来一直是在这片忧郁的土地上生存的关键因素。南北方的区别，不在于是否有社会联系，而是垂直的依赖和剥削性联系与横向的互相合作联系之分。南方人，不论是农民还是城市居民，不论是在16世纪古老的哈布斯堡王国，或者19世纪新兴的意大利王国，还是（如同我们在前面几章里所述）20世纪晚期的地区政治中，都是在庇护和附庸制（clientelism）的垂直联系中寻求保护，这种庇护和附庸制被用来服务于经济和政治目标。

> 附庸制是社会缺乏有机联系的产物，它往往维持了社会的分裂和无组织状态……图里奥（Turiello，一位研究19世纪80年代意大利南方的细心学者）一再谈到“个人的极度孤立”，这些个人不受家庭以外的任何道德约束，视附庸制为消除社会分离的独特举措。他写道，在这个自身分裂长达数世纪的市民社会里，附庸制是唯一显示出实际运转活力的社会联系，在这种联系中，人们的联合不是建立在相互信任的基础上而只是出于需要不得已而为之。[104]

统一的民族国家的新制度，不仅没有使各种传统政治模式趋同，其自身反而无可奈何地尊奉于那些对比鲜明的不同传统，就像1970年后地区政府受到同样的社会和文化背景重塑一样。

> 19世纪70年代，可以说，意大利最发达的省份已经开始通过自由的制度和结社来表达自己的要求和愿望，如农业协会、互助会、商会和储蓄银行。而南方省份则更愿意利用个人关系或者是议会和市政府里的代理人。[105]

在南方，城市的职业阶层获得了公共土地和被意大利新国家没收了的教会财产。封建贵族，再加上一些来自职业阶层的人士，利用控制国家资源的特权和私人暴力，加强了统治和人身依附的垂直联系，阻挠横向的联合。[106]一位名叫莱奥波尔多·弗兰凯蒂（Leopoldo Franchetti）的具有公共思想的托斯卡纳地主，1876年写了一本书，分析总结了西西里的社会状况：

> 土地阶级把自己的统治建立在各级代理结构之上，他们为了自身的利益与国家的最高代议机构保持着联系……在自己的管辖范围内，每一个地方贵族身后都有一个人际网络，其中包括社会状况迥然不同的各色人等。在具有严格等级制的准封建依赖关系中，这些人在物质生存和社会地位上依赖于贵族，他们在普选时为贵族提供合法的支持，在为保护贵族特殊利益而需要使用私人暴力时提供非法的支持。[107]

对于那些处于悲惨弱势的农民来说，在一个分裂的社会里，求助于庇护—附庸关系是可以理解的。最近，有人对19世纪上半叶卡拉布里亚大庄园生活中的“道德经济”现象做了介绍，当时的农民实际上害怕被排除在庇护—附庸体系之外，因为只有它能确保农民的生存，能在农民和遥远的国家权威之间做必要斡旋，能提供那些原始的私人福利（对孤儿寡母的补贴和偶尔发放的“赏金”）。不过，其前提是农民附庸（peasant-client）要听话，要“忠实于”庄园，要“随时准备”完成地主庇护人（landlord-patron）交给的各种杂活。[108]在没有诸如互助会一类的横向联合的情况下，为了生存而选择垂直的依附，是一种合理的策略，即便是依附者意识到它存在缺陷。[109]

南方一无所有的农民，并不总是无声无息逆来顺受。暴力反抗以及不绝于迹的盗窃抢劫，在19世纪末期，像夏夜的闪电出没于南方大地。然而，与在中北部城乡出现的现代罢工浪潮不同，这些反抗事件并没有形成永久性组织，也没有留下什么集体合作的遗产。[110]如伟大的共产主义知识分子安东尼奥·葛兰西（Antonio Gramsci）所哀叹的那样，南方依旧处于“社会大分离”之中。[111]尽管不时出现暴力反抗，但是“更为重要的是，要关注那些更经常出现的消极顺从，因为正是在这种顺从的历史背景下，人民大众才接受了少数人，也就是黑手党们，对权力的僭用”[112]。

在南方，不同地区的有组织犯罪有着各不相同的名称，在西西里叫黑手党（Mafia），在坎帕尼亚叫克莫拉秘密组织（Camorra），在卡拉布里亚叫恩德朗黑塔（Ndrangheta），等等，不一而足。但是，它们都有着大致相似的结构。关于有组织犯罪的独特历史起源，历史学家、人类学家和犯罪学家的看法不一，但他们大多承认，传统的庇护—附庸制是其基础，国家的行政和法律制度薄弱是其产生的诱因，反过来，组织性犯罪又进一步削弱了行政和法律权威。“国家的长期软弱无力，导致自助性机构出现；而这些非正式组织的排他性权力地位，使得国家无法赢得大众的忠诚；国家因而积弱不振，这又强化了家庭、庇护制和黑手党的地位。”[113]

国家不能令人信服地执法和监督合同的执行，是黑手党产生的一个因素；古老的互不信任的文化传统，也是一个同样重要的因素。迭戈·甘必大（Diego Gambetta）着重指出了后者在黑手党权力形成中的作用：“互不信任渗透到了各社会阶层，惩罚的随意性导致了协议执行的不确定性和工商业的停滞，使得公众对那些非私人的（impersona1）广泛的合作形式敬而远之。”[114]托斯卡纳贵族弗兰凯蒂1876年访问西西里后这样写道：

> 事情自然会发展到这一步，自我保护本能驱使每一个人去争得某个强者的帮助，因为，合法权威实际上并不存在，庇护—附庸制成为凝聚社会的力量……财富分配极其不平等，人们毫无法律面前人人平等的观念，个人权力占据了支配地位，所有社会关系都带有私人性，（不可避免地）伴随这一切而来的是，最为刻骨的仇恨，强烈的复仇欲望，人们只尊敬那些能给他们主持正义的人。[115]

由于普遍地缺乏国家或者是公共规范和网络所确保的信任与安全，黑手党（以及南方其他地方的类似组织）提供了一种带有私人性的极权体制。“黑手党给人们提供保护，以对付土匪、乡村窃贼以及敌对城镇的居民，尤其是对付黑手党本身。”[116]黑手党执法者使得商人们在签订协议时，对其执行有了些许信心。“黑手党活动最为独特之处在于，他们也在生产和销售一种非常特殊的商品。它看不见摸不着，但是对于大多数经济交易来说，却是必不可少的。他们生产和销售的既不是汽车、啤酒或者螺母螺栓，也不是书籍，而是信任。”[117]

一位黑手党成员是这样描述其作用的：“有人会找上门来对我说：‘我和梯齐奥有点麻烦，看看你能否帮我解决这一问题’。我就把当事人找来，或者去找他，这要看事先说好的条件。我想办法让他们和解。”[118]（当然，增加对这类服务的需求对黑手党是有利的，他们会深谋远虑地给社会体系中注入猜疑，以避免其顾客摆脱他们建立互信。）尽管这一体系有着各种各样的代价，社会的、经济的、政治的、心理的和道德的，等等，但是，从陷入困境又无权无势的个人的角度来看，在南方这片荒芜而混乱的土地上。“选择黑手党的保护，很难说是非理性的。”[119]

然而，只有那些把黑手党浪漫化理想化的人，才会忽视其根深蒂固的等级和剥削本性。19 世纪，在外出他乡的地主和其附庸平民之间，黑手党扮演了凶暴的中间人角色。[120] 随着古老的封建制的解体，“封建地主的走卒们开始自己做生意，并继续为了私人的目的而行使暴力……这些恶棍，脱离了纯粹的封建关系体系，成为取而代之的庇护制度（clientelistic system）的主要力量”[121]。黑手党就像它所效法的普通庇护制（conventional clientelism）一样，很快就适应了意大利新的国家制度，无情地使代议民主制的运转与传统的剥削和依附模式合拍。

传统上说，黑手党自身的组织结构，建筑在垂直的（时常出现变化的）权威和依附关系之上，鲜有或者没有平等者之间的横向合作。根据赫斯（Hess）的详细论述，黑手党的基本组织单位科斯卡（cosca）并非是一个团体：

> 互动、有关“我们”的整体意识，以及对共同奋斗目标的认识，在黑手党网络中，不是极少，就是全无。从本质上说，它是众多一对一关系的集合。黑手党成员与互相独立的个人建立联系……所有这些个人都没有把自己视为一个组织的成员，没有像土匪或党徒那样，把自己看成是某个帮派或团体的成员，这些组织即便在失去了领袖后也能生存下去。[122]

有组织的犯罪，是横向的互不信任和垂直的剥削和依附之模式的有机组成部分，在至少持续一千年的历史长河中，这一模式构成了意大利南方文化和社会结构的特性。[123]

第三节　测量公共传统的持久性

标准的历史解释说得很清楚，南北方的公民参与存在着明显的区别。但是，这种带有普遍性的描述，掩盖了在南北方内部各自存在的重要的和持久的差异，如地区与地区，甚至是省与省之间的不同。皮诺·阿拉基（Pino Arlacchi）仔细研究了19世纪卡拉布里亚的三个地区，发现那里的生活差别很大，在克罗托内是赤裸裸的专制，在乔亚陶罗是家族暴力，而在科森蒂诺则令人惊讶地出现了合作社和互助会传统。皮诺·阿拉基认为，这三个地区战后在社会稳定和经济发展上的明显差异，根源于上述传统的不同。[124] 我们已经注意到，在北方的不同地区，公民传统的持续性有所区别。要想在这些传统和前几章所描述的公民共同体之间发现更为系统的精确联系，我们必须超越定性描述，进行定量评估。总之，我们必须以仔细的计算来约束我们的论述。

现有的统计资料证实，就结社传统和集体合作而言，一个世纪以前，地区之间存在着极大的差异。例如，1904年，按人口计算，皮埃蒙特地区拥有的互助会比普利亚地区多7倍。1915年，按人口计算，艾米利亚-罗马涅的合作社成员比莫利塞多18倍。这些互助会和合作社发达的地区，依赖的是既有的合作和交往传统。情况通常是这样的，一个古老的同业公会在18世纪的“敬神社”中得到了再生，然后又进化为互助会，互助会促进了合作社的发展，而合作社后来又构成了工会和群众性政党的基础。

在1860—1920年这60年里，社会团结和政治动员的所有现代表现形式，即互助会、合作社和群众性政党，都是互相紧密相连的。此外，它们还与其他公民参与和交往形式相连，其中包括参加选举和文化与休闲组织。19世纪末公民参与的定量指数如下：

- 互助会成员的数量[125]；

- 合作社成员的数量[126]；
- 群众性政党的力量[127]；
- 在法西斯当政前为数不多的相对公开的选举中的参选率[128]；
- 地方组织的存在年数。[129]

这些衡量指标具有明显的相关性（详见附录F）。在19世纪和20世纪初，那些保存了合作社和合唱队的地区，同样也是最为支持互助会和群众性政党的地区，那里的公民最愿意运用他们新近得到的选举权利。与此形成对照的是，在其他地方，政治冷漠和古老的庇护制的垂直联系，制约了公民参与，抑制了自发和横向的社会合作组织的出现。为了探索当代意大利“公民精神”（civie-ness）的历史根源，我们把上述五个定量指数统一成一种单一的记分系数，以此来代表19世纪的公民参与传统，详见表5—1。[130]图5—2展示的则是，在1860—1920年这大半个世纪里，意大利所辖各地区公民参与传统上存在的差异。

表5—1　公民参与传统（1860—1920年）

成分	载荷
群众性政党的力量（1919—1921年）	0.97
合作社的出现率（1889—1915年）	0.93
互助会的成员数量（1873—1904年）	0.91
参选率（1919—1921年）	0.78
1860年以前建立的地方社团	0.56

图5—2　意大利各地区的公民传统（1860—1920年）

把图 5—2 和图 4—4 放在一起，即便只是粗略的比较，也将证实这样一个惊人的发现：各地方的公民参与传统，在历经一个多世纪的社会沧桑之后，没有发生什么变化。图 5—3 为我们提供了有关这一延续性的更为简便的示意图，它显示，我们所给出的 20 世纪七八十年代的公民共同体指数与可以相比较的 1860—1920 年间的公民参与指数，几乎完美地相互对应。[131] 尽管意大利半岛在这 100 年里出现了大规模的人口流动、经济变迁和社会动乱，现代的公民规范和实践还是体现了那些确立已入的各地区的传统。[132]

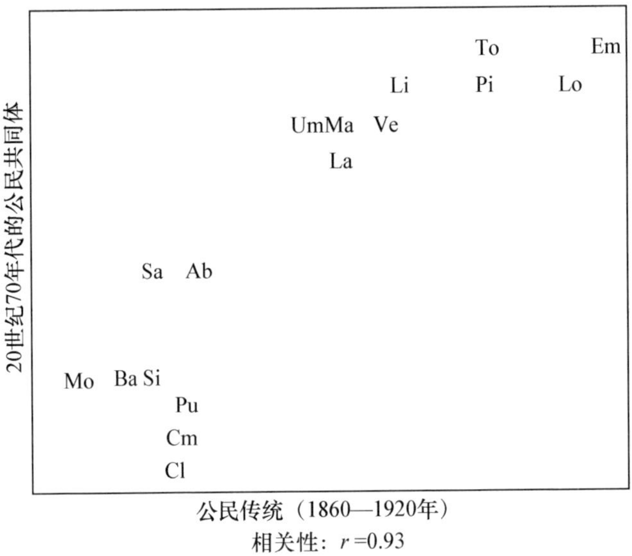

图 5—3　公民传统和现代的公民共同体

那些一个世纪以前人们曾积极参与新型社会团结和公共动员的地方，今天也恰好就是政治和社会生活具有最彻底公共精神的地方。而且，将近一千年前，同样也是这些地方，其公共生活具有明显的公共精神，其社区生活之发达令人难忘，出现了众多诸如保护者协会、同业公会、邻里组织和其他一些公共参与形式。尽管图 5—1、图 5—2 和图 4—4 让我们隐约看到了这种连续性在 14 世纪、20 世纪、20 世纪 70 年代之间的发展，但是，由于缺乏足够的统计资料，我们无法用那些适用于更晚近年代的精确定量手段，去同样展现更为久远的连续性。不管怎样，1865 年圣诞夜在阿尔泰瑞成立的第一个合作社所使用的仪规和程序表明，参与者们并没有忘掉历史的延续性。

这些深远的公共生活传统，对今日的制度绩效究竟有多大影响？图5—4提供了20世纪80年代的制度绩效和1860—1920的公共传统的相关性。结果是明显的，人们可以根据一个世纪以前的公民参与模式，来极为精确地预测20世纪80年代意大利地区政府的成败。[133]

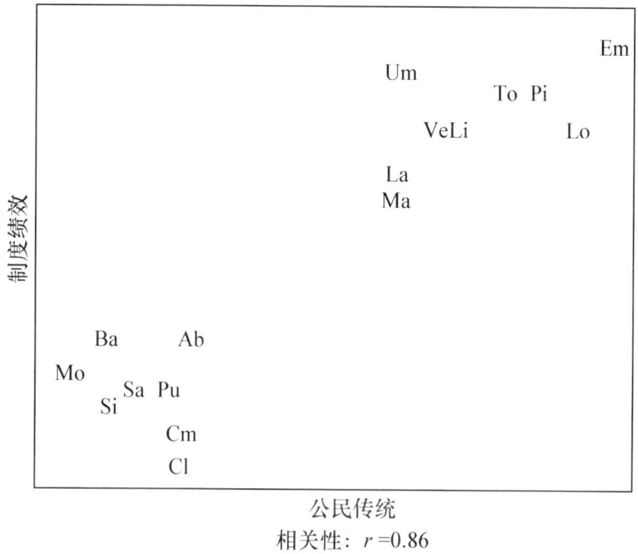

图5—4　1860—1920年的公民参与传统与1978—1985年的制度绩效

第四节　经济发展和公民传统

在定量社会科学中，实际上人们极少能发现如此有力、几乎令人着魔的相关模式。但是，细心的读者或许已经发现，在我们的论述中有一个重大的疏漏。在今日的意大利，公民共同体是与社会和经济发展水平紧密相连的。一般来说，现在具有公民精神的地区，同样也是繁荣富裕和工业发达的地区。持怀疑态度的人会说，这可能意味着公共社区不过是一种附带现象，即只有经济繁荣才能使公民参与的文化得以延续。在当代，贫病交加的农民很难以一种公民意识来进行参与，一个世纪以前就更是如此了。难道我们不能用经济和社会结构中的连续性来解释公共生活中的明显的连续性吗？或许，我们上面所提到的令人着魔的相关模式只是个假象，真正起作用的是经济，而不是公民意识。

我们在前面所讲述的历史故事，使人对上述观点产生了某些怀疑，因为，从长远的角度来看，传承和变迁的模式与任何简单的经济决定论都并不相符。首先，城市共和制的出现，似乎并非是异常的繁荣所导致的。当时，意大利北方的经济发展水平极为原始，远较今日的南方落后，或许甚至比同时期的南方还要落后。[134] 而且，正如我们所阐述过的，我们既可以论证城市共和国是公民参与规范和网络发展的结果，也可以论证是其产生的原因。[135]

其次，在过去的一千年里，南北方之间的公民精神差异，似乎比经济差异更为持久。在几个不同的历史时期里，南北方的经济差距出现过此消彼长的情况，尤其是在出现了外部发展之时。12 世纪，诺曼王国几乎和北方一样发达，但是，在城市共和国出现之后，北方（尤其是公民参与的核心地区——北方中部的城镇）在几个世纪里发展的速度要更快一些。然而，从 15 世纪开始，在经历了鼠疫、外部入侵和世界贸易方式变化之后，北方的优势衰落了，到 16 世纪甚至完全消失了。让我们回忆一下 16 世纪的人口流动，当时，人们逃离衰落了的北方，到兴旺发达的那不勒斯去寻找更好的生活。相形之下，我们还没有找到任何证据能够表明，在这千年里的任何一个时期，就结社的规范和模式而言，南方曾经有过与北方一样的公民精神，当然，对这一千年中的文化差异，我们难以进行精确的衡量。

具有公民精神的地区并没有开始变得富裕起来，它们也并非永远都是更为富有的，就我们所知，从 11 世纪起，它们就一直更具有公民精神。很难把这些事实与那种认为公民参与只是繁荣之结果的观点联系起来。

至于说统一以后的历史时期，能够利用的定量资料更多些，我们可以以此来检验上述观点：经济发展是公民规范和网络的原因和前提条件。最初的少量统计数据与简单的经济决定论正相反，今天经济和公民意识之间存在的紧密相关性，在一个世纪以前并不存在。我们可以用一些经济和社会指标来说明这一点，如工业化指数（由农业和工业的就业人数来衡量）和社会福利指数（由婴儿死亡率来测定）。现有的意大利19世纪各地区的有关资料翔实可靠，表5—2为我们提供了相关的数据。

表5—2 公民传统与社会经济发展

公民传统（1860—1920年）与社会经济发展指标（19世纪70年代至20世纪70年代）的相关性（r）			
年代	农业人口占劳动力的比例	工业人口占劳动力的比例	婴儿死亡率
19世纪70年代	−0.02	−0.15	−0.07
19世纪80年代	−0.22	0.14	−0.22
19世纪90年代	—	—	−0.26
20世纪头十年	−0.43	0.52	−0.20
20世纪10年代	−0.52	0.64	−0.44
20世纪20年代	−0.56	0.66	−0.58
20世纪70年代	−0.84	0.84	−0.67

不过，从这一时期开始，经济结构和社会福利变得与实际上始终如一的公民参与模式越来越一致了。就像一个强大的磁场，公民传统似乎逐步但坚定地使得社会经济状况与自身协调起来。到了20世纪70年代，社会经济的现代性与公民共同体的相关性已经变得非常紧密了。[136]

让我们来看一下这样两个地区，19世纪末20世纪初，它们在经济结构和社会福利上似乎有许多方面可以相互比较。1901年，艾米利亚-罗马涅地区的工业化水平在全国居中，65%的劳动力务农，只有20%在工厂。相形之下，卡拉布里亚区工业化程度稍高一些，63%的劳动力务农，26%在工厂。当然，卡拉布里亚的经济还只是一种“原始的工业经济”，工业水准很落后，居民很贫穷，受教育程度较低；艾米利亚－罗马涅的农业则相对繁荣。艾米利亚-罗马涅的婴儿死亡率，在20世纪前十年，低于全国平均水平；而卡拉布里亚则比全国平均水平稍高些，虽然从绝对意义上说仍然骇人听闻。[137]总之，不论这两个地区在社会经济上有多少细微差别，它们同属于落后地区。

另一方面，就政治参与和社会团结而言，艾米利亚-罗马涅在世纪初实际上享有全意大利最浓厚的公民文化（今日依然如此，显然它一千年来一直是如此）；相反，卡拉布里亚或许是意大利最缺少公民精神的地区，今天也是如此，其传统是封建的、分离的、异化的和孤立的。

在以后的80年里，巨大的社会和经济差异开始出现了。从1901年到1977年，艾米利亚的工业劳动力比例翻了一番，从20%到39%；

而卡拉布里亚的工业人口比例实际上下降了，从26%到25%，在意大利全境这是唯一的。由于医学和公共卫生事业的进步，婴儿死亡率在全意大利大幅下降，卡拉布里亚排名紧随艾米利亚-罗马涅之后。[138] 到20世纪80年代，艾米利亚-罗马涅作为世界上最活跃的经济体之一，逐步成为意大利最富裕地区，并跻身欧洲最发达经济区的行列；而卡拉布里亚则成了意大利最贫穷的地区，也是欧洲最落后的地区之一。在欧洲共同体的80个地区中，按人均国民生产总值排列，从1977年到1988年，艾米利亚-罗马涅的名次由第45位上升到第17位，是欧洲各地区中发展最快的；而卡拉布里亚在这一期间始终被锁定在最末位。[139]

这一相关性模式给人们提出了令人着迷的可能性：也许，前一个世纪的各地区的公民参与传统，有助于解释当代在经济发展上的差别。换句话说，或许公民意识有助于解释经济表现，而不是相反。

尽管历史统计资料仍然很薄弱，但我们还是可以利用现有的数据，去直接探索社会经济发展和公民参与传统之间的相互依赖关系。[140] 我们可以做一个简单的经验测试，比较下面两组预测，在每一组中都使用同样的自变量（independent variables）：

- 根据1900年前后的发展和公民参与水准，预测20世纪70年代的经济发展水平。
- 根据1900年前后的发展和公民参与水准，预测20世纪70年代的公民参与水平。

如果经济决定论是正确的，那么，时间1的经济状况应该决定时间2的公共精神。而如果是公民参与导致了经济发展，那么，时间1的公民状况应该有助于预测时间2的经济发展程度。在这两种情况下，我们都需要比照因变量（dependent variable）的早期水平，因为，对一个变量在时间2的预测，最好的参照物大概莫过于同一变量在时间1的表现。这也就是所谓的“自动回归”（autoregressive）效应。当然，原则上说，这两种效应可能同时起作用，意味着在公共精神和经济之间存在一种互惠的作用。图5—5为我们描绘了几种可能的因果路径。

赋予社会经济结构以重要性的理论意味着，箭头 b 和 d 的作用应该非常大；而认为公共精神为社会经济之因的学说则会强调，箭头 a 和 c（尤其是 c）具有决定性影响。这两种理论都可以用两组多重回归（multiple regressions）来进行验证，即用 1900 年前后测量出的公民传统和既定的社会经济变量，来预测 20 世纪 70 年代的公民模式和同一社会经济变量。[141]

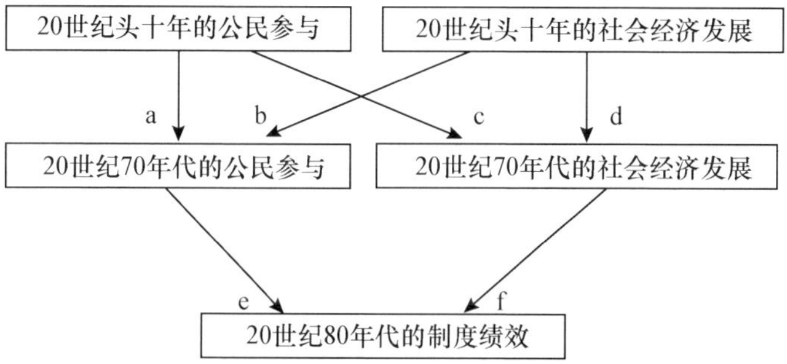

图 5—5　意大利，20 世纪头十年至 20 世纪 80 年代：公民参与、社会经济发展和制度绩效之间的可能影响

对统计资料的比较，其结果很明确，也很令人吃惊。首先，（1860—1920 年间测量出的）公民传统是当代公民共同体的极其强大的预测参照；而（比照公民传统）诸如工业化和公共卫生等社会经济发展指标，则对公民精神毫无影响。这就是说，箭头 a 非常有力，而箭头 b 则始终并不存在。在 20 世纪初，公民精神和社会经济结构并不一致（具有公民精神的地方，相对贫穷、以农业为主，并且健康水平低下；而那些缺乏公民精神的地区，却相对富裕、以工业为主，健康水平高），但在以后的发展中，公民传统并没有被改造以便适应于“客观条件”。[142]

形成鲜明对照的是，事实表明，即便我们把早期的发展水平当做常量，公民传统也始终是当代社会经济发展水平的强大预测参照。让我们逐个来看一下我们所提出的社会经济变量吧。

农业和工业的劳动力比例是社会结构和经济发展的最直接指标。这些数据清晰地反映了意大利在 20 世纪所经历的工业革命。1901—1977 年，在 20 个地区中，劳动力中的平均工业人口比例，由 19％上升到

34%，平均农业人口比例则从66%下降到19%。在这一时期，地区的差异是相当明显的：1977年，农业人口比例在伦巴第为5%，在莫利塞则为43%；工业人口比例在莫利塞为22%，在伦巴第则为54%。1901—1977年，各地区的排名基本是稳定的，公民传统和社会经济发展的相关性 r 大约为0.4。一般说来，这一数字可以解释为经济决定论在起作用（或者说核心与边缘关系在起作用）。

但是，当我们用公民传统和以往的社会经济发展来预测当前的社会经济发展水平时，我们发现，公民精神实际上远较经济发展本身更为准确。例如，当我们预测一个地区的农业劳动力比例时，该地区1860—1920年的文化传统，远比该地区1901—1911年的农业人口比例，更具有参照价值。事实上。19世纪的公民传统是20世纪工业化的极为有力的预测参照，它的决定性作用是如此之大，以至于当我们把文化传统设为常量时，我们发现，1901—1911年工业人口比例与1977年的工业人口比例，简直就没有任何相关性。换句话说，箭头c很强，而箭头d则很弱。[143]

在公共福利领域，得出的结论是同样的。1860—1920年的公民传统，比1901—1910年的婴儿死亡率，更能准确地预测出20世纪70年代末的婴儿死亡率。实际上，假设公民文化为不变常量，60年来的婴儿死亡率各组数据之间的相关性微不足道。换句话说，就婴儿死亡率而言，箭头d可以忽略不计，而箭头c则很强。[144]

总之，经济无法预测公民精神，但公民精神却能预测经济，而且，实际上比经济本身更为准确。[145] 图5—6综合了我们的结论。箭头b（经济对公民精神的影响）并不存在，而箭头c（公民精神对经济的作用）很强，甚至比箭头d还强。而且，箭头a（公民精神的延续）非常强，而箭头d（社会经济的延续）则普遍地弱。在20世纪，一个地区要想取得社会经济发展，更多地要靠其公民精神禀赋，而不是早期的社会经济禀赋。到目前为止，从我们简单的分析中可以得出这样的结论，当代公共精神与经济的相关性所反映的，主要是公民精神对经济的影响，而不是相反。[146]

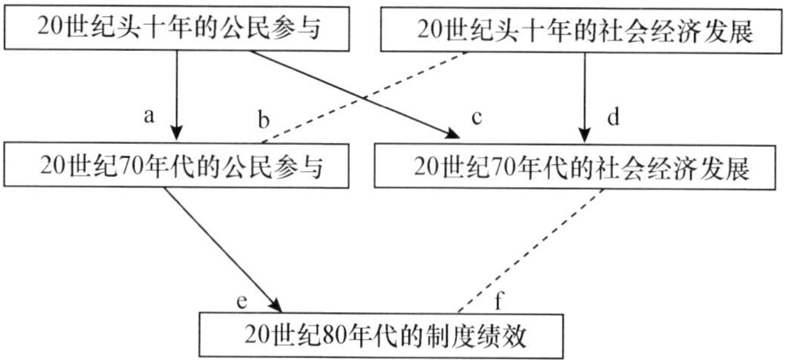

图 5—6　意大利，20 世纪头十年至 20 世纪 80 年代：公民参与、社会经济发展和制度绩效之间的实际影响

公民精神有着非同寻常的延续力。而且，正如前几章的讨论所阐明的，正是公民参与（箭头 e）而不是社会经济发展（箭头 f），直接影响了地区政府的绩效。我们现在有了更多的证据表明，这种影响是真实的。分析结果提醒我们，公民传统可能既对制度绩效产生极大作用，也对经济发展和社会福利产生重大影响。

参与工会组织，就像我们在上一章所说的，最好视其为公民参与的产物，而不仅仅是对经济环境的反映。对一战后不久的工会成员地区模式的研究表明，上述解释是有根据的。[147] 1921 年工会成员的总比例与以往的公民传统有着极强的相关性（r=0.84）。这一联系如此之紧密，以至于与公民传统相比，在工业化和工会成员数量之间，完全没有任何相关性。工会的力量来自公民团结，而不是经济发展。[148]

公民精神与经济之间这些意想不到的基本联系，使我们对南北方的经济差距有了新的认识，这一问题在意大利乃至全球都是长期争论的对象。南北方差距的不断扩大是意大利现代史中的核心问题。一些历史事实触目惊心，引发过学者和社会活动家的激昂情绪，值得在此回顾一下。在统一时，不论北方还是南方，都还没有真正接触过工业革命。直到 1881 年，大约有 69％的意大利人还劳作在田野里（北方稍多些），不到 15％在制造业工作（南方稍多些），其中包括家庭工业。不过，北方的农业生产率比较高，在统一时，北方的人均收入要比南方高 15％～20％。1896 年后，工业化开始推动北方更快地发展了起来，而在 1871—1911 年间，南方的都市化和工业化要慢得多。因此，到 1911

年，南北方的差异急剧扩大，北方的收入比南方高出50%。[149]

在整个20世纪，尽管世界的局势在不断变化，战争与和平、大萧条和战后繁荣交替出现，宪政上历经君主制、法西斯主义和议会民主等根本性转变，经济政策上出现了巨大变化（从法西斯的自给自足的尝试，到欧洲一体化，再到在过去40年里对南方进行的大量公共投资等），但是，南北方的差距却一直在持续扩大。尽管南方在近几十年里出现了温和的可喜发展，但与此同时，北方却经历了高速发展，成为西欧经济史上发展最快的地区之一。这进一步拉大了与南方的距离，到20世纪80年代中期，北方的人均收入比南方高80%。[150]

在意大利历史上，没有什么话题能像这种不断扩大的二元性——所谓的“南方问题”——那样，引起广泛的争论。常规经济理论推测，在一个国家内，地区的差异会逐渐地趋同，这使得意大利二元性之谜只能显得更加突出。[151]对于这一难题，人们给出了许多可能的答案：

● 南方的自然条件落后，包括远离市场、不利的地理环境、缺乏自然资源。

● 政府的错误决策，尤其是在19世纪，其中包括：

（1）贸易政策（先是自由贸易，摧毁了南方新兴的工业；后是保护主义，鼓励了北方工业的发展）。

（2）财政政策（对南方的税收过高，财政开支有利于北方，好教育、国防工业和土地垦荒。当然，到19世纪，南方税收的比例降了下来[152]，中央政府也开始在南方进行大量公共工程建设）。

（3）产业政策（推动重工业和大银行的联合，这有利于北方）的发展。

● 市场的外部性，“聚合效应”（economies of agglomeration）以及“干中学”的政策，放大了北方初期的微弱优势。[153]

● 南方存在着“道德贫困”，缺乏人力资本，同时还有着庇护制的文化传统。[154]

意大利南北方的差距，以及出现的各种解释理论，从更广阔的意义上说，是围绕第三世界发展问题出现的争议的一部分。人们一直在问，为什么有这么多的第三世界国家依然如此落后，人们百思不得其解，是因为资源匮乏、中心—边缘的依附性、政府决策失误、市场失灵？抑或是“文化”因素？从这个角度说，对意大利个案的研究，可能会为解答上述问题作出重要贡献。

然而，正如托尼奥洛（Toniolo）最近所指出的那样，在关于意大利问题的研究中，“层出不穷的观念和解释，都没有得到——不论是那时还是以后——足够的定量研究的支持……尽管有关‘南方问题’的著述汗牛充栋，但是，许多经济学家提出的问题依然没有得到解答，如意大利二元经济的规模和成因……”[155]

久远的和晚近的历史资料，向我们提出这样一个问题：社会文化因素是不是答案的一个重要组成部分。[156]毫无疑问，任何强调单一因素的解释都是极为错误的。单靠公民传统，并不能引发北方19世纪持续的高速发展。经济起飞是由更为广泛的国内外环境和技术因素促成的。但是，公民传统有助于解释，在迎接19世纪和20世纪挑战与机遇时，为什么北方比南方做得更好。

公民精神和经济之间的“宏观”联系，是如何反映到“微观”层面的？公民共同体的规范和网络，是通过什么样的机制来促进经济繁荣的？这一关键问题值得我们多下一些工夫（下一章将继续谈到这一问题），一个由意大利和美国的政治经济学家组成的独立研究小组，近年来为我们提供了不少卓越见识。阿纳尔多·巴格亚斯科（Arnaldo Bagnasco）最先提醒人们注意这样一个事实，在人们所熟悉的“两个意大利”（工业化的北方三角地带与落后的南方）之外，还存在着“第三个意大利”，其基础是一种“扩散经济”（diffuse economy），规模不大，但技术发达，且生产率很高。[157]迈克尔·皮奥里（Michael Piore）和查尔斯·萨贝尔（Charles Sabel）进一步扩展了这一分析，指出在意大利中北部有无数的手工艺式的“灵活专业化”，如普雷托附近时髦的纺织品公司、布莱西亚（Brescia）的小钢铁厂、博洛尼亚的摩托车工业、萨索罗的瓷砖厂，等等。借用现代经济学创始人之一阿尔弗雷德·马歇尔（Alfred Marshall）的概念，学者们开始把这些地区称为“工业区”（industrial districts）。[158]

这些既分权又一体化的工业区具有许多独特的品性，外表看上去矛盾的竞争与合作之结合，就是其中之一。企业为了在式样上别出心裁，在效率上高人一筹，互相激烈竞争；在管理服务、原材料购买、融资和开发研究方面，则互相合作。这些小型企业网络，通过大量的转承包和把多余的业务“外放”给那些暂时就业不足的竞争对手，将低度的垂直整合与高度的横向整合融为一体。活跃的产业组织向企业提供后勤甚至是金融方面的帮助，地方政府也起着积极的作用，如兴建必要的社会基础设施，提供必要的服务，诸如职业培训、出口信息和世界时尚潮流，等等。一个技术先进、高度灵活的经济结构就这样形成了，实践证明，在 20 世纪七八十年代快速多变的经济环境中，它是进行竞争的最为正确的选择。毫不奇怪，这些具有灵活专业化的地区，在这 20 年里，享受到的繁荣高于平均水平。[159]

这一特别有效的经济结构之核心是一组制度化的机制，它抑制了机会主义，使得竞争与合作得以并存。“私人经济组织和政治组织的丰富网络……所形成的环境，推动了合作，为小企业提供了它们自身无法负担的基础设施，从而繁荣了市场。”[160]

这些工业区的社会流动性很高，工人们进退于受雇打工与自己开业之间。虽然工会常常都发展得很完善，罢工也并不鲜见，但是，“社会的妥协”鼓励了创新，增加了灵活性。互助普遍存在，技术创新很快会从一个企业扩散到另一个企业。小企业和工人雇主的横向合作网络发挥了重要作用，与之形成鲜明对照的是，在意大利其他地方的大型常规企业中，垂直的权威和沟通占据了突出地位。简而言之，与古典的企业理论强调“内部的”（internal）规模经济相对应，马歇尔式的工业区深为倚重“外部经济”（external economies）。“有限的经济考虑，加上不大能精确计算的集体收益概念，形成了一种职业团结精神，它既是企业竞争的背景，又限制了这一竞争。”[161]

皮奥里和萨贝尔总结道，“产业团结靠的是一种更为根深蒂固的共同体感，各种合作的制度形式，与其说是它的原因，不如说是它的结果……手工艺生产的复苏，让人啼笑皆非，它对现代技术的运用，依仗的竟是工业化以前各种附属关系的复兴”[162]。

说到工业区的成功，不论是在意大利还是其他地方，人们一般认为，互惠的规范和公民参与网络起了决定性作用。这些网络促进了各种信息的流通，它们涉及技术发展、未来合作商的信誉以及工人的可靠性，等等。(创新依赖于“在咖啡馆、酒吧和街头巷尾不断进行的非正式互动”。）抑制机会主义的社会规范深入人心，据说，不顾公共义务的机会主义行为，要比那些具有垂直和庇护性网络的地区少得多。大多数观察家以为，对于小型工业区来说，至关重要的是互相信任、社会合作以及成熟的公民责任感，简而言之，要具备公民共同体的各种要素。[163] 毫不奇怪，这些高效的小型工业区恰好集中于意大利中北部地区，我们在前面已经讲过，那里是公民传统和当代公民共同体的核心地带，地区政府在那里也表现优异。

我们认为，这些有关经济发展之文化背景的发现，其目的是要激发人们去思考，而并非是要得出某种结论。如果认为我们这里所说的公民传统是决定经济繁荣与否的唯一或者是最重要的因素，那将是荒唐可笑的。如英国历史地理学家约翰·兰顿（John Langton）和莫里斯（R. J. Morris）所说，“是否将文化遗产和经济发展建构为独立的因素，很大程度上取决于历史孕育其中的时间长短。显然，它们在互动，以改变对方。这里没有因，也没有果，有的只是一种互换的辩证过程”[164]。我们的双变量模式（见图 5—6）过于简单，无法说明所有可能影响地区经济进步的因素，如自然资源、接近主要市场的便利条件以及国家的经济政策等。要进一步充实我们所提出的宽泛的历史观点，需要做缜密的研究（包括对亚地区层面的研究）。

不过，本章的论述突出强调了历史连续性对制度成功与否的影响。这种影响甚至会以这样一种形式表现出来，即便我们忽视了经济发展的真正原因，姑且叫它 X 因素，那么，X 因素与公民传统的相关性，一定比与以往经济发展的相关性更为密切。在相互交错的良性和恶性循环中，公民传统一经确立，富裕会增加公民精神，而贫穷则会遏制它。我们的论据表明，在这些互动之中，经济→公民精神的链条不是决定性的，公民规范和网络并非是经济进步潮流上浮现的浪花。

在过去的 1 000 年里，尤其是过去的几十年里，意大利经历了巨大的经济、社会、政治和人口上的变迁。数以百万计的人口在地区间流动，在1955年后的15年里，人口的流动超过了900万（大约占总人口的1/5）。[165] 在统一后的一个世纪里，各地区的社会经济排名不停地变动。1970年时工业相对发达的地区，一个世纪以前工业未必就发达；1970年时公共健康状况良好的地区，1870年时不一定是那么健康。

但是，有些东西却没有变化。20世纪末公民参与积极的地区，几乎都是那些在19世纪拥有众多合作社、文化团体和互助会的地区，在那里，12世纪时，邻里组织、宗教组织和同业公会共同促进了城市共和国的兴旺发展。这些公民精神发达的地区，尽管一个世纪前经济并不特别发达，但在经济表现和政府质量上（至少是出现地区政府后），却稳步地超过了那些公民精神不太发达的地区。公民传统惊人的应变力，证明历史具有力量。

但是，历史为什么有力量？在北方，是什么样的良性循环，让公民参与传统历经数世纪的社会、经济和政治巨变，得以保存下来？在南方，是什么样的恶性循环，使得剥削和依附关系得以长期再生产？为了回答这些问题，我们绝不能仅仅考虑因果，还要顾及社会的均衡（social equilibria）。这一任务留给了下一章。

注　释

［1］本章中对于意大利公共生活的历史回顾并非企图全面描述意大利8个世纪的丰富历史。我们的案例主要起始于11世纪，因为从罗马衰落到公元1000年之间的黑暗时代的社会政治生活特征在很多方面是模糊不清的。从我们想要进行的理论探讨来说，最遗憾的是关于北部公社的起源和史前史仍然无法明确获知。J. K. Hyde，*Society and Politics in Medieval Italy*：*The Evolution of the Civil Life，1000—1350*（London：Macmillan，1973）指出，"显然，没有历史学家成功地证明罗马以北任何城市的公民制度存在从罗马到中世纪的延续性……试图了解意大利社区的出现是令人沮丧的经历，各种证据常常不是来得太快，就是来得太迟"（p. 14，p. 49）。另，见 Daniel Waley，*The Italian City-Republics*，2nd ed.（New York：Longman，1978），pp. 1-8。我们感谢意大利的杰出中世纪史学家 Richard Goldthwaite 对我们探讨历史的鼓励，以及对我们在这条道路上可能犯的错误的提醒。当然，他对本书仍然存在的错误不负任何责任。

［2］J. K. Hyde，*Society and Politics in Medieval Italy*，p. 38. 南部诺曼王国和北部共和国的分裂在很多方面都和从前拜占庭与罗马天主教会的边界相一致。这种一致是否反映了比本章中讨论的真实长久的地区传统还要更加深刻，是个

需要进一步研究的重要问题。

［3］*The Times Atlas of World History*，3rd edition，eds. Geoffrey Barraclough and Norman Stone（London：Tunes Books，1989），p. 124.

［4］Harry Hearder，*Italy*：*A Short History*（New York：Cambridge University Press，1990），p. 69.

［5］John Lamer，*Italy in the Age of Dante and Petrarch*：1216—1380（New York：Longman，1980），pp. 27-28.

［6］Hyde，*Society and Politics in Medieval Italy*，p. 119.

［7］Larner，*Italy*，pp. 16-37.

［8］*Times Atlas of World History*，p. 124.

［9］Denis Mack Smith，*A History of Sicily*：*Medieval Sicily*：*800—1713*（New York：Viking Press，1968），p. 54；Larner，Italy，pp. 28-29.

［10］Lamer，*Italy*，p. 31.

［11］Denis Mack Smith，*History of Sicily*，pp. 55-56. See also Giovanni Tobacco，*The Struggle for Power in Medieval Italy*：*Structures of Political Rule*（New York：Cambridge University Press，1989），p. 191 and pp. 237-244.

［12］Pietr Kropotkin，*Mutual Aid*：*A Factor of Evolution*（London：Heinemann，1902），p. 166.

［13］Frederic C. Lane，*Venice and History*（Baltimore：Johns Hopkins University Press，1966），chapter 32，"At the Roots of Republicanism，" p. 535.

［14］Hyde，*Society and Politics in Medieval Italy*，p. 57. See also Larner，*Italy*，p. 86，and Tobacco，*Struggle for Power in Medieval Italy*，esp. p. 188 and pp. 203-204.

［15］Lauro Martines，*Power and Imagination*：*City-States in Renaissance Italy*（Baltimore：Johns Hopkins. University Press，1988），p. 148，估计，共同体里 2% ～ 12% 的居民拥有公民权，但是 Larner（*Italy*，p. 122）认为，在佛罗伦萨，1/ 5 的男性居民有政治权利，Waley（*Italian City-Republics*，pp. 51-54）认为参与的比例更高一些。

［16］Waley，*Italian City-Republics*，pp. 29-31，51-52.

［17］Lane，*Venice and History*，p. 524.

［18］关于共和国政治制度的有用综述，见 Waley，*Italian City-Republics*，pp. 25-54。

［19］Marvin B. Becker，*Medieval Italy*：*Constraints and Creativity*（Bloomington：Indiana University Press，1981），p. 60.

［20］至少在 18 世纪起，自由主义经济学家和政治家就对基尔特在社会和经济生活中的影响产生了深深的怀疑。最近，在他富有启迪的 *The Rise and Decline of Nations*：*Economic Growth*，*Stagflation*，*and Social Rigidities*（New

Haven：Yale University Press，1982）著作中，Mancur Olson 又重申了这一观点。“虽然他们提供保险和社会福利给他们的成员，但是基尔特首先是利用垄断权力和政治权力来服务自身利益的分配联盟。他们削弱了经济效率，也阻碍了技术革新。”（p. 125）虽然这里我们并不对中世纪的基尔特的社会影响做整体分析，但是我们书中的观点是，不论他们有多少其他不利的影响，基尔特代表了横向的社会网络发展的一个重要阶段，它对政府和经济绩效都产生了促进作用。关于基尔特产生的积极作用，见 Charles R. Hickson and Earl A. Thompson，“A New Theory of Guilds and European Economic Development，” *Explorations in Economic History* 28（1991）：127-168，and Avner Greif，Paul Milgrom，and Barry Weingast，“The Merchant Gild as a Nexus of Contracts，” unpublished manuscript（Stanford，California：Hoover Institute，1992）。

［21］Kropotkin，*Mutual Aid*，p. 174.

［22］Larner，*Italy*，p. 196.

［23］Ibid.，p. 113.

［24］Hyde，*Society and Politics in Medieval Italy*，p. 80.

［25］Hearder，*Italy*：*A Short History*，p. 76.

［26］Becker，*Medieval Italy*，p. 36，footnote 32.

［27］Larner，*Italy*，p. 114. Tobacco，*The Struggle for Power in Medieval Italy*，p. 222，认为，在 13 世纪初，佛罗伦萨建造了 150 座私人防卫塔。

［28］Waley，*Italian City-Republics*，pp. 97，114.

［29］Hyde，*Society and Politics in Medieval Italy*，p. 83.

［30］Ibid.，p. 95.

［31］Waley，*Italian City-Republics*，pp. 32-36.

［32］Ibid.，p. 13.

［33］William J. Bouwsma，“Italy in the late Middle Ages and the Renaissance，” in *The New Encyclopedia Britannia*：*Macropaedia*（Chicago：Encyclopedia Britannica，1978），vol. 9，p. 1134.

［34］Martines，*Power and Imagination*，p. 111.

［35］Larner，*Italy*，p. 189.

［36］John Hicks，*A Theory of Economic History*（New York：Oxford University Press，1969），Chapters 3-4.

［37］Hicks，*Theory of Economic History*，p. 40.

［38］Ibid.，Chapter 5.

［39］Becker，*Medieval Italy*，p. 19.

［40］手工和小作坊在共和国经济的发展中也很重要。比如，羊毛产业供养着佛罗伦萨 1/ 3 的人口。然而，这些活动并非意大利城市国家仅有的活动，意大利在长途商业和金融业上几乎拥有垄断地位。到 13 世纪 90 年代，伦敦有不

少于 14 家意大利银行的分行，巴黎有 20 家。见 Larner，*Italy*，pp. 187，189。

［41］Becker，*Medieval*，*Italy*，pp. 85，177（emphasis in original）. See also Janet Coleman，"The Civic Culture of Contracts and Credit：A Review Article，" *Comparative Studies in Society and History* 28（1986）：778-784.

［42］Carlo M. Cipolla，*Before the Industrial Revolution*：*European Society and Economy*，*1000—1700*，2nd edition（London：Metheun，1980），pp. 198-199. See also Hyde，*Society and Politics in Medieval Italy*，p. 71.

［43］Larner，*Italy*，p. 198.

［44］Ibid.，p. 115.

［45］Hyde，*Society and Politics in Medieval Italy*，p. 94.

［46］Bouwsma，"Italy in the late Middle Ages and the Renaissance，" p. 1134. Larner，*Italy*，p. 183，and Hyde，*Society and Politics in Medieval Italy*，p. 153，给出的意大利大城市名单略有不同，把米兰和热纳亚排在巴勒莫前面，但是他们都认为意大利在欧洲占有突出的位置。

［47］Larner，*Italy*，p. 29.

［48］Bouwsma，"Italy in the Late Middle Ages and the Renaissance，" p. 1136.

［49］Larner，*Italy*，p. 160，认为，"到 16 世纪中期的时候，北部教堂和半岛的中心仅拥有 10% ～ 15% 的土地，然而南部有 65% ～ 75%"。

［50］Cipolla，*Before the Industrial Revolution*，p. 148. Cipolla 描述了欧洲的封建和共和模式的区别，但他明确表示，这一区别特别适用于意大利北部和南部的比较。

［51］Philip Ziegler，*The Black Death*（London：Penguin，1970），p. 40-62；Hearder，*Italy*：*A Short History*，pp. 98-99.

［52］Hyde，*Society and Politics in Medieval Italy*，p. 107.

［53］Ibid.，p. 142.

［54］Larner，*Italy*，p. 146，认为，"贵族的重要国家行动需要总委员会的批准，这表明，'影响所有人，需要所有人批准'的原则受到坚持，是当时的一种思维方式"，也见 Perry Anderson，*Lineages of the Absolutist State*（London：Verso，1974），p. 162。

［55］*The Times Atlas of World History*，p. 124 的有用地图，是图 5—1 的基础。也见 Hyde，*Society and Politics in Medieval Italy*，Map 4，and Larner，Italy，pp. 137-150。

［56］Nicolò Machiavelli，*The Discourses*（London：Penguin Books，1970），ed. Bernard Crick，trans. Leslie J. Walker，Book I，Chapter 55，p. 243，p. 246.

［57］Bouwsma，"Italy in the Late Middle Ages and the Renaissance，" p. 1142.

［58］Hyde，*Society and Politics in Medieval Italy*，p. 8，citing Matteo Palmieri's *Della Vita Civile*，published in the 1430s。关于这个时期意大利的政治

思想，尤其见 J. G. A. Pocock，*The Machiavellian Moment*：*Florentine Political Thought and the Atlantic Republican Tradition*（Princeton：Princeton University Press，1975）。

［59］Larner，*Italy*，p. 51.

［60］Bouwsma，"Italy in the Late Middle Ages and the Renaissance，" p. 1139.

［61］严格地说，西西里岛和南部王国的大陆部分于 1282 年在亚拉贡时代和安格文时代之间被分裂开来，但是它们后来又统一于双西西里王国。在地图上排除了撒丁岛周边地区，西部山麓地区和特伦蒂诺，在那个时代看起来更像是分别归于西班牙、法国和德国。

［62］Hearder，*Italy*：*A Short History*，pp. 131-132，p. 136；Waley，*Italian City Republics*，p. 17，and Cipolla，*Before the Industrial*，*Revolution*，p. 162，p. 262.

［63］Carlo Tullio-Altan，in *La nostra Italia*：*Arretratezza socioculturale*，*clientelismo*，*trasformismo e rebellismo dall' Unità ad oggi*（Milan：Feltrinelli，1986），pp. 31-35。Tullio-Altan 是马克斯•韦伯之后的一位杰出的意大利社会学家，他认为共和政治以及它带动的社会经济化进程的衰落，是由于对改革的抵制，这种抵制是意大利没有接触到宣扬个人救赎和社会责任的新教伦理的影响。更全面的历史学分析显然应该把从地中海到阿拉伯的贸易路线的变化考虑在内。

［64］Sydel F. Silvernan，*Three Bells of Civilization*：*The Life of an Italian Hill Town*（New York：Columbia University Press，1975），pp. 93-95；Silverman，"Agricultural Organization，Social Structure，and Values in Italy：Amoral Familism Reconsidered，" *American Anthropologist* 70（February 1968）：9.

［65］Maurice Vaussard，*Daily Life in Eighteenth Century Italy*，*trans*. Michael Heron（New York：Macmillan，1963），p. 17.

［66］在共和的全盛时期，北部要比南部城市化程度高得多，但并非整个历史时期都如此。撇开历史上南部的大城市如那不勒斯、巴勒莫和罗马，大量的南部人仍然分散地生活在农耕地区。就像我们在第四章中注［83］中标注的一样，同时代的意大利，南部城市化的程度比北部高。

［67］Harry Hearder，*Italy in the Age of the Risorgimento*：*1790—1870*（New York：Longman，1983），p. 126.

［68］Bouwsma，"Italy in the Late Middle Ages and the Renaissance，" p. 1139.

［69］Gianni Toniolo，*An Economic History of Liberal Italy*：*1850—1918*，trans. Maria Rees（New York：Routledge，1990），p. 38，quoting p. Villani，*Mezzogiorno tra riforme e rivoluzione*（Bari：Laterza，1973），p. 155.

［70］Anthony Pagden，"The Destruction of Trust and its Economic Consequences in the Case of Eighteenth-century Naples，" in *Trust*：*Making and Breaking Cooperative Relations*，ed. Diego Gambetta.（Oxford：Blackwell，

1988），pp. 127-141.

［71］Maurice Agulhon，*The Republic in the Village*：*The People of the Var from the French Revolution to the Second Republic*，trans. Janet Lloyd（New York：Cambridge University Press，1982），esp. pp. 124-149.

［72］Ibid.，pp. 131-132.

［73］Ibid.，p. 128.

［74］Ibid.，pp. 157，302.

［75］Ibid.，p. 150.

［76］1859 年到 1860 年间，在一系列复杂的斗争之后，皮埃蒙特王朝吞并了意大利半岛的大部分，维克多•伊曼纽尔二世在 1861 年成为统一的意大利的国王。威尼斯在 1866 年加入，罗马最终在 1870 年加入，这个日期被广泛地认为是达成统一的纪念日。特伦蒂诺-上阿迪杰地区是 1919 年《凡尔赛条约》赢得的。更多的细节，见 Hearder，*Italy in the Age of the Risorgimento*：*1790—1870*。

［77］See Kent Roberts Greenfield，*Economics and Liberalism in the Risorgimento*：*A Study of Nationalism in Lombardia*，*1814—1848*（Baltimore：Johns Hopkins University Press，1965）for a treatment of Lombard liberals in this respect，as well as Raymond Grew，*A Sterner Plan for Italian Unity*：*The Italian National Society in the Risorgimento*（Princeton：Princeton University Press，1963）.

［78］Carlo Trigilia，"Sviluppo economice e transformazioni sociopolitiche deisistemi territoriali a economia diffusa，" *Quaderni della Fondazione Giangiacomo* Feltrinelli（Milan）16（1981）：57.

［79］See Martin Clark，*Modern Italy 1871—1982*（New York：Longman，1984），pp. 76-77，and Maurice F. Neufeld，*Italy*：*School for Awakening Countries*：*The Italian Labor Movement in Its Political*，*Social*，*and Economic Setting from 1800* to *1960*（Ithaca，New York：New York State School of Industrial and Labor Relations，Cornell University，1961），pp. 60，175-176。19 世纪在美国蓬勃发展的族裔友爱协会也是互助组织，见 Michael Hechter，*Principles of Group Solidarity*（Berkeley：University of California Press，1987），pp. 112-120。

［80］Neufeld，*Italy*：*School for Awakening Countries*，pp. 176-177.

［81］Ibid.，p. 177.

［82］Clark，*Modern Italy*，p. 76.

［83］Denis Mack Smith，Italy：*A Modern History*（Ann Arbor：University of Michigan Press，1959），p. 243.

［84］Neufeld，*Italy*：*School for Awakening Countries*，p. 185.

［85］Ibid.，p. 64.

［86］Clark，*Modern Italy*，p. 87，p. 107；see also Paul Ginsborg，"Family，Culture and Politics in Contemporary Italy，" in *Culture and Conflict in Postwar Italy：Essays on Mass and Popular Culture*，eds. Zygmunt G. Baranski and Robert Lumley（London：Macmillan，1990），p. 29.

［87］Compare Chapter 4，pp. 107-109.

［88］Clark，*Modern Italy*，p. 142.

［89］Donald H. Bell，"Worker Culture and Worker Politics，" *Social History* 3（January 1978）：1-21.

［90］Samnel H. Barnes，*Representation in Italy：Institutionalized Tradition and Electoral Choice*（Chicago：University of Chicago Press，1977）presents systematic evidence supporting this interpretation.

［91］See Sidney G. Tarrow，*Peasant Communism in Southern Italy*（New Haven：Yale University Press，1967），esp. pp. 239-241 and pp. 300-342，and Luigi Graziano，"Patron-Client Relationships in Southern Italy，" *European Journal of Political Research* 1（1973）：3-34. 法西斯统治结束以后，过去的*popolari*活动分子如 Alcide de Gasperi，创立了天主教民主党，成为意大利共和国占统治地位的政治力量。但是，不同于 *Partito popolare*，天主教民主党的选民支持很多来自 Mezzogiorno 的庇护—附庸网络。

［92］Sydel F. Silverman，"Agricultural Organization，Social Structure，and Values in Italy，" p. 9.

［93］Ginsborg，"Family，Culture and Politics，" pp. 28-29.

［94］As quoted in Piero Bevilacqua，"Uomini，terre，economie，" in *La Calabria*，eds. piero Bevilacqua and Augusto Placanica（Turin：Einandi，1985），pp. 295-296.

［95］Denis Mack Smith，*Italy：A Modern History*，p. 35.

［96］一些学者强调农业土地拥有模式是解释意大利风俗、政治、社会关系和经济的重要变量。比如 Silverman，"Agricultural Organization，Social Stucture，and Values in Italy" and（more generally）William Brustein，*The Social Origins of Political Regionalism：France，1849—1981*（Berkeley：University of California Press，1988）。尽管我们不否认这个变量的重要性，但我们不认为它可以解释我们描述的公民连续性，部分原因是传统的土地持有模式发生过复杂的改变，与公民连续性关系不大（见 Clark，*Modern Italy*，pp. 12-18），部分原因是意大利城市在建立和保持这种连续性上起着独特的作用，部分原因是战后美索兹阿诺的土地改革几乎没有对我们所说的政治文化产生影响。见 Michael A. Korovkin，"Exploitation，Cooperation，Collusion：An Enquiry into Patronage，" *European Journal of Sociology* 29（1988）：105-126。

［97］Paul Ginsborg，*A History of Contemporary Italy：Society and Politics*

1943—1988（London：Penguin Books，1990），pp. 33-34；引用的段落来自 Piero Bevilacqua，“Quadri mentali，cultura e rapporti simbolici nella società rurale del Mezzogiorno，” *Italia Contemporanea* 36（1984）：69。

［98］有关例子，见 Tullio-Altan，*La nostra Italia*，p. 27。

［99］Cited in Tullio-Altan，*La nostra Italia*，p. 13.

［100］Banfield，*Moral Basis of a Backward Society.*

［101］Tarrow，*Peasant Communism in Southern Italy*，p. 43.

［102］Manlio Rossi-Doria，*Dieci Anni di Poliica Agraria nel Mezzogiorno*（Bari：Laterza，1958），p. 23，as cited in Tarrow，*Peasant Communism*，p. 61.

［103］Tartow，*Peasant communism*，p. 7，pp. 75-77，*et passim*；Henner Hess，*Mafia and Mafiosi*：*The Structure of Power*，trans. Ewald Osers（Lexington，Mass.：Lexington Books，1973）.

［104］Graziano，“Patron-Client Relationships in Southern Italy，” pp. 5，11；内文引用来自 Pasquale Turello，*Governo e governati in Italia*（Bologna：Zanichelli，1882），p. 148。

［105］A. Caracciolo，*Stato e societa civile*：*Problemi dell'unificazione italiana*（Torino：Einaudi，1977），p. 86，as cited in Tullio-Altan，*La nostra Italia*，p. 53.

［106］Pino Arlacchi，*Mafia*，*Peasants and Great Estates*：*Society in Traditional Calabria*，trans. Jonathan Steinberg（New York：Cambridge University Press，1983）；S. N. Eisenstadt and L. Roniger，*Patrons*，*Clients*，*and Frieds*：*Interpersonal Relations and the Structure of Trust in Society*（New York：Cambridge University Press，1984），pp. 65-67；Tarrow，*Peasant Communism in Southern Italy.* p. 68；and Graziano，“Patron-Client Relationships in Southern Italy”.

［107］Leopldo Franchetti，*Inchiesta in Sicilia*（Florence：Valecchi，1974；originally published 1877），as paraphrased in Tullio-Altan，*La nostra Italia*，p 63. Tullio-Altan（who also cites N. Dalla Chiesa，*Il potere mafioso*：*Economia e ideologia*［Milan：Mazzotta，1976］，p. 64）认为，南方的附庸主义在 1876 年后被南方贵族与北部资产阶级反动派结成全国统治联盟大大加强。

［108］Diomede Ivone，“Moral Economy and Physical Life in a Large Estate of Southern Italy in the 1800s，” *Journal of Regional Policy* 11（January/ March 1991）：107-110，summarizing Matra Petrusewicz，*Latifondo*：*Economia morale e vita materiale in una periferia dell' Ottocento*（Venice：Marsilio，1989）.

［109］Graziano，“Patron-Client Relationships in Southern Italy，” p. 26.

［110］Clark，*Modern Italy*，pp. 69-73.

［111］Antonio Gramsci，*Antologia degli Scritti*，eds. Carlo Salinari and Marlo Spinella（Rome：Riuniti，1963）vol. 1，p. 74，as cited in Tarrow，*Peasant Communism*，p. 3.

[112] Hess, *Mafia and Mafiosi*, p. 18.

[113] Ibid. , p. 25. See also Tullio-Altan, *Ia nostra Italia*, pp. 67-76, and Graziano, "Patron-Client Relationships in Southern Italy," p. 10, who describes the Mafia as "the specific form of traditional Sicilian clientelism" .

[114] Diego Gambetta, "Mafia: the Price of Distrust," in *Trust*, ed. Gambetta, p. 162.

[115] Franchetti, *Inchiesta in Sicilia*, pp. 72-73, as quoted in Tullio-Atan, *La nostra Italia*, pp. 68-69.

[116] Ginsborg, *History of Contemporary Italy*, p. 34.

[117] Diego Gambetta, "Fragments of an Economic Theory of the Maha," *European Journal of Sociology* 29 (1988): 127-145, *quotation at* p. 128.

[118] Hess, *Mafia and Mafiosi*, p. 67.

[119] Gambetta, "Mafia: the Price of Distrust," p. 173.

[120] Eisenstadt and Roniger, *Patrons*, *Clients*, *and Friends*, p. 68; Hess, *Mafia and Mafiosi.*

[121] Tullio-Altan, *La nostra Italia*, p. 69.

[122] Hess, *Mafia and Mafiosi*, pp. 76-77.

[123] 关于今天意大利的黑手党和克莫拉的类似分析，见 Ginsborg, "Family, Culture and Polities," pp. 41-45。

[124] Arlacchi, *Mafia*, *Peasants and Great Estates.*

[125] 我们对于互助会力量的衡量是基于 1973 年、1878 年、1895 年和 1904 年这些组织按照地区人口标准化的成员数的汇总值。

[126] 我们对于合作社力量的衡量是基于 1889 年、1901 年、1910 年和 1915 年这些组织按照地区人口标准化的数量的汇总值。

[127] 我们对于群众性政党力量的衡量汇总了 1919 年和 1921 年全国性选举的社会主义者和天主教人民党的力量，以及他们在同时期地方委员会的力量。

[128] 我们对于参选率的衡量汇总了 1919 年和 1921 年大选的结果，同时也有 1920 年地区和省级选举，这些是法西斯当政前实行男性普遍选举权的全部选举。

[129] 我们对于这个指标的衡量是在 1982 年组织普查中所有当地的文化和娱乐组织中 1860 年前成立的组织的比例。这显然是一个并不直接也不完美的指标，因为它没有包括那些早期积极活动但是后来已不存在的组织。另一方面，在缺乏更早期当地组织普查数据的情况下，这些数据唯一可用的关于 19 世纪末意大利的非政治和非经济团体的全国性数据。

[130] 后来成为弗留利–威尼斯朱利亚和特伦蒂诺–上阿迪杰的大部分地区，一战之后才并入意大利，所以不在此项历史分析之内，同样也不包括瓦莱达奥斯塔，因为这个时期是皮埃蒙特的一部分。

[131] 图 5—3 中显示的公民性的时间稳定性是基于两个时段的不同变量指标检验的。我们缺少任何单一变量在超过一个世纪的长跨度的数据。然而，互助会和合作社几十年的高度稳定性，以及偏好投票制的使用（一致的 r>0. 9）与长期高度稳定性是一致的。

[132] Samuel H. Barnes and Giacomo Sani，“Mediterranean Political Culture and Italian Polities，” *British Journal of Political Science* 4（July 1974）：289-303，用衡量政治行为的方式提供了一些证据（尤其是关于庇护—附庸主义的指标，像偏好投票和个人与政客之间关联）来证明到北部的南部移民要更像土生土长的北部居民，而不是他们先前的南部先民，表明先进地区的“文化互渗”发生得更加迅速。公民行为，如我们在下一章主张的一样，在社会准则和社会网络方面要比在个人偏好方面表现得更为坚强有力。

[133] 我们关于历史传统影响当代公民文化和政府绩效的结论惊人地相似于 Caroline White 的人类学研究成果，见 *Patrons and Partisans：A Study of Politics in Two Southern Italian comuni*（New York：Cambridge University Press，1980）。White 研究了 Abruzzi 的两个相邻城镇，一个有着一个世纪的积极的公民参与、平等的社会关系，“共同体精神”，另一个有庇护—附庸传统、社会等级、私人关系、宗派主义、无效政府。White 对这些对照特征的解释与我们的解释都集中在社会历史上，我们的区别仅在于她更强调土地持有模式的意义。

[134] Hyde，*Society and Politics in Medieval Italy*，pp. 17-37，指出，10 世纪意大利的首要经济差距主要存在于落后的内陆地区和较富有的沿海城市之间，这种现象南北皆有，但是南方更严重。

[135] Compare Larner，*Italy*，pp. 149-150 and pp. 189-190 and Becker，*Medieval Italy.*

[136] 一直到 20 世纪 70 年代，意大利的行业就业率一直都是经济现代化合理的衡量手段；其后，信息化的、以服务为基础的经济的出现使得行业就业率不再是一个特别好的指标。19 世纪末意大利人口普查中得出的劳动参与率一直饱受非议，所以表 5—2 中的关于 19 世纪七八十年代的数据在使用起来要十分小心。我们的分析都是基于已出版的 20 世纪 70 年代意大利中央统计协会的官方数据。但是，修正数据见 O. Vitali，*Aspetti dello sviluppo economico italiano alla luce della ricostruzione della popolazione attiva*（Rome：Università di Roma，1970）yield essentially idential results。

[137] 全国婴儿死亡率是 155 每 1 000 个新生儿，艾米利亚-罗马涅是 171，卡拉布里亚是 151。

[138] 1977—1985 年婴儿死亡率在卡拉布里亚是 15 每 1 000 个新生儿，在艾米利亚-罗马涅是 11。

[139] Robert Leonadi，“Peripheral Ascendancy in the European Community：Evidence from a Longitudinal Study，” unpub. ms.（Brussels：European

Commission，November 1991）。1970 年西班牙、希腊、葡萄牙还不是欧洲共同体的成员，因此未纳入本研究。

［140］以下材料的初级版本首次出现在我们的“Institutional Performance and Political Culture：Some Puzzles about the Power of the Past，” *Governance* 1（July 1988）：221-242。

［141］这里公布的结果是基于 1901 年起的历史就业数据和 1901—1920 年间的婴儿死亡率，但是相似的结果是由整个 1880—1920 年的数据获得的。当代的数据来自 1977 年以来的就业率和 1977—1985 年的婴儿死亡率。分析的结论是强有力的，不受选择时期的影响。

［142］调整后的用以估计 20 世纪 70 年代公民性的值 R^2 为 0. 86，完全与 1860—1920 的公民传统的相关系数 r=0. 93 相一致。社会经济的每个单独变量是完全不显著的。

［143］在预测 1977 年农业就业率时，1901 年的农业就业率的贝塔值为 0. 26（sig. =0. 11），公民传统的贝塔值为 −0. 73（sig. =0. 000 3）。在预测 1977 年的工业就业率时，1901 年的工业就业率的贝塔值为 0. 01（不显著），公民传统的贝塔值为 0. 82（sig. =0. 000 5）。1977 年调整后的农业就业率的 R^2 为 0. 69，而工业就业率的 R^2 为 0. 63。

［144］在估计 1977—1985 年的婴儿死亡率的过程中，1901—1910 年的婴儿死亡率的贝塔值为 0. 19（不显著）；公民传统为 −0. 75（sig. =0. 001）。调整后的 R^2 为 0. 56。

［145］19 世纪地区的平均个人所得的好数据并不易得，到 1911 年（一些数据可得），收入和公民性充分相关（r=0. 81），这种类型的统计分析会受到共线性的影响。然而，在 1987 年估计收入指标的时候，1911 年的贝塔值为 0. 32（sig. =0. 003），而公民性的贝塔值为 0. 70（sig. =0. 000 0）；调整后的 R^2 为 0. 96。换句话说，1911 年的公民传统和收入水平好像和 20 世纪 80 年代的收入水平独立相关。但是公民性指标仍然要比经济指标的预测力大。同时，公民传统既定的情况下（贝塔值 =0. 90，sig. =0. 000 3），1911 年的收入对 20 世纪 70 年代的公民性没有解释力（贝塔值 =0. 02，sig. =0. 91），所有的这些和文中就业率和婴儿死亡率的结果是基本一致的。

［146］Ronald Inglehart，“The Renaissance of Political Culture，” *American Political Science Review* 82（1988）：1203-1230，有类似的观点可以比较，不过英格尔哈特对“公民文化”的定义与我们的略有不同。

［147］工会成员数在一战之前比较低，既得的数据也不完全可信，部分原因是不同政治派别的农业和工业工会的整合非常复杂。

［148］从这个对 Sesto San Giovanni 工人阶级组织的详细研究 Bell 得出了相似的结论：“Pre-factory cultural traditions significantly conditioned the formation of a modern Italian working class and its political action”（“Worker Culture and

Worker Politics", p. 20)。也见Donald Howard Bell，*Sesto San Giovanni：Workers，Culture，and Politics in an Italian Town，1880—1922*（New Brunswick：Rutgers University Press，1986）。1921 年地区水平的工会成员和工业劳动派别的相关系数是 r=0. 58，农业是 r=−0. 49，但是这些相关并不可信，因为工会成员和经济发展都取决于公民传统。

［149］关于支持本段评估的证据，见 Vitali，*Aspetti dello sviluppo*，pp. 360-361，pp. 376-389；Toniolo，*Economic History*，esp. pp. 5-8 and pp. 120-123（though the columns in Toniolo's Table 10. 4，p. 122 are unfortunately reversed）；Vera Zamagai，*Industrializzazione e squilibri regionali in Italia：Bilancio dell'età giolittiana*（Bologna：Il Mulino，1978），esp. pp. 198-199；Tullio-Altan，*La nostra Italia*，pp. 38-39；Clark，*Modern Italy*，p. 24，p. 31，p. 132。Toniolo 的新书系统分析了 1850—1918 年间意大利的经济发展，很有价值。

［150］See Zamagni，*Industrializzazione*，esp. pp. 205-206；and Istituto Guglielmo Tagliacarne，*I redditi e i consumi in Italia：Un analisi dei dati provinciali*（Milan：Franco Angeli，1988），esp. p. 55.

［151］关于地区差距的导论性的经济学文献，见 Robert J. Barro and Xavier Sala-i-Martin，"Convergence across States and Regious，" *Brookings Papers on Economic Activity*，1：1991：107-182. For brief overviews of the voluminous literature on the "Southern Question"，see Toniolo，*Economic History*，esp. pp. 133-150；Clark，*Modern Italy*，esp. pp. 23-28；and Tarrow，*Peasant Communism in Southern Italy*，pp. 17-28。

［152］Zamagni，*Industrializzazione*，pp. 199-201.

［153］Toniolo，*Economic History*，p. 148.

［154］Ibid.，p. 52. 统一时北方的识字率比南方稍高，这种差距在 1871—1911 年稳步扩大。教育是可以解释北方更快发展的一个重要潜在因素。南北的教育差距在近几十年来实际上消失了，然而，经济和公民性差距却持续存在，甚至扩大了。见第四章，p. 118。

［155］Ibid.，p. 121，p. 148.

［156］J. R. Siegeathaler，"Sicilian Economic Change since 1860，" *Journal of European Economic History* no. 2（1973）：414，as cited in Zamagni，*Industrializzazione*，p. 215，认为，"西西里社会和政治结构的僵化应该被看作导致该岛经济落后的唯一重要原因，它的消失是通往进步的唯一道路"。

［157］Arnaldo Bagnasco，*Tre Italie：La problematica territoriale dello sviluppo italiano*（Bologna：Il Mulino，1977）and Bagnasco，*La costruzione sociale del mercato：Studi sullo sviluppo di piccola impresa in Italia*（Bologna：Il：Mulino，1988）.

［158］Michael J. Piore and Charles F. Sabel，*The Second Industrial Divide*：

Possibilities for Prosperity（New York：Basic Books，1984）。关于工业区、“弹性专业化”，以及它们的社会先决条件的有用的概论，见 *Industrial Districts and Inter-firm Co-operation in Italy*，eds. Frank Pyke，Giacomo Becattini，and Werner Sengenberger（Geneva：International Institute for Labor Studies of the International Labor Organisation，1990），especially Sebastiano Brusco，“The Idea of the Industrial District：Its Genesis，” pp. 10-19，and Giaeomo Becattini，“The Marshallian Industrial District as a Socioeconomic Notion，” pp. 37-51。“弹性专业化”的论点有时包括了这样的工业区代表着世界经济“未来发展浪潮”的假设，但这不是我们这里讨论的问题。

[159] Sebastiano Brusco，“The Emilian Model：Productive Decentralisation and Social Integration，” *Cambridge Journal of Economics* 6（1982）：167-184. Patrizio Bianchi and Giuseppina Gualtieri，“Emilia-Romagna and its Industrial Districts：The Evolution of a Model，” *The Regions and European Integration*：*The Case of Emilia-Romagna*，eds. Robert Leonardi and Raffaella Y. Nanetti（New York：Pinter，1990），pp. 83-108，认为，虽然中小企业在“第三意大利”的成功一开始被归因于广泛的逃税和联盟协议，但是后来的研究否定了这种解释。

[160] Mark H. Lazerson，“Organizational Growth of Small Firms：An Outcome of Markets and Hierarchies？” *American Sociological Review* 53（June 1988）：331.

[161] Michael J. Piore and Charles F. Sabel，“Italian Small Business Development：Lessons for U. S. Industrial Policy，” in *American Business in International Competition*：*Government Policies and Corporate Strategies*，eds. John Zysman and Laura Tyson（Ithaca：Cornell University Press，1983），pp. 401-402.

[162] Piore and Sabel，*Second Industrial Divide*，p. 265，p. 275.

[163] 关于本段描述的模式的证据，见 Brusco，“The Idea of the Industrial District，” pp. 15-16；Becattini，“The Marshallian Industrial District，” p. 33 and p. 39；Michacl J. Piore，“Work，Labour and Action：Work Experience in a System of Flexible Production，” p. 55 and pp. 58-59，and Carlo Trigilia，“Work and Politics in the Third Italy’s Industrial Districts，” pp. 179-182，all in *Industrial Districts and Inter-firm Co-operation in Italy*，eds. Pyke，Becattini，and Sengenberger，as well as Paolo Feltrin，“Regolazione politica e sviluppo economico locale，” *Strumenti* 1（January-April 1988）：51-81。公民网络也提高了意大利之外的经济活力，例如，“硅谷的活力既归功于个体企业家的努力，也归功于那里丰富的社会、专业和商业联系”。AnnaLee Saxenian，“Regional Networks and the Resurgence of Silion Valley，” *California Management Review* 33（Fall 1990）：89-112。

[164] *Atlas of Industrializing Britain，1780—1914*，eds. John Langton and R. J.

Morris（New York：Metheun，1986），p. xxx.

［165］Ginsborg，*History of Contemporary Italy*，p. 219. 虽然和北美地区比较并不高，但是这些数据在许多家庭已经数代居住在一个地方的大陆来说是很高的。（即使今天，受过教育的意大利人，被问到“你来自哪里”的时候，经常说出他们父母几十年前就搬离而他们自己从未在那里居住过的小镇）。此外，当然还有数以百万计的意大利人已经移民到了其他国家。确实，如果有公民精神的南部人有可能不成比例地向外移民，那么可以说选择性移民造成了南部的落后。（关于一些提示性的证据，见 Johan Galtung，*Members of Two Worlds*［New York：Columbia University Press，1971］，pp. 190-191，as cited in Barnes and Sani，“Mediterranean Political Culture and Italian Polities”，p. 300。）虽然我们不能完全忽略这种论断，但是它不能解释这里追溯的长期历史延续性，因为是 19 世纪大多数时候大规模的意大利移民来自北方。南方移民的数量在 19 世纪 90 年代以后才变大。见 Clark，*Modern Italy*，p. 32，pp. 165-166。

第六章
社会资本与制度成功

第一节　集体行动的困境

在意大利公民精神较弱的地区，集体生活枯萎了已不止 1 000 年了。这是为什么？很难说是那里的居民喜欢隐居，过顺从的苦日子。[1]异族压迫或许一度是造成苦难的部分原因，但是，我们所做的地区性试验表明，自治并非灵丹妙药。恼怒之下，人们可能不惜冒犯地诘问：难道这些陷入困境的人们，从自己抑郁的历史中，就硬是什么也没有学到？无疑，他们一定懂得，只要人人为了共同利益而合作，那么，所有人都会从中受益。[2]

18 世纪苏格兰哲学家大卫·休谟（David Hume）用一个简单比喻，描述了这一扰乱了理性的公共精神的基本困境：

> 你的玉米今天熟了，我的明天也可以收割了。让我们来做件对双方有利的事吧，今天我给你干，明天你来帮我。我这可不是对你发善心，我知道你也不是。因此，我不会为了你的利益而费心尽力，我帮你干是为了我自己，是期望得到回报。我知道，要指望你

感恩戴德，也是徒劳的，是会令人失望的。如果，我让你自己干，你也如此对待我，季节过去了，这样，我们俩因为缺乏互相信任和保障，都失去了丰收的果实。[3]

无法为了共同利益进行合作，未必意味着人们无知或缺乏理性。博弈理论家们在许多方面探讨了人类的这一基本困境：

- 在公共草地悲剧中，牧民无法限制其他人放牧，如果他自我限制，吃亏的是他自己。然而，过度放牧会摧毁大家都赖以生存的整个草场。
- 诸如洁净的空气和邻里安全环境一类的公共品，每个人都能分享，不论是否为此作出过贡献。因此，在一般情况下，没有人还有动力去提供这些公共品，结果，由于太少人去生产，大家都受罪。
- 在沉闷的集体行动逻辑中，如果大家都参加罢工，每个工人都会受益。但是，无论谁擎起罢工大旗，都要冒遭受获得丰厚回报的工贼的迫害的风险。因此，人人都在等待，希望别人鲁莽行事，自己从中受益。
- 在囚徒困境中，两个同案犯人被分别单独监禁，每个人都被告知，如果他告发同伴，他可以免受处罚，但如果他保持沉默，而其同伴招了，他将受到特别严厉的惩罚。如果两个人都保持沉默，他们都会被从轻发落，但是，由于无法串通编故事，告密对每个人都有好处，无论对方是否招供。

如同休谟所举的乡村例子，在所有这些境遇中，如果合作的话，每一方都能从中获益。然而，由于缺乏可信的互相承诺，人人都愿意开小差，搭便车。每一个人从理性的角度都会预计，另一方会背叛，让自己做傻子，承担苦果。“这些模式……极为有效地告诉我们，完全理性的个人在某些情况下如何会做出从全体当事人的角度看是‘非理性的’行为。”[4]

这一窘境并非源自恶意相向或厌恶人类，当然，无情的结局会助长这些情绪。即使任何一方都不想加害于对方，即使双方有条件地事先倾向于合作——你做，我就做，在承诺无法核实和强制执行的情况下，他们也无法保证对方不违约。更糟糕的是，每一方都知道对方也面临着同样的困境。“在开始合作前，不仅必须相信他人，还要确信自己是被他人所信任的”[5]。在上述情形下，人人都发现合作是不理性的，所以，最终的结局是大家都不愿意见到的：烂在地里的玉米、过度放牧的草场和陷入僵局的政府。

对休谟的农民来说，核心的问题是对欺骗行为缺乏令人信服的制裁。人们怎么才能确信，另一方在逃避义务的诱惑面前会恪守诺言？在更复杂的环境中，如出现了现代政府或现代市场，监督的复杂性就更多了一层：一个当事人怎么才能知道，在面临众多的不确定性和补偿收益时，另一方到底有没有忠实地信守诺言？要想实现成功的合作，准确的信息和可靠的执行都是必要的。

所有社会制度的绩效，从国际信贷市场，到地区政府，到排队乘车，都取决于我们如何解决这些问题。也许，在一个圣人的世界里，集体行动困境并不存在。但是，普遍的利他主义是社会行动和社会理论的堂吉诃德式的前提。如果行动者无法互相做出可信的承诺，他们只好放弃众多可以共同获益的机会，很可悲，但很合理。

霍布斯是最早面对这一困境的伟大社会理论家之一，他的经典方案是：第三方监督执行。如果双方都向国家出让权力，以强制双方互相尊重礼让，他们就会得到参与公共生活所必需的互相信任。国家使得其臣民能够做他们自己无法做的事情：互相信任。“人人为自己，国家为人人”，俄国无政府主义者克鲁泡特金（Pietr Kropotkin）用一种怀疑态度这样描述过现代社会的基本准则。[6]

遗憾的是，这一方案太过简单了。诺思（North）也曾这样简洁地论述过这一问题：

> 原则上说，第三方执行将涉及一个中立方，它能够免费对合同的特性进行评估，能够免费执行合同中的各种协议。在这样的情况下，违约方永远都必须向受害方进行赔偿，其数量足以使得违约成为一件代价昂贵的事。显然，在现实的世界里，这些严格的条件，极少或根本无法得到满足。[7]

困难之处部分地在于，强制执行成本太高。“与那些靠其他手段保持信任的社会相比，严重依赖暴力的社会，往往缺乏效率，成本昂贵，让人感到不愉快。”[8] 更为关键的是，公正的执行，本身就是一个公共品，一样受制于它所致力于解决的基本困境。要想使第三方执行能够运转，第三方本身必须是可信的，但是，什么样的权力能够保证国家权力履行自己的义务？“简单地说，如果国家拥有强制力，那些掌握国家权力的人就会使用这些力量，在牺牲社会其他成员利益的基础上，谋取自己的利益。”[9]

历史告诉南意大利人，对于集体行动困境，霍布斯式解决方案行不通。“君主，作为权威的制度供应者，有的时候提供的制度增进了福利，但是，他们也提供过导致经济衰退的制度。”[10] 用博弈理论的语言来说，不偏不倚的第三方执行一般不是“稳定的均衡”，在这种均衡中，任何一方都没有动机去改变自己的行为。

与此相反，在经典性的囚徒困境和其他的集体行动困境中，对每一方来说，背叛都是一种稳定的均衡策略。“在所有的策略中，无论是单纯的还是混合的，‘背叛’都是最好的独一无二的选择。”[11] 尽管其结果对大家都不利，但是，对个人来说，背叛仍然是一种理性的选择。

然而，正如有人指出的那样，上述理论论证得太过宽泛，对自愿性合作估计不足。例如，休谟举了个农民邻里之间不合作的例子，对此，我们无疑可以用意大利中部长期存在的佃农合作以及美国边疆的邻里互助建谷仓的实践来加以反驳。从那种颇有说服力的集体行动逻辑的角度看，这些例证令人迷惑不解。“我们应该问一问，为什么不合作的行为，并不像博弈理论所预见的那样，频频出现。”[12]

近些年来，这一问题让许多富有创见的学者大伤脑筋。博弈理论家们一般都同意，当人们进行的是无限重复的博弈时，背叛者在以后的博弈中会受到惩罚，合作因此应该容易些。这一原则是在该领域中进一步推理的基础，它得到了广泛的承认，富尔克定理（Folk Theorem）就是它的一种表述。[13] 倾向于合作的博弈本身还有其他的内在条件，理论上说，包括（参与者数量有限，有关每一参与者以往行为的信息丰富，参与者对未来并非完全不予考虑）其中的每一个因素都是重要的。这似乎意味着非私人的合作应该很少，但实际上在现代世界大部，这种合作很普遍。这究竟是为什么？[14]

还有一条重要的研究线索，其代表人物是经济学家奥利弗·威廉姆森（Oliver Williamson）。这一研究流派强调，在减少“交易费用”（即监督和执行协议的费用）方面，正式的制度起着作用，它使得当事人能够更有效地解决机会主义和逃避义务等问题。[15] 正如我们在第一章中指出的，近年来埃莉诺·奥斯特罗姆为我们展示了这一研究取向的价值，她仔细比较了人们在管理诸如牧场、水井和鱼塘等公共资源时所进行的合作尝试，提出了这样一个问题：为什么有些制度安排成功地克服了集体行动逻辑的困境，有些则失败了？从她的比较中我们可以得到这样的启发，制度设计的原则应该包括这样一些方面：制度的界限得到清晰的界定；有关各方参与了规则的制定；违规者要受到分级惩罚；拥有低成本的解决冲突的手段；等等。[16]

然而，这种“新制度主义”还是留下了一个悬而未决的关键问题：这些有助于克服集体行动困难的正式制度，实际上为什么能够产生，它们是如何产生的？参与者自己似乎无法创造制度，正是为了这个原因，他们首先需要有个制度，而且，不偏不倚的“立法者”同公正无私的霍布斯式最高统治者一样，都是成问题的。[17]

> 我们无法订立一个契约（也就是法规）去遵守我们的宪法，这样就会陷入对类似契约的无穷无尽的回归。社会控制的正式机制，从其原型上说，无法躲避搭便车。居于统治地位的小集团会去削弱宪法的权威；其他方面都善良好心的公民会让其邻居去监督那些篡权者，自己则坐享其成；藐视法律的人则会偷税漏税，开车闯红灯。[18]

当然，违法者、逃避义务者和居于统治地位的小集团的确困扰着许多社会，生活在意大利公民精神欠发达地区的人们可以证实这一点。然而，在有些地区，合作性制度似乎却在有效地工作着。这是为什么？为了解决这一问题，一些精明而讲究实际的理论家转而借助于罗伯特·贝茨（Robert Bates）所说的“软”方案，诸如共同体和信任，“在一个存在囚徒困境的社会里，合作性共同体将使理性的个人能够超越集体行动的悖论”[19]。

第二节 社会资本、信任和轮流信用组织

对于集体行动悖论以及由此产生的违背自身利益的投机行为，成功的超越依赖于更为广阔的社会背景，在那里，任何一种博弈都能够进行。在一个继承了大量社会资本的共同体内，自愿的合作更容易出现，这些社会资本包括互惠的规范和公民参与的网络。[20]

这里所说的社会资本是指社会组织的特征，诸如信任、规范以及网络，它们能够通过促进合作行为来提高社会的效率：

> 像其他形式的资本一样，社会资本也是生产性的，它使得某些目标的实现成为可能，而在缺乏这些社会资本的情况下，上述目标就无法实现……例如，一个团体，如果其成员是可以信赖的，并且成员之间存在广泛的互信，那么，它将能够比缺乏这些资本的相应团体取得更大的成就……在一个农业共同体中……那里的农民互相帮助捆干草，互相大量出借或借用农具，这样，社会资本就使得每一个农民用更少的物质资本（如工具和设备）干完了自己的农活。[21]

社会资本促进了自发的合作。一个富有启发性的例证就是那种非正式的储蓄组织，这种叫做“轮流信用组织”的实践出现于各大洲。轮流信用组织的成员“同意定期向一个基金注入资金，这笔钱全部或部分地轮流交给每一个捐款人使用”[22]。这种轮流信用组织在世界各地都有发现，从尼日利亚到苏格兰，从秘鲁到越南，从日本到埃及，从美国东部的西印度移民到西部的奇卡诺人，从中国农民到墨西哥的银行经理和经济预测专家。据说，美国许多储蓄和贷款银行都是靠轮流信用组织起家的。[23]

在一个典型的轮流信用组织中，20个成员每人每月可能要交一美元，每一个月都有一个成员得到这笔钱，然后做他或她想做的事（操办婚礼、买自行车、买缝纫机或给自己的小店进货，等等）。[24]这个成员下个月就没有资格再拿钱了，但是要继续交钱，直到所有的成员都拿到了钱。轮流信用组织在规模、社会构成和确定支出的程序上各不相同，但都是将社会交往与小规模的资本形成结合了起来。

轮流信用组织，不论其聚会具有多大的作乐性质，所代表的意义都超过了社会娱乐和利他主义。例如，克利福德·格尔茨（Clifford Geertz）指出，在爪哇，arisan一词（意味着“合作的努力”或“互助”）所反映的，“并非是太多的普遍的合作精神，而是一套明确和具体的交换关系，交换的对象包括劳动、资本和生活各方面所使用的消费品。爪哇的农民，像众多其他地方的农民一样，对于近亲家庭以外的大型团体存有相当的戒心……合作的基础是合作参与者能够切身感受到的极其真实的共同价值观念，而不是鼓励人人团结的普遍伦理观念，或者是有机的社会概念”[25]。

显然，轮流信用组织违背了集体行动的逻辑：为什么参与者在拿到他那一份之后不退出？考虑到这一风险，为什么其他人还会先捐款后受益？“显然，除非所有成员都履行义务，否则轮流信用组织将无法运转下去。”[26]然而，在那些并不存在时刻准备惩罚背叛者的法律强制的地方，轮流信用组织兴旺发达地存在。

参与者清楚地意识到了违约的风险，所以，组织者在挑选成员时谨慎小心。因此，享有诚实而可靠的名声，对那些未来的参加者来说，是一笔宝贵的财富。声誉信息的一个重要来源，无疑就是以前参加过的类似组织。获得一个好名声，是人们从参加这一组织中得到的重要副产品。（声誉的不确定性和违约的风险，被强大的规范和密集的互惠性参与网络降到了最低。）反对背叛的规范是如此的强大，据说，几近违约边缘的成员，有的卖女为娼来筹措资金，有的选择自尽一了百了。[27]

在那些小规模的高度私人化的共同体中，如尼日利亚的伊博人村庄，从社会经济体系中被放逐出去的危险，是一种强大和可靠的惩罚手段。相形之下，在如当代的墨西哥城一类的更为分散、更加非私人化的社会里，要想维持轮流信用组织的存在，必须编织出更为复杂的互信网络。维莱斯-伊本内兹（Velez-Ibanez）记录了墨西哥兴旺发达的轮流信用组织，它们从社会网络扩展而来，其基础为普遍的互惠和互信。“普遍的互惠和互信，既可以是直接的，也可以是间接的，其质量和密度各不相同。在许多时候，成员必须相信别人的信任，才能履行自己的义务，因为他们对对方知之甚少。正如一个重要人物所说，‘互相信任是借来的’。”[28]社会网络使得信任可以传递和扩散：我相信你，是因为我相信她，而她向我保证，她信任你。

轮流信用组织表明，集体行动困境可以通过利用外部的社会资本来加以克服，人们“借用原有的社会联系来解决信息不完全和执行方面的问题”[29]。如同常规资本之于一般借贷者，社会资本就像一种担保品在起作用，那些无法进入普通信贷市场的人也可以得到它。[30]在没有物质财富做担保时，参与者实际上是在用他们的社会联系作保。（人们用社会资本来举债，扩展了共同体内的信贷机构，提高了市场的效率。）

人们发现，轮流信用组织时常与合作社和其他一些互助团结形式相连。在某种程度上，这是因为，所有自愿合作形式都是由同样的基本社会资本所滋养的。奥斯特罗姆指出，对于小规模的公共资源，如阿尔卑斯山的草地等，“当人们在那里生活了多年以后，会形成许多共同的互惠规范和模式，这就是他们的社会资本，利用这一资本，他们能够建立起制度来，以解决公共资源使用中出现的困境”[31]。

轮流信用组织一类的互助实践，本身就是投资于社会资本的一种表现。爪哇人的合作与互助“一般被其成员更多地视为是广义的社会制度，而不是经济制度，前者的主要目的是加强共同体的团结”。在日本也是如此，“一种叫做合作（ko）的互助形式在日本农村很普遍，是若干传统的互助形式之一。它包括换工、互相馈赠礼品、兴建和维修公共房屋，以及邻里在生老病死诸方面互相帮助，等等。因此，就像在爪哇农村一样，轮流信用组织不仅是一个经济制度，它还是加强全村团结的一种机制”[32]。

就像常规资本一样，那些拥有社会资本的人往往会积累更多的社会资本，“拥有者得到的更多”。“成功地开创了初期的小规模制度，能够使参与者依赖该制度所带来的社会资本，以更大更复杂的制度安排去解决更大的问题。当代的集体行动理论没有把重点放在制度资本的增长过程之上。”[33]

大多数的社会资本形式，如信任，都是阿尔弗雷德·赫希曼（Alfred Hirschman）所说的“道德资源”，也就是说，这种资源的使用，增加而不是减少自身的供给；如果不使用它，它就会消失殆尽。[34]两个人之间互相展示的信任越多，他们的互相信任也就越大。[35] 相反：

> 很难通过经验使极度猜疑消失，因为它要么阻止人们进行适当的社会实验，或者更糟，要么带来的行为强化了不信任的有效性……一旦猜疑出现，人们很快就会发现，无法知道实际上是否曾经为它提供过正当理由，因为它有一种自我实现的能力。[36]

其他的社会资本，如社会规范和网络，也是如此，使用增加了供给，搁置不用则会减少供给。[37] 正是因为这些原因，我们应该设想，用良性和恶性循环，来标示社会资本的产生和毁灭。

社会资本，如信任、规范和网络，一般说来都是公共品（public goods），而常规资本一般则是私人品（private goods）。这是社会资本的一个特性。“社会资本并非是任何从中获益者的私人财产，这是个人寄身其间的社会结构的一个特性。”[38] 像所有的公共品一样，社会资本也受到了私人当事者的低估，他们对社会资本的供应也是不足的。举个例子来说，我名声好，可以信赖，这既对我有利，也对你有利，因为它使我们能够共同参与对双方有利的合作。但是，我并不会考虑，我值得信赖会对你有益（或者我不可靠会给你带来损失）。这样一来，我对信任生产的投入就会不足。[39] 这意味着，社会资本，与其他形式的资本不同，常常必须以其他社会活动的副产品形式出现。[40]

信任是社会资本的必不可少的组成部分。肯尼思·阿罗（Kenneth Arrow）指出，“实际上，每一起商业交易都内在地含有信任成分，无疑，任何一种交易都要有一定的时间跨度。人们似乎有理由认为，经济落后很大一部分程度是由缺乏互相信任造成的”[41]。安东尼·帕格登向我们介绍过安东尼奥·吉诺韦西（Antonio Genovesi）的一些有关见识，此人是 18 世纪那不勒斯的一位精明的经济学家：

> （吉诺韦西）指出：在缺乏信任的地方，“契约没有确定性，法律因此没有效力”。处于这种境地的社会，实际上退回到了“半原始状态”……（在吉诺韦西时代的那不勒斯），债券、甚至货币，很多都是假的，人们不再随意接受它们。按照吉诺韦西的描述，那不勒斯人已经退回到了原始状态。一手接货，一手交货，是他们唯一的交易方式。[42]

相形之下，在意大利公民精神发达的地区，社会信任长期以来一直都是伦理道德的核心组成部分，它维持了经济发展的动力，确保了政府的绩效。[43] 在立法和行政之间，工人和管理者之间，政党之间，政府和私人组织之间，小企业之间，常常需要合作。但是，在这些情形下，明确的“协议条款”和“监督”通常代价高昂或是难以做到，而第三方执行又不切实际。在一个共同体中，信任水平越高，合作的可能性就越大。而且，合作本身会带来信任。社会资本的稳步发展，正是意大利公民精神发达地区的良性循环的关键部分。

合作所需要的信任并不是盲目的。信任意味着对独立行动者之行为有预测。“你并不会只是因为一个人说他要这么做，就会相信他真的会去做。你相信他，只是因为你知道他的性格，他所面临的选择及其后果，他的能力，等等，你期望他会选择这么做。”[44] 在小规模的紧密相连的共同体中，这种预测可以建立在伯纳德·威廉斯（Bernard Williams）所说的“厚信任”（thick trust）之上，也就是因对当事人熟悉而产生的信任。然而，大型和更为复杂的结构，需要更多非私人化或间接的信任。[45] 那么，私人的信任如何才能转变成社会的信任呢？

第三节　互惠规范与公民参与网络

在现代的复杂社会里，社会信任能够从这样两个互相联系的方面产生：互惠规范（norms of reciprocity）和公民参与网络。[46] 在詹姆斯·科尔曼（James Coleman）看来，社会规范可以将行动的控制权从行动者转移到其他人手中，这主要是因为，行动具有“外部性”，也就是说，具有影响他人的后果（积极的或消极的）。外部性有时候可以通过市场交易来控制，但是这常常做不到。“当行动给一群人带来类似的外部性时，规范就产生了，然而，行动控制权的交易市场难以轻易建立起来，而且，没有一个行动者能够在旨在获得控制权的交易中受益。”[47] 规范是被灌输出来的，是由模式、社会化（包括公民教育）和惩罚来维系的。[48]

有这样一个例子可以使问题变得清晰。美国的 11 月风很大，我家的树叶可能会刮到别人家的院子里去。我的邻居们不太可能联合起来付给我费用，让我清除这些落叶。但是，邻里之间有这样一个强有力的规范制约，要求各家保持草坪整洁，这倒让我会想一想，星期六下午还要不要去看电视。实际上，这一规范并非来自当地的学校教育，新住户搬来时，邻居们会提醒他，秋天闲聊时也会不停地提及此事，此外，人人都格外卖力地把自己的院子打扫得一干二净。不清扫树叶的人，在邻里聚会时会受到冷落，很少有人会这么做。尽管这一规范并没有法律效力，尽管我更愿意站在窗前欣赏七叶树鸡在树叶里叼来啄去，我通常还是会去遵守规范。

这些增强社会信任的规范之所以能够发展，是因为它们降低了交易成本，促进了合作。[49] 互惠是规范最为重要的一种。互惠有两种，有时人们以“均衡的”（或“特殊的”）和“普遍化的”（或“扩散的”）来称呼它们。[50] 均衡的互惠指的是，人们同时交换价值相等的东西，如办公室同事互换节日礼物，或者议员们互相捧场。普遍化的互惠是说，交换关系在持续进行，这种互惠在特定的时间里是无报酬的和不均衡的，但是，它使人们产生共同的期望，现在己予人，将来人予己。例如，友谊就几乎永远都包含着普遍的互惠。西塞罗（Cicero，顺便说一下，他是意大利中部人）以一种令人赞叹的清晰，这样描述过普遍的互惠：“没有什么义务像报答那样责无旁贷。没有人会信任一个忘记他人恩惠的人。”[51]

普遍的互惠是一种具有高度生产性的社会资本。遵循了这一规范的共同体，可以更有效地约束投机，解决集体行动问题。[52] 互惠是互助社与“保护者协会”之类自助安全组织的核心，前者的出现降低了 19 世纪的经济风险，后者则在中世纪的意大利为公民提供了安全保护。普遍的互惠把自我利益和团结互助结合了起来。

> 人人都在一个互惠的体系里行事，这通常被描述为所谓的短期利他与长期利己的结合。我现在帮你摆脱困境，是期望（可能是含糊的、不确定的和未经计算的）你将来会帮我的忙。互惠是由一系

列行为构成的，其中的每一个行为都具有短期的利他性（利他者负担成本，他人受益），但它们的集合一般会令所有参与者受益。[53]

有效的普遍互惠规范，可能会与密集的社会交换网络相连。在一个社会里，如果人们确信他们的信任会得到回报，而不会被人利用，交换就更有可能随之而来。从另一方面说，在一定时间里不断重复的交换，往往鼓励着普遍互惠规范的发展。[54]此外，某些社会网络本身也促进了集体行动困境的解决。马克·格兰诺维特（Mark Granovetter）就曾经强调指出，当协议“嵌入”（embedded）到更大的私人关系和社会网络的结构之中时，信任就会产生，胡作非为就会被遏制。[55]

人际互动会提供有关他人可信性的信息，它相对成本较低，而且可靠。博弈理论中的富尔克定理提醒我们，持续的社会关系会鼓励可信行为。还有，持续的联系“常常带有社会的成分，其中包括对信任的强烈期望，对投机的极大约束……囚徒困境就……常常被浓厚的私人关系扼制”[56]。根据嵌入理论（embeddedness approach），一个社会里出现的秩序与混乱、合作与投机，是由先前存在的社会网络所决定的。

任何社会，现代的或传统的，专制的或民主的，封建主义的或资本主义的，都是由一系列人际沟通和交换网络构成的，这些网络既有正式的，也有非正式的。其中一些以“横向”为主，把具有相同地位和权力的行为者联系在一起。还有一些则以“垂直”为主，将不平等的行为者结合到不对称的等级和依附关系之中。当然，在真实的世界里，几乎所有的网络都含有这二者。即便是打保龄球还要有个队长，而另一方面，监狱的看守却时常与犯人称兄道弟。一个组织特有的实际网络，可能与该组织的意识形态并不吻合。[57]而名义上相近的组织也可能有着不同的网络类型。例如，所有的宗教组织都是等级制和民主制的混合，但是，传统上认为，清教徒公理会的网络，比天主教教会在横向联系上更多。[58]不管怎么说，横向和垂直联系的基本区别，“网状”（web-like）和“柱状”（maypole-like）网络的根本不同，是相当清楚的。

邻里组织、合唱队、合作社、体育俱乐部、大众性政党等，这些我们在前两章讨论过的公民参与网络，都属于密切的横向互动。这些网络是社会资本的基本组成部分。在一个共同体中，此类网络越密，其公民就越有可能进行为了共同利益的合作。为什么公民参与网络具有这种极为有益的附带效果？

- 公民参与网络增加了人们在任何单独交易中进行欺骗的潜在成本。投机者要面临这样的风险：既无法从未来的交易中获益，也不能从他目前参与的其他交易中得到他所期望的收益。用博弈理论的语言说，公民参与网络增加了博弈的重复性和各种博弈之间的联系性。[59]

- 公民参与网络培育了强大的互惠规范。在许多社会背景下，互动的同伴们，“倾向于给那些可以接受的行为制定强大的规范，并且在各种交往场所互相交流各自的期望”。这些规范因“关系网络而得到了加强，而关系网络则取决于好名声的确立，其中包括信守诺言、遵守当地的行为规范”[60]。

- 公民参与网络促进了交往，促进了有关个人品行的信息之流通。公民参与网络使得名声获得传递和赞美。[61]如我们所见，信任与合作，依赖于人们对潜在伙伴的以往行为和当前利益的真实了解，而不确定性则强化了集体行动的困境。因此，假设其他条件相同，参与者之间的交往（直接的或间接的）越多，他们之间的互信就越大，合作也就更容易。[62]

- 公民参与网络体现的是以往合作的成功，可以把它作为一种具有文化内涵的模板，未来的合作在此之上进行。“文化的过滤装置为我们提供了连续性，因此，那些对交换问题的古老的非正式解决方案，延续到了今天，它们使得非正式约束成为社会长期变迁中的连续性之重要来源。”[63]

正如我们在上一章中所指出的，北意大利的公民传统保存了各种合作形式的全部历史功能，其价值已经被历史证明，今天仍然可以被人们用来解决新的集体行动问题。互助会是在旧的同业公会的废墟上建立起来的，合作社和大众政党则借用了互助会的经验，当代意大利的环境保护运动又承接了先例。相反，在没有公民合作先例可循的地方，人们难以跨越猜疑的藩篱，难以消除逃避义务的行为。当出现了需要合作解决的新问题时，任何地方的人都会去自己的历史中寻找答案。在历史中，共同体的公民发现了横向联合的成功范例，而公民精神不发达地区的人们充其量也只能找到垂直的乞怜。

垂直的网络，无论多么密集，无论对其参与者多么重要，都无法维系社会信任和合作。信息的垂直流动，常常不如水平流动可靠，其原因部分地在于，下属为了免受剥削而对信息有所保留。更为重要的是，那些支撑互惠规范的惩罚手段，不太可能向上实施，即使实施了，也不太可能被接受。[64]只有那些缺少与同伴合作、胆大而莽撞的下属，才会寻求惩罚上级。

举个例子来说，庇护—附庸关系也包含有人际交换和互惠义务，但这种交换是垂直的，义务是不对称的。皮特-里弗斯（Pitt-Rivers）把庇护制称为“倾斜的友谊”[65]。而且，庇护制的垂直联系“似乎破坏了横向组织，损害了庇护者之间的团结，尤其是损害了附庸之间的团结”[66]。同一个庇护者的两个附庸，由于没有直接的联系，双方之间没有任何东西可以相互抵押。他们既没有共同的利益去反对互相欺骗，也不惧怕互相疏远和隔离。他们没有机会去建立普遍互惠的规范，也无共同合作的历史可资借鉴。庇护—附庸的垂直关系的特性是依附性，而不是共同性，在这种关系中，在庇护者和附庸者这两方面，都更有可能出现投机行为，对于前者这是剥削，对于后者则是逃避义务。就解决集体行动困境而言，垂直网络要比横向网络的作用小，19世纪之所以证明资本主义比封建主义更有效率，20世纪之所以证明民主比专制更有效率，上述事实可能就是其中一个原因吧。

亲属关系在解决集体行动困境中具有特殊的作用。在某些方面，血缘纽带可以与横向的公民参与相媲美，但是家庭更为普遍。毫不奇怪，家族企业和紧密相连的少数族裔（欧洲的犹太人和亚洲的中国人等），在商业革命的初期始终具有重要作用。然而，公民参与网络更有可能涵盖社会各主要领域，从而支持整个共同体的合作。具有讽刺意味的是，恰如格拉诺威特所说，在维系共同体的团结和支持集体行动方面，“强”人际关系（如亲朋好友）要比“弱”关系（如熟人和二级组织的共同成员）重要性小。“弱联系比强联系更有可能将不同的小集团成员联系在一起，强联系往往集中于特定的集团。”[67]密集但是彼此分离的垂直网络维持了每一集团内部的合作，而公民参与网络则跨越了社会的分层，滋养了更为广阔的合作。公民参与网络之所以成为共同体的社会资本之重要储存，这又是其中一个原因。

如果说横向的公民参与网络有助于参与者解决集体行动困境，那么，一个组织的建构越具有横向性，它就越能够在更广泛的共同体内促进制度的成功。横向组织的成员数量（如体育俱乐部、合作社、互助会、文化团体和自发工会），应该与好政府有着正联系。由于政党的组织状况，在党与党之间、地区与地区之间都有所不同（在某些地区是垂直的，某些地区则是横向的），我们应该设想党员本身与好政府无关。等级组织（如黑手党或制度化的天主教会）的成员比率则应该与好政府有着负联系。至少是在意大利，最虔诚的教徒所具有的公民精神最少。[68] 所有上述预测都与本研究所提供的证据相一致，就像我们在前两章所见到的那样。[69] 在意大利，好政府是合唱队和足球俱乐部的副产品，而不是祈祷者的副产品。

我们对公共网络之有益影响的解释，在某些方面，与其他的政治经济发展理论相悖。曼库尔·奥尔森（Mancur Olson）在其《国家的兴衰》一书中，借用其具有独创性的集体行动逻辑理论，得出结论，小的利益集团没有动力去为了社会共同的善而工作，却有极大的动力去从事代价高昂和效率低下的“寻租”：为了免税而游说，互相串通限制竞争，等等。[70] 更糟糕的是，当没有异族入侵或革命性变革的情况时，在任何社会中，特殊利益集团都会变得越来越稠密，从而窒息了创新，阻碍了经济增长。集团越多和越强，意味着经济发展越缓慢。强社会，弱经济。

奥尔森为结社传统对经济发展的影响而哀伤，一些政治发展理论家则从另一个角度谈到这一问题，他们认为，强大的、组织良好的和活跃的社会，会限制政府的有效运转。例如，乔尔·米格代尔（Joel Migdal）就指出：

> 社会结构，特别是那些实施了有效社会控制的众多社会组织的存在，对国家大幅扩展自己的力量，起着决定性（消极的）影响……在诸多社会中，尤其是新兴国家中，重大的斗争所涉及的

是，国家是否能够赶走社会中的其他组织，这些组织制定的各种规则违反了国家领袖的意志和目标。[71]

简而言之，集团越多越强，意味着政府软弱。强社会，弱国家。

我们使用的数据和理论，与上述观点相矛盾。本书第五章指出，从历史上说，公民参与的规范和网络促进了经济发展，而不是相反。今天，这种影响依然存在。在地区政府诞生后的20年里，以1970年的发展水平为参照，公民精神发达地区之经济发展，要比组织较少、等级制更多的地区速度快。两个1970年时经济同样发达的地区，公民参与网络更稠密的地区，在以后的岁月里，发展速度要快得多。[72]同样，如我们在第四章所说，公民组织与有效的公共制度有着极强的联系。本章所讨论的理论，有助于解释为什么社会资本——体现在横向公民参与网络之中——提供了政府和经济的绩效，而不是相反。我们的观点是，强社会，强经济；强社会，强国家。

第四节　历史和制度绩效：两种社会均衡

至此，让我们来总结一下前面的观点。在所有社会中，集体行动困境都阻碍了人们为了共同的利益——无论是政治的还是经济的——而进行合作的尝试。第三方强制执行不足以解决这一问题。自愿性合作（如轮流信用组织）依赖于社会资本的存在。普遍互惠的规范和公民参与网络，鼓励了社会信任与合作，因为它们减少了背叛的动力，减少了不确定性，为未来的合作提供了模式。信任本身是社会体系自然产生的一种财富，就相当于个人的品质。个人之所以能够去信任（而不只是轻信），是其行动所寄寓其间的社会规范和网络使然。[73]

社会资本的存量，如信任、规范和网络，往往具有自我增强性和可累积性。良性循环会产生社会均衡，形成高水准的合作、信任、互惠、公民参与和集体福利。它们成为公民共同体的本质特征。与此相反，缺乏这些品质的非公民精神共同体，也是自我增强的。在恶性循环的令人窒息的有害环境里，背叛、猜疑、逃避、利用、孤立、混乱和停滞，在互相强化着。这表明，至少存在两种广泛的均衡，所有面临集体行动问题的社会（也就是所有社会），往往都会朝着其中之一发展，而且，均衡一旦实现，往往会自我增强。

“永不合作”策略也是一种稳定的均衡，其原因，我们已经在对囚徒博弈的标准论述中阐述得很清楚了。[74]一旦陷入这种境地，无论它多么具有剥削性，多么落后，任何人试图去寻找具有合作性的别样选择，都将是非理性的，除非是在直系家庭里。班菲尔德在意大利南方所观察到的“非道德的家族主义”，实际上并不是非理性的，而是为了在这种社会环境下生存的唯一理性策略。[75]这一社会均衡中的行动者，或许清楚地认识到，在一个更为合作的均衡中，大家都能受益，但是，要实现这种幸福的均衡，非他们个人的力量所能及。

在这样的背景下，我们预计霍布斯式的解决集体行动困境方案会居于统治地位，这一方案是等级制的，包括强制、剥削和依附等。显然，这种压迫性国家比不上合作性结局，因为它注定要使社会陷入长期的落后状态。然而，它比彻底的无政府的“自然状态”要可取些，从中世纪到现代，意大利南方人也清楚地认识到这一点。这种霍布斯式方案至少有一个优点，即它可以为那些无法信任自己邻居的个人所用。对于那些无权无势的人来说，最低限度的安全，并非是可以忽视的目标，无论它具有怎样的剥削性，如何的没有效率。

在霍布斯式均衡中，难以解决集体行动的困境。与合作的方案相比，霍氏均衡使得社会状况恶化。在复杂的工业或后工业环境中，霍式均衡的不足可能会变得更大。与简单的农业社会相比，那里的非私人性合作更为重要。敏锐的经济史学家道格拉斯·诺思曾经指出：“在复杂社会中，投机、欺骗和逃避所获得的回报要高些。”[76]因此，随着经济的发展，社会资本的重要性在增加（抑制投机、欺骗和逃避）。这也许有助于解释，为什么在过去的一个世纪里，具有公民精神的北方与缺乏公民精神的南方之间的距离在拉大。

专制政府、庇护制以及不受法律限制的“执法者”，等等，代表的是一种次优、有“缺陷的”方案。通过它们，个人可以找到一些避难之地，躲开一切人反对一切人的战争，而又不必追求那些可望而不可即的合作之梦。在公民共同体之外，暴力和家庭提供了另一种原始的方案。在过去的1 000年里，这种均衡就是意大利南方的悲惨命运之写照。

然而，如果社会资本存量足够的话，实现一种更好的均衡，也是可以做到的。假设囚徒博弈重复进行，或者与其他博弈相互关联（如在公民共同体中），“勇敢的互惠”也是一种稳定的策略，就像博弈理论家罗伯特·萨格登（Robert Sugden）所说的那样，“与那些跟你合作的人（或跟像你那样的人合作的人）合作，不要做第一个背叛者”。萨格登特别指出，在他称之为“互助博弈”（mutual-aid game）中，合作可以无限期进行下去。（互助会、合作社、轮流信用组织以及休谟的两个农民博弈，其基础是一种隐含的博弈，“互助博弈”就是对它的形式化的表述。）无疑，即便在不停重复的互助博弈中，“永远背叛”也是一种稳定的均衡，但是，如果社会能以某种方式向合作的方向发展，它就会在那里得到自我增强。[77] 如果一个社会具有稠密的公民参与网络，那里的大多数人都遵循公民规范，就会很容易发现并惩罚那些偶尔出现的“坏家伙”，因此，逃避义务会很危险，并不是那么诱人。

萨格登的分析，让我们得出了这样一个结论：“永远背叛”和“互惠帮助”都是因条件而成的惯例。也就是说，规则都是在特定的共同体中演化的，在经历了发展之后，稳定下来了，但是，它们也能以其他形式演化。换句话说，互惠/信任和依附/剥削，都能将社会连接在一起，虽然它们在效率和制度绩效上相差甚远。一旦身处两者中的任何一种，理性的行动者就会受到激励去按规则来行事。社会选择哪一种稳定的均衡，将由历史来决定。

因此，那些历史转折点可能带来极其深远持久的影响。确如“新制度主义者”所强调的那样，制度——我们愿意再加上制约其运转的社会背景——是在历史中演进的，但是，历史并不必然实现独一无二的有效率的均衡。[78] 在剔除那些阻碍进步、鼓励集体非理性的社会习俗和惯例方面，历史并不总是有效率的。我们也无法以某种方式把历史的这种惰性归因于个人的非理性。个人是以理性的方式对历史所赋予的社会环境做出反应，而正是这些个人加深了社会的病变。

经济史学家为社会体系的这一特性起了个名字，叫做“路径依赖”：你能到哪儿，取决于你从哪儿来，有些目的地，你从这里根本就无法到达。[79]路径依赖会在两个社会之间产生持久的绩效差距，即便这两个社会的正式制度、资源、相对价格和个人偏好相差无几。这一理论对经济（和政治）发展的意义极为深远，“如果我们到达今天的制度所经由的过程是有意义的，并且会制约未来的选择，那么，历史就不仅起作用，那些持久存在的不良绩效和经济发展模式的长期差异，也是共有着同一个来源”[80]。

道格拉斯·诺思用“路径依赖”理论分析了美洲的经验，他把南北美后殖民时期的表现与它们各自的殖民传统联系了起来。[81]独立后，美国和拉美诸共和国都享有着宪政民主、丰富的自然资源和相似的国际机遇。但是，北美得益于其分权的、议会制的英国遗产，而拉美则深受集权专制、家族主义和庇护制之苦，所有这些都来自中世纪晚期的西班牙。用我们的话说，北美继承的是公民传统，而拉美得到的则是垂直的依赖和剥削之传统。造成差别的不是南北美洲的个人偏好，而是脱胎于历史的社会环境给这些个人提供了一整套不同的机遇和激励。南北美的差异与意大利南北方的差异，有着惊人的相似之处。[82]

诺思是在宽泛的意义上使用“制度”一词，意指“一个社会的博弈规则”。他认为，制度模式具有自我增强性，即使它们没有社会效率。[83]首先，对个人来说，去适应现有的博弈规则，几乎永远都比试图改变规则要容易。实际上，这些规则会诱使那些因规则无效力而得益的组织和团体兴起。第二，一旦发展被置入了一个特定的轨道，组织化的学习（organizational learning）、文化习俗和社会世界精神模式就会强化它的轨迹。如此一来，合作或逃避变得根深蒂固了。非正式规范和文化的变化，要比正式规则慢得多，而且它们往往会重新塑造这些正式规则，因此，由外部植入一套同样的正式规则，会导致极为不同的后果。所有这些假设，与第五章所讨论的久远的连续性是相互一致的。

本书的每一章都是以一个问题开始，以另一个问题告终。第二章开篇即问：“地区的新制度是如何影响政治实践的？”结尾提出了一个新问题：“每一个制度在治理方面的成功程度如何？”第三章回答了这一问题，又自然地发问:“为什么有些制度远比另一些制度更为成功？”第四章由绩效差异追溯至公民参与的差异，然后反过来问:“这些公民精神差异来自何方？”第五章由公民精神差异追溯至传统的不同，而不同的传统已经历时近千年之久，然后问道:“这些差异究竟为什么如此的稳定？”第六章对良性循环和恶性循环给予了详尽解释，正是它们导致了对比鲜明、具有路径依赖性的社会均衡。

这一解释，不论多么有说服力，还是向我们明白无误地提出了另一个问题:“为什么南北方在11世纪开始了如此不同的行程？”南方的诺曼等级制政权或许还容易解释些，可以把它视为行动罕见迅速的外国雇佣军征服的结果。而城市共和国的起源，则更难解释，可能也更为有趣。意大利北中部的居民们最初是怎样找到合作的方式来解决自己的霍布斯困境的？要回答这一问题，必须进行进一步的研究，这部分地因为，历史学家认为，有关答案似乎已经消逝在黑暗时代的历史迷雾之中。[84] 但是，我们的解释却表明，尝试拨开这些历史迷雾，具有独特的重要意义。

长期以来，社会科学家一直在争论，是什么引起了什么，文化还是结构。就我们讨论的背景而言，上述争论涉及一系列复杂的因果关系，它们涵盖了文化规范和态度、社会结构以及构成公民共同体的行为模式。然而，不仅“文化”和“结构”在概念上含糊不清，上述争论本身也有些成问题。大多数客观的评论者都承认，态度与实践构成了一个互相强化的均衡状态。[85] 社会信任、互惠规范、公民参与网络和成功的合作，所有这些都在互相支持，互相强化。有效的合作性制度，需要人际沟通技巧与信任，但这些技巧和信任本身也是由组织性合作所灌输和强化的。公民参与的规范和网络有助于经济繁荣，反过来，经济繁荣又加强了这些规范和网络。

无疑，线性的因果问题不能排除均衡分析。在这一点上，文化与结构，鸡和蛋，这些争论最终是没有意义的。历史是如何疏通了一些道路，又如何关闭了另一些道路，对这些问题的理解要重要得多。道格拉斯·诺思总结了我们所面临的挑战:

> 路径依赖意味着历史在起作用。不追溯制度的渐进发展，我们

> 就无法理解今天所面临的选择（并在建立经济绩效模式的过程中界定这些选择）。但是，我们只是刚刚起步，对路径依赖之意义的探索是项严肃的事业……非正式的约束在起作用。要找到更好的答案，我们需要对由文化衍生出的行为规范，以及它与正式规则的互动方式，有更多的了解。对于制度的认真研究，这只是个开始。[86]

第五节 意大利地区实验的教训

20 世纪的结束如同它的开始一样，都伴随着人们的巨大期望，即将民主自治的福祉遍及更多的人群。[87] 哪些因素将决定这一希望是否实现？我们的研究，既探讨了作为政治变迁战略的制度改革之力量，又分析了社会环境对制度绩效的制约作用。意大利地区政府成立后，20 年过去了，在这一建立新型民主制度的实验中，我们获得了什么样的教益？

在至少 1 000 年里，意大利南北方采取了截然不同的方式，以解决那些困扰所有社会的集体行动困境问题。在北方，互惠的规范和公民参与网络，体现在众多的组织之中，如保护者协会、同业公会、互助会、合作社、工会，甚至是足球俱乐部和识字会。这些横向的公民联系所支撑的经济和制度绩效水平，一般来说，要大大高于社会和政治关系始终被垂直建构的南方。尽管我们习惯于把国家和市场当做解决社会问题的两种不同机制，意大利的历史则表明，在公共环境中，国家和市场的运转都更为有效率。

如第五章所示，这种公共均衡显示了非凡的稳定性，虽然它的效力不时被外力干扰，如鼠疫、战争和世界贸易变化。与之形成鲜明对比的霍布斯式均衡，在南方甚至更加稳定，虽然不是那么富有成效。相互猜疑、背叛、垂直的依附和剥削、孤立、混乱、犯罪和落后，在无休止的恶性循环中，它们互相支持，互相强化。我们在本章和前几章已多有论述。在博洛尼亚和巴里、佛罗伦萨和巴拉莫，1 000 多年来，人们遵循的是截然不同的城市生活逻辑。

因此，当人们1970年进行地区性改革时，他们是将新的制度植入了完全不同的社会环境之中。第四章告诉我们，公民精神发达的地区有着这样一些特征：地方组织网络密集，公民积极参与共同体事物，政治模式是平等的，人们相互信任，遵纪守法。而在公民精神不发达地区，政治和社会参与采取的是垂直组织形式，互相猜疑和腐败被视为惯例，人们极少参与公民组织，违法乱纪司空见惯。在这些共同体中，人们感到无能为力，任人利用。在这一点上，他们是正确的。

这些社会背景上的差异，直接影响了新制度的表现。如第三章所示，某些地区政府始终比其他一些更成功，在对它们进行排名时，客观的绩效标准与主观的公民满意程度是一致的。事实上，毫无例外，社会的公民精神越强，政府的绩效就越高。20世纪末如同20世纪初，集体制度在公民共同体中表现得更好。到20世纪80年代，北方在物资和人力资本上获益甚大，那里长期存在的社会资本优势是这一成功的部分原因。

我们的研究得出的第一个经验就是社会环境和历史深刻地影响着制度的有效性。一个地区的历史土壤肥沃，那里的人们从传统中汲取的营养就多；而如果历史的养分贫瘠，新制度就会受挫。用公民人道主义（civic humanism）的话说，有效的、负责任的制度取决于共和的美德和实践。托克维尔是对的，当存在强健的公民社会时，民主政治会得到加强，而不是削弱。

在需求方，公民共同体的公民们期望得到更好的政府服务，他们得到了，这部分地是靠他们自己的努力。他们需要更为有效的公共服务，他们准备为了实现共民的目标而采取集体行动。而在公民精神较差的地区，人们更多的则扮演离心离德、玩世不恭的角色，他们不是在参与，而是在乞求。

在供应方，公民共同体的社会结构与官员、公民的民主价值观念.共同增加了代议制政府的绩效。对于公民共同体来说，至关重要的是，社会能够为了共同的利益而进行合作。普遍的互惠（不是“我将为你做这件事，因为你比我强大”，甚至也不是“如果你现在为我做那件事，我现在就为你做这件事”，而是“我现在就为你做这件事，因为我知道，你将来不定什么时候就会为我做件别的什么事”）产生了大量社会资本，从而支撑了合作。

自愿的合作可以创造出个人所无法创造的价值，无论这些个人多么富有，多么精明。在公民共同体中，组织蓬勃发展，人们参与多种社会活动，遍及共同体生活各个领域。公民共同体合作的社会契约基础，不是法律的，而是道德的。对违规者的惩罚也不是法律的，而是被排除在社会团结与合作的网络之外。规范和期望起着重要的作用。如汤普森（Thompson）、埃利斯（Ellis）和威尔达夫斯基（Wildavsky）所说，“生活方式之所以得以存在，靠的是对行为进行划分，一些是值得称道的，而另一些则令人生厌，甚至是不可思议”[88]。关于公民的责任和义务之概念，加上对政治平等的承诺，构成了公民共同体的文化凝固剂。

在那些缺乏公民参与规范和网络的地方，集体合作的前景十分暗淡。对今天的第三世界和明日的欧亚前苏联共产主义国家——它们都在向着自治方向踉跄前进，意大利南方的命运是一种客观经验。“永远欺骗”式社会均衡，可能就是世界大部分缺乏或没有社会资本的地区之未来命运。对于政治稳定、政府效率甚至是经济进步，社会资本或许甚至比物质和人力资本更为重要。远在共产主义到来之前，许多前共产主义社会的公民传统就很脆弱，即使是那些有限的社会资本存量，还受到了专制主义统治的摧残。没有公民参与规范和网络，在意大利南方，出现霍布斯式结局——非道德的家庭主义、庇护制、无法无天、效率低下的政府以及经济停滞——之可能性，似乎比取得民主和经济发展的成功要更大得多。巴拉莫代表着明日的莫斯科。

公民共同体有着深刻的历史根源。对于那些把制度变革当作政治改革战略的人来说，这一结论令人沮丧。巴西利卡塔的主席不能把他的政府挪到艾米利亚，阿塞拜疆总理也无法将他的国家搬到波罗的海。“把重点放在社会精神上的变革理论，可能会带来不幸的后果……它可能会使人们极少去进行变革，因为他们确信，他们已经被无望地困在了社会精神枷锁之中。”[89]不止一个意大利地区问题专家私下里告诉我们，公开我们的研究成果，可能会在无意中损害地区的改革运动。一位来自公民意识不发达地区的能干的具有改革意识的地区主席，在听到了我们的结论后，大叫道："这真令人绝望！你是在告诉我，无论我怎么做都没有成功的希望。因为改革的命运几个世纪前就已经被锁定了。"[90]

然而，改革的全部成果会让人们放弃这种清静无为的想法。地区实验带给我们的第二个经验是（如第二章所示）：**改变正规制度能够改变政治实践**。改革给地区政治生活带来了看得见的、大部分是有益的影响。就像制度主义者会预计的那样，制度变迁（逐渐）在认同、价值观、权力和战略上带来了变化。这些变化趋势也出现在南方，一点不亚于北方。在南北方，新的制度培育了一种更温和、实用和宽容的政治文化。不论是北方还是南方，改革都转变了旧的权力模式，创造了意大利统一后从未有过的真正的地区自治。改革还在政府内外产生了支持进一步分权的压力。在南北方，共同体领袖和普通选民一般都认为，地区政府比它们所取代的制度有所改进，它们无疑更加开放，更加有效。地区改革让社会得到了学习的机会，"干中学"。[91]正式改革引发了非正式的变迁，并具有了自我维持功能。

当然，新制度还没有实现其乐观支持者的最大期望。帮派主义、渠道不畅、效率不高和素质低下，都依旧困扰着许多地区。尤其是在南方，它在利用新制度的优势上，所处的位置大大不利于北方。在过去的20年里，南北方都取得了进步，但是与北方相比，南方的境况并不比1970年时更好。但是，如果没有地区改革，南方会更糟，从这个角度说，南方已经改善了许多。大多数南方人都持这样一种观点。

那种使南方深陷落后长达1 000年之久的非公民精神的恶性循环，有没有被改革逆转？我们还无法下结论，本研究的最后一个经验是：**制度历史大多发展得很缓慢**。就制度建构而言（不仅是制定宪法），时间的计量是以10年为单位的。意大利的地区改革如此，此前的城市共和国也是如此，即便是从最乐观的角度看，欧亚前共产主义国家也将如此。

在建立互惠规范和公民参与网络上，历史可能发展得更加缓慢，虽然我们缺乏准确的衡量尺度。为了方便起见，我们可以将城市共和国和诺曼王国的建立，也就是意大利南北方公民精神之分野，定在比如说

1100年。但是，1120年对贵族、农民和市民的调查，似乎远远不能向我们展示出南北方分道他行的初步迹象。20年足以让人察觉到，制度改革对政治行为产生了影响，却无从发现它对深层的文化模式与社会结构的作用。

关心南方的民主与发展的有识之士，应该为建立一个更具有公民精神的共同体而努力，但是不能急于求成。我们赞赏意大利经济史学家维拉·扎马奇尼（Vera Zamagni）的做法，他敦促地方对地方结构进行变革，而不是依赖于采取全国性行动。

> 认为南方，尽管存在着既定的政治—经济—社会结构，还是可以从外部得到改造，这是一种危险的幻想……毋庸置疑，这样一种政治和文化革命需要相当长的时间。我们虽然取得了一些成果，但是，到目前为止，我们所选择的道路似乎一点都没有缩短。[92]

建立社会资本并非易事，然而，它却是使民主得以运转的关键因素。

注　释

[1] 如果需要证据，我们自己的调查发现了在这些地区对公共生活和个人前景强烈的不满。那种通常由局外人表达的认为南部人喜欢落后的国家体制，更加喜欢他们拥有的公共生活的见解，不仅和常识相反，而且悖于实证证据。

[2] Jeff Frieden，Peter Hall，and Ken Shepsle 提出了激发本章写作的问题，但他们对本章的分析结果没有责任。

[3] David Hume，（1740），Book 3，Part 2，Section 5，as quoted in Robert Sugden，The *Economics of Rights*，*Co-operation and Welfare*（*Oxford*：*Basil Blackwell*，1986），p. 106.

[4] Elinor Ostrom，*Governing the Commons*：*The Evolution of Institutions for Collective Action*（New York：Cambridge University Press，1990），p. 6。有关集体行动的困境的正式文献正在迅速增长，对这些文献的一个有用的导论，见Ostrom，as well as Robert H. Bates，"Contra Contractarianism：Some Reflections on the New Institutionalism，" *Politics and Society* 16（1988）：387-401。

[5] Diego Gambetta，"Can We Trust Trust ?" in *Trust*：*Making and Breaking Cooperative Relations*，ed. Diego Gamhetta（Oxford：Blackwell，1988），p. 216（emphasis in original）.

[6] Pietr Kropotkin，*Mutual Aid*：*A Factor of Evolution*（London：

Heinemann，1902），p. xv.

[7] Douglass C. North，*Institutions*，*Institutional Change and Economic Performance*（New York：Cambridge University press，1990），p. 58.

[8] Gambetta，"Can We Trust Trust?" p. 221.

[9] North，*Institutions*，*Institutional Change and Economic Performance*，p. 59.

[10] Bates，"Contra Contractarianism，" p. 395.

[11] Robert Sugden，*Economics of Rights*，*Co-operation and Welfare*，p. 105（emphasis in original）。萨格登在这里讨论了匿名多轮囚徒困境，但是同样的观点也适用于一轮囚徒困境。

[12] Cambetta，"Can We Trust Trust?" p. 217，note 6.

[13] D. Fudenberg and E. Maskin，"A folk-theorem in repeated games with discounting and with incomplete information，" *Econometrica* 54（1986）：533-554；严格说来，博弈论认为，"总是背叛"并不是重复博弈的囚徒困境的独特均衡，也是一次博弈的均衡。也见 Robert Axelrod，*The Evolution of Cooperation*（New York：Basic Books，1984）and Michael Taylor，*Anarchy and Cooperation*（London：Wiley，1976）。

[14] North，*Institutions*，*Institutional Change and Economic Performance*，p. 12.

[15] Oliver E. Williamson，*Markets and Hierarchies*：*Analysis and Antitrust Implications*（New York：Free Press，1975）and Williamson，*The Economic Institutions of Capitalism*（New York：Free：Press，1985）.

[16] Ostrom，*Governing the Commons*.

[17] Bates，"Contra Contractarianism."

[18] Stephen Cornell and Joseph P. Kalt. "Culture and Institutions as Public Goods：American Indian Eco-nomic Development as a Problem of Collective Action" in *Property Rights*，*Constitutions*，*and Indian Economics*，ed. Terry L. Anderson（University of Nebraska Press，1990），p. 33，citing James Buchanan，"Before Public Choice，" in *Explorations in the Theory of Anarchy*，ed. Grodon Tulloek（Blackaburg，Virginia：Center. for the Study of Political Choice，Virginia Polytechnic Institute，1972）；Jack Hirshleifer，"Comment on Peltzman，" *Journal of Law and Economics* 19（1976）：241-244；and Douglass C. North，"Ideology and Political/ Economic Institutions，" *Cato Journal* 8（Spring/ Summer 1988）：15-28.

[19] Bates，"Contra Contractarianism，" p. 398. See also Robert H. Bates，"Social Dilemmas and Rational Individuals：An Essay on the New Institutionalism"（Duke University，unpublished manuscript，1992）.

［20］关于社会资本的概念，见 James S. Coleman：*Foundations of Social Theory*（Cambridge，Mass：Harvard University Press，1990），pp. 300-321，他认为是 Glenn Loury 引入了这个概念。见 Glenn Loury，"A Dynamic Theory of Racial Income Differences，" in *Women*，*Minorities*，*and Employment Discrimination* eds. P. A. Wallace and A. Le Mund（Lexington，Mass.：Lexington Books，1977），and Glenn Loury，"Why Should We Care about Group Inequality？" *Social Philosophy and Policy* 5（1987）：249-271。关于社会资本概念的实际运用，也见 Elinor Ostrom，*Crafting Institutions for Self-Governing Irrigation Systems*（San Francisco：Institute for Contemporary Studies Press，1992）。一个相关的讨论，见 Robert H. Bates，"Institutions as Investments，" Duke University Program in Political Economy，Papers in Political Economy，Working Paper 133（December 1990）。社会资本促进了国内社会的合作，可以与国际机制促进了世界政治经济体的合作相类比，都是非常重要的，关于这个观点，见 Robert O. Keohane，*After Hegemony*：*Cooperation and Discord in the World Political Economy*（Princeton：Princeton University Press，1984）。

［21］Coleman，*Foundations*，p. 302，p. 304，p. 307.

［22］Shirley Ardener，"The Comparative Study of Rotating Credit Associations，" *Journal of the Royal Anthropological Institute of Great Britain and Ireland* 94（1964）：201.

［23］See Ardener，"Comparative Study of Rotating Credit Associations"；Clifford Geertz，"The Rotating Credit Association：A 'Middle Rung' in Development，" *Economic Development and Cultural Change* 10（April 1962）：241-263；ami Carlos G. Vélez-Ibañez，*Bonds of Mutual Trust*：*The Cultural Systems of Rotating Credit Associations among Urban Mexicans and Chicanos*（New Brunmswick，NJ：Rutgers University Press，1983）. Timothy Besley，Stephen Coate，and Glenn Loury，"The Economics of Rotating Savings and Credit Associations，" *American Economic Review*，forthcoming 1992，建立了轮流信用组织的正式模型。

［24］Vélez-Ibañez，*Bonds of Trust*，报道了墨西哥监狱里囚徒间提供大麻的轮流信用组织，不过我们并没有证据证明这是"锅"这个词的起源。

［25］Geertz，"The Rotating Credit Association，" p. 244.

［26］Ardener，"Comparative Study of Rotating Credit Associations，" p. 216.

［27］同上。关于轮流信用组织里声誉的重要性，见 Michael Hechter，*Principles of Group Solidarity*（Berkeley：University of California Press，1987），pp. 109-111。

［28］Vélez-Ibaeñz，*Bonds of Mutual Trust*，p. 33。关于信任、中介和网络，见 Coleman，*Foundations of Social Theory*，Chapter 8。

[29] Besley，Coate，and Loury，"Economics of Rotating Savings and Credit Associations."

[30] 实际上，可行的替代选择的缺乏可能增加他们作为轮流信用组织参加者的可信度。我们感谢 Glenn Loury 的这个观察。

[31] Ostrom，*Governing the Commons*，pp. 183-184.

[32] Geertz，"The Rotating Credit Association，" p. 243，p. 251.

[33] Ostrom，*Governing the Commons*，p. 190.

[34] A. O. Hirschman，"Against Parsimony：Three Easy Ways of Complicating Some Categories of Economic Discourse，" *American Economic Review Proceedings* 74（1984）：93，as cited in Partha Dasgupta，"Trust as a Commodity，" in *Trust*，ed. Gambetta，p. 56.

[35] 关于既定福利下"存活和让其存活"规范的分析，见 Axelrod，*Evolution of Cooperation*，p. 85。

[36] Gambetta，"Can We Trust Trust？" p. 234（emphasis in original）.

[37]"一个人需要另一个帮助的需求越广泛，社会资本产生的可能性就越大……如果不被维持，社会关系就会灭亡；期望和义务逐渐凋零；规范依赖于定期沟通。" Coleman，*Foundations of Social Theory*，p. 321.

[38] Coleman，*Foundations of Social Theory*，p. 315. See also Ostrom，*Crafting Institutions*，p. 38："Social capital is not automatically or spontaneously produced." Robert E. Lucas，Jr.，"On the Mechanics of economic Development，" *Journal of Monetary Economics* 22（1988）：3-42，强调了人力资本的"外部"（或公共品）特征。Hechter，*Principles of Group Solidarity*，区分了"公共品"（具有供给的联合性和非排他性特征）和"集体品"（有一定程度的排他性）。至少在最初的时候，中世纪的意大利上层社会一些社会资本是有排他性的，比如，不保护非会员。然而，如 Hechter 所言（p. 123 *et passim*），起初提供集体品的非正式组织有可能发展成为生产真正的公共品的正式组织。最终，上层社会所培养的公民秩序及其向共同体的扩展，也能够使非会员收益。

[39] See Coleman，*Foundations of Social Theory*，p. 317，and Dasgupta，"Trust as a Commodity，" p. 64.

[40] Coleman，*Foundations of Social Theory*，pp. 317-318.

[41] Kenneth J. Arrow，"Gifts and Exchanges，" *Philosophy and Public Affairs* 1（Summer 1972）：357.

[42] Anthony Pagden，"The Destruction of Trust and its Economic Consequences in the Case of Eighteenth-century Naples，" in *Trust*，ed. Gambetta，pp. 136-138，citing Antonio Genovesi，*Lezioni di economia civile*（1803）.

[43] Mark H. Lazerson，"Organizational Growth of Small Firms：An Outcome of Markets and Hierarchies？" *American Sociological Review* 53（June 1988）：330-

342，认为，管理人员之间和工人与管理层之间的个人信任对艾米利亚-罗马涅地区优秀厂商的高生产率是至关重要的。

[44] Dasgupta，“Trust as a Commodity，” pp. 50-51（emphasis in orginal）.

[45] Bernard Williams，“Formal Structures and Social Reality，” in *Trust*，ed. Gambetta，p. 8，p. 12. Glenn Loury 指出，依赖于个人之间的信任意味着不同人的可信度不同，而社会信任度意味着形势的结构比个人特征更重要。

[46] Compare James G. March and Johan P. Olsen，*Rediscovering Institutions：The Organizational Basis of Politics*（New York：Free Press，1989），p. 27.

[47] Coleman，*Foundations of Social Theory*，p. 251.

[48] March and Olsen，*Rediscovering Institutions*，p. 27：Robert Axelrod，“An Evolutionary Approach to Norms，” *American Political Science Review* 80（December 1986）：1095-1111.

[49] North，*Institutions*，*Institutional Change and Economic Performance*，p. 36-45. See also Kenneth Arrow，*The Limits of Organization*（New York：Norton，1974），p. 26；and George Akerlof，“Loyalty Filters，” *American Economic Review* 73（1983）：54-63，as cited in Mark Granovetter，“Economic Action and Social Structure：The Problem of Embeddedness，” *American Journal of Sociology* 91（November 1985）：489.

[50] Marshall Sahlins，*Stone Age Economics*（Chicago：Aldine-Atherton，1972）使用“均衡”和“一般化”。Robert O. Keohane，“Reciprocity in International Relations，” *International Organization* 40（1986）：1-27，对密切相关的“具体”和“一般”的互惠做了区分。区分互惠战略（投桃报李）与互惠规范之间的不同是很重要的，虽然有时候二者在实证上相关。我们这里的兴趣主要在于规范。也见Axelrod，*Evolution of Cooperation* and “An Evolutionary Approach to Norms”。

[51] As cited in Alvin W. Gouldner，“The Norm of Reciprocity：A Preliminary Statement，” *American Sociological Review* 25（April 1960）：161.

[52] Ostrom，*Governing the Commons*，p. 200，p. 211。不过，Ostrom（p. 38）对于把规范当作不可观察的、在“脑子里的”变量的解释表示怀疑。

[53] Michael Taylor，*Community*，*Anarchy and Liberty*（New York：Cambridge University Press，1982），pp. 28-29（emphasis in original）. See also Couldner，“The Norm of Reciprocity，” p. 173.

[54] Keohane，“Reciprocity in International Relations，” p. 21.

[55] Granovetter，“Economic Action and Social Structure”。他区分了他的“嵌入性”方法与“过度社会化”和“不够社会化”的理论，“过度社会化”的理论认为人的行为完全取决于角色和规范，“不够社会化”的理论（较常见于简单博弈理论）认为原子化的行为人不受社会关系的约束。关于社会网络和信任作为支持社会交换的资产，也见 Albert Breton and Ronald Wintrobe，*The Logic of*

Bureaucratic Conduct，（New York：Cambridge University Press，1982），pp. 61-88。

[56] Granovetter，“Economic Action and Social Structure，” pp. 490-491.

[57] See Robert Michels’ study of the German Social Democratic party，*Political Parties*：*A Sociological Study of the Oligarchical Tendencies of Modern*：*Democracy*（New York：Dover，1959）.

[58] 马克斯·韦伯也强调了这一区别及其更广泛的后果。“对于韦伯来说，会众制的宗教规模小，是信徒自我管理的组织……会众形态的组织强调信徒的质量，通过对圣经的共同依赖，使所有信徒都参与活动，鼓励大家平等得到宗教知识。” Daniel H. Levine，“Religion，the Poor，and Politics in Latin America Today，” in *Religion and Political Conflict in Lattin America*，ed. Daniel H. Levine（Chapel Hill：University of North Carolina Press，1986），p. 15。

[59] 关于相互联系性，即同批博弈者同时进行几个平行的博弈，而非同批博弈者先后重复同样的博弈，见 James K. Sebenius，“Negotiation Arithmetic：Adding and Subtracting Issues and Parties，” *International Organization* 37（Spring 1983）：281-316；and James Alt and Barry Eichengreen，“Parallel and Overlapping Games：Theory and an Application to the European Natural Gas Trade，” *Economics and Politics* 1（1989）：119-144。关于“多重”个人关系（覆盖多个活动领域的关系）减轻集体行动困境的效果，见 Michael Taylor and Sara Singleton 的优秀论文：“The Communal Resource：Transaction Costs and the Solution of Collective Action Problems”（University of Washington，unpub，ms.，1992）。

[60] Ostrom，*Governing the Commons*，p. 206.

[61] 关于信任、网络和信息，见 Coleman，*Foundations of Social Theory*，chapter 8。

[62] David Knoke，*Political*，*Networks*：*The Structural Perspective*（New York：Cambridge University Press，1990），pp. 68-69.

[63] North，*Institutions*，*Institutional Change and Economic Performance*，p. 37。关于一个类似的论点，即“文化为可能运用的不同行为战略提供了工具箱”，见 Ann Swidler，“Culture in Action：Symbols and Strategies，” *American Sociological Review* 51（1986）：273-286，quotation at p. 284。

[64] Compare Coleman，*Foundations of Social Theory*，pp. 286-287.

[65] Julian Pitt-Rivers，*The People of the Sierra*（London：Weidenfeld and Nicolson，1954），p. 40.

[66] S. N. Eisenstadt and L. Roniger，*Patrons*，*Clients*，*and Friends*：*Interpersonal Relations and the Structure of Trust in Society*（New York：Cambridge University Press，1984），pp. 48-49.

[67] Mark S. Cranovetter，“The Strength of Weak Ties，” *American Journal of*

Sociology 78（1973）：1360-1380，quotation at p. 1376（emphasis in original）.

［68］在其他历史或社会环境里，天主教团体的活动有更大的公民内涵，取决于其环境的社会和组织现实。拉丁美洲的对照存在于等级性的“制度教会”和公共、平等的“大众教会”之间。见 Daniel H. Levine，*Religion and Politics in Latin America*：*The Catholic Church in Venezuela and Colombia*（Princeton：Princeton University Press，1981）。案例研究，见 *Religion and Political Conflict in Latin America*，ed. Levine。在意大利，我们的研究意味着，平等会众的教会组织（*the communità di base*）的会员与公民性和制度绩效应该正相关，但是我们没有相关的数据来验证这个假设。

［69］由于缺少意大利不同地区的二级组织的地位和权力微观信息，我们不得不假设在所有地区，（比如在足球俱乐部里的）社会联系处于同一水平，从而对社会资本的影响相同。事实上，我们猜想在欠发达地区，足球俱乐部和其他自愿组织的等级更严，公民性程度较低。关于这个论点的证据，见 Caroline White，*Patrons and Partisans*：*A Study of Politics in Two Southern Italian Comuni*（New York：Cambridge University Press，1980），pp. 63-67 and pp. 141-145。如果是这样，横向网络与制度成功的实际联系可能比我们数据显示的更强有力。

［70］Mancur Olson，*The Rise and Decline of Nations*：*Economic Growth Stagflation*，*and Social Rigidities*（New Haven：Yale University Press，1982）.

［71］Joel S. Migdal，“Strong States，Weak States：Power and Accommodation，” in *Understanding Political Development*，eds. Myron Weiner and Samuel P. Huntington（Boston：Little，Brown，1987），pp. 391-434，quotation at pp. 397-398。政治发展的早期研究者也认为，社会动员和大众政治参与降低了稳定性和政府机制的效率。这个观点的最有名的阐述（不是最极端的阐述）是 Samuel P. Huntington，*Political Order in Changing Societies*（New Haven：Yale University Press，1968）。关于近期著作的有用综述，见 Joan M. Nelson，“Political Participation，” in *Understanding Political Development*，eds. Weiner and Huntington，pp. 103-159，esp. pp. 114-115。为了区分这个理论和我们的理论之间的不同，需要对横向和纵向网络之间的区别给予更大的关注。

［72］把 1987 年地区内人均生产总值（GRP）与 1970 年的 GRP 以及 20 世纪 70 年代的公民共同体作回归分析，得出 1970 年 GRP 的贝塔值 =0.64，p=0.000 1，公民性的贝塔值 =0. 35，p=0.017（adj. R^2=0.92）。数据很弱，无法排除替代的理论。然而，事实是清楚的：1970 年富裕的地区在 1987 年时仍然富裕，但是最富裕的地区增长较缓慢，最有公民性的地区增长较快速。

［73］意大利语反映了信任和轻信之间的密切联系。一个诚实、正派、好意的人被形容为 *dabbene*，一个轻信、愚笨的人会被形容为 *dabbenaggine*。我们感谢 Federico Varese 提供了这个参考。

[74]“稳定均衡是这样一个团体，其中的个体彼此之间重复着同样的博弈。说策略 1 是稳定均衡是指：每一个个体都有兴趣依照策略 1 行事，只要其他人或者几乎所有人都如此。”见 Sugden，*Economics of Rights*，*Co-operation and Welfare*，p. 32；see also pp. 19-31。关于重复囚徒困境里“不合作”是稳定均衡的环境下的技术条件，见 Susden，*Economics of Rights*，*Co-operation and Welfare*，p. 109。

[75] Edward C. Banfield，*The Moral Basis of a Backward Society*（Chicago：The Free Press，1958），p. 85. 从这种内部社会环境中彻底撤出当然是一种替代选择，一旦长途旅行变得可行，移民就变得常见了。

[76] North，*Institutions*，*Institutional Change and Economic Performance*，p. 35.

[77] Sugden，*Economics of Rights*，*Co-operation and Welfare*，pp. 104-127，p. 162. 严格说来，Sugden 关于无限重复博弈中“总是背叛”是稳定均衡的证明，需要博弈方可能有时会犯“错误”的合理假设，即他们意在合作但是却背叛了，或者相反。如 Sugden 所承认的，他的许多论述都基于 Michael Taylor 的著作：*Anarchy and Cooperation*（London：Wiley，1976）and Axelrod，*Evolution of Cooperatin*。关于有两个稳定均衡的相关博弈（但不包括重复囚徒困境），其中，“如果每个人预期所有人会诚实，那么每个人都会诚实；如果每个人都预期所有人都会欺骗一点点，那么每个人都会欺骗一点点”，见 Dasgupta，“Trust as a Commodity，” pp. 56-59。这里探讨的理论意味着“总是叛变”和“互相帮助”都是稳定的均衡，但是一个稳定均衡的存在并不排除另一个稳定均衡存在的可能性。

[78] March and Olsen，*Rediscovering Institutions*，pp. 55-56 and p. 159.

[79] 迄今大多数经济史学家的工作都集中在技术而非制度上，但是许多关键问题是同时存在的。见 Paul David，“Clio and the Economies of QWERTY，” *American Economic Review* 75（1985）：332-337：W. Arthur Brian，“Self-Reinforcing Mechanisms in Economics，” in *The Economy as an Evolving Complex System*，eds. Philip W. Anderson，Kenneth J. Arrow，and David Pines（Reading，Mass.：Addison-Wesley，1988）：and North，*Institutions*，*Institutional Change and Economic Performance*，pp. 92-104。诺思的伟大著作与本章和前一章讨论的问题直接相关。

[80] North，*Institutions*，*Institutional Change and Economic Performance*，p. 93.

[81] Ibid.，pp. 101-102；pp. 112-117.

[82] 并不是所有的历史学家都赞成关于拉丁美洲历史的这种解释，因为有太多可能的混杂变量，但是这是一种可理解接受的观点。意大利的案例甚至更有说服力，因为更多的变量在意大利内部比较中被“控制”了，因为意大利南北差异比美国的存在久得多，还因为尽管受到一个中央政府统治了一个多世纪，

但是意大利的差异持续存在甚至扩大了。

[83] North，*Institutions*，*Institutional Change and Economic Performance*，Chapters 10-12.

[84] 见第五章注 [1]。另外一件需要详细调查的问题是，就理论而言，为什么在黑死病、外国入侵和 15 世纪其他社会经济破坏的联合打压下，公民均衡并没有被彻底动摇，也没有在本可能覆灭公民传统的情况下将北方社会引入恶性循环。

[85] 见，比如，Michael Thompson，Richard Ellis，and Aaron Wildavsky，*Cultural Theory*（San Francisco：Westview press，1990），p. 21："价值与社会关系互相依赖、互相增强，制度产生一系列突出的偏好，对某些价值的坚持会合法化相应的制度安排。要问哪个先或谁是因谁是果，那是毫无希望的。"也见 Ronald Inglehart，"The Renaissance of Political Culture，" *American Political Science Review* 82（1988）：1203-1230，他强调了政治文化、经济发展和稳定民主之间的紧密联系。古老的谚语把制度绩效归功于"公民美德"，我们对公民共同体的强调回应了这种方法。有一个经典的说法，"共和国创造了有美德的个人，有美德的个人创造了共和国"（Richard Vetterli and Gary Bryner，*In Search of the Republic*：*Public Virtue and the Roots of American Government*［Towata，N. J.：Rowman and Littlefield，1987］，p. 20.）。我们认为，公民共同体是一个自我增强的均衡，关于基于"协定"（平等成员间的自愿协议）的政治文化和基于征服的等级政体的发人深省的区分，见 Daniel J. Elazar，"Federal Models of（Civil）Authority，" *Journal of Church and State* 33（1991）：231-254。

[86] North，*Institutions*，*Institutional Change and Economic Performance*，p. 100，p. 140.

[87] Samuel P. Huntington，*The Third Wave*：*Democratization in the Late Twentieth Century*（Norman，Okla.：University of Oklahoma Press，1991）.

[88] Thompson，Ellis，and Wildavsky，*Cultural Theory*，p. 2.

[89] Silverman，"Agricultural Organizations，Social Structure and Values in Italy，" p. 18. 可以在有关美国贫穷和下层阶级文化的文献中看到这个问题的一种表现。见，如，E. Banfield，*The Unheavenly City*：*The Nature and Future of Our Urban Crisis*（Boston：Little，Brown，1970）；Charles Valentine，*Culture and Poverty*：*Critique and Counter Proposal*（Chicago：University of Chicago Press，1968）；Oscar Lewis，"The Culture of Poverty" in *On Understanding Poetry*：*Perspectives from the Social Sciences*，ed. Daniel Moynihan（New York：Basic Books，1968）.

[90] 关于信任和合作型的社会关系能否被"创造"或"设立"的问题，见 Charles F. Sabel，"Studied Trust：Building New Forms of Cooperation in a Volatile Economy，" in *Readings in Economic Sociology*，eds. Frank Romo and Richard

Swedberg（New York：Russell Sage，1992），and Charles F. Sabel，"Flexible Specialisation and the Reemergence of Regional Economies，" in *Reversing Industrial Decline？ Industrial Structure and Policy in Britain and Her Competitors*，eds. Paul Hirst and Jonathan Zeitlin（New York：Berg，1989），pp. 17-70。

[91] John Friedmann，*Planning in the Public Domain*：*From Knowledge to Action*（Princeton：Princeton University Press，1987），pp. 185-223.

[92] Vera Zamagni，*Industrializzazione e squilibri regionali in Italia*：*Bilancio dell' età giolittiana*（Bologna：Il Mulino，1978），p. 216（emphasis in original）.

附录 A
研究方法

除去第三章所使用的有关制度绩效的统计指标外，本书还广泛运用了现代社会科学中的不同方法。

对地区议员的调查

1970年、1976年、1981—1982年和1989年，在挑选出来的代表意大利各地区不同社会经济的政治模式的样本地区，对地区议员做了广泛的调查。这项研究的基础奠定于1970年，当时我们访问了112位新当选的地区议员，大约占伦巴第、艾米利亚-罗马涅、拉齐奥、普利亚和巴西利卡塔地区的议员的一半。我们的问题是："请告诉我们，什么是贵地区面临的最重要的问题？地区改革的目标是什么？地区议会和政府是怎样工作的？谁具有影响力，在哪些方面？与中央政府的关系如何？地区议员做些什么工作？政党是怎么运作的？"

由于当时地区还大多停留在纸上，我们的问题主要是想了解，在以后的几个月和几年里，当权力由中央政府转移到地区后，议员们预计会出现些什么情况。除去这90分钟漫谈，我们还提了一些书面问题，其中涉及议员们的个人信息和政治背景，他们对待全国和地区问题的态度，以及精英政治文化的一些基本特征。

6 年后，1976 年 6—7 月，我们又回来做第二次访问（此次我们在样本地区里加上了威尼托，目的是增加一个天主教亚文化占统治地位的地区）。这次我们采访了 194 位议员，可以把他们分为两组。第一组由上次采访过的议员组成，不论他们在 1975 年是否重新当选。在 1970 年采访过的 112 人中，我们此次采访了 95 人，占 85%（其中 69 位 1976 年时仍在地区议会，26 人落选）。除此之外，我们还访问了另外 99 名议员，以保证我们的样本在整体上能够准确地代表这 6 个地区的现任议会。

1981—1982 年，我们做了第三次调查，访问了 234 位地区议员，其中 135 位 1976 年时采访过（其中 75 位仍在议会），另外 99 位是新当选的议员。1989 年，我们进行了第四次调查，在所选的 6 个地区中，每一个地区采访了 178 人。此次没有采访先前调查过的议员，而且所有人都是在职的。

对共同体领袖的调查

1976 年，我们在所选的 6 个地区抽样调查了 115 位共同体领袖，其中包括：来自代表不同政治倾向的独立报纸的记者、政治倾向各异的小城市和大城市（非地区首府）的市长、代表着工会、农场主、工业企业家和银行家的利益集团的领袖、省主席、地区文官以及政治领袖。我们要求他们对地区政治和政府进行评估，并详尽说明他们在地区事务中的角色。

1981—1982 年，我们进行了第二次调查，访问了 118 人，抽样的方法类似于 1976 年，只是将政治领袖换掉，加入了更多的利益集团的代表。1989 年，我们进行了最后一次抽样调查，访问了 198 人。三次加在一起，我们总共调查了 400 多位共同体领袖。对调查结果的分析与对议员的分析相同。

对共同体领袖的全国通信调查

1983年春，我们把调查范围扩大了，在全国20个区各找了25名利益集团和地方政府的代表，共500名，给他们邮寄了调查问卷。如同我们在上述6个地区进行直接采访的选样标准一样，这次的被访者也包括：地方和省的领袖、农场主领袖、工会领袖、新闻记者、银行家，以及商界、大小产业、手工业和合作社的主要代表。有308人回复了问卷，超过了60%，对于通信问卷调查来说，比例不同寻常的高。对这些问卷的仔细分析证实，它们极为出色地代表了关于地区问题的知情者的观点。我们以前做过的对共同体领袖的面对面的访问显示，他们都极有见识。因此，我们在设计通信问卷时，既使用了一些在精英和大众调查时所使用过的问题，也要求他们更详尽地对地区政府的运转进行评估。抽样的全国范围的广泛程度，大大抵消了每一地区样本人数有限的不利影响。

大众民意调查

全国范围的大众民意调查，是由DOXA民意测验机构代表我们，在1977年、1981年、1982年和1988年进行的。此外，DOXA在1979年和1987年所做的其他调查的类似结果，也提给了我们。每一次调查，DOXA都在全国抽样采访了2 000人，询问他们对地区和地区改革的进程有什么看法。大众调查的问题与精英调查问题类似，因为我们想比较精英与大众对地区改革的看法。我们特别感兴趣的是，测定大众关于地区的知识，以及对地区满意或不满意的程度。在这些调查中，有许多内容还包括了更广泛的政治和社会问题，这使我们能够对各地区的政治环境和文化进行评估，并追踪10年来选民态度上出现的变化。

除去上述调查外，我们还发现，1975—1989年间，为欧洲委员会所做的29项欧洲晴雨表调查，具有大量有价值的数据。实际上每半年进行一次的欧洲晴雨表调查，其常规问题涉及社会背景特征、政治观点和政治参与。此外，所提的问题时常还涉及这样一些方面：媒介消费、宗教信仰、政治异化以及是否加入了二级组织（secondary associations），等等。欧洲晴雨表的每一次调查，都包括1 000多名有代表性的意大利人。因此，就常规问题而言，我们的样本总数超过了30 000，而对那些偶尔设计出的问题，如组织成员资格，我们的样本总数，一般来说，在4 000 ～ 10 000之间。由于我们的分析归纳了来自不同年份的调查，所以，按照惯例，我们已经核实，时间上的差异并不影响我们的结论。

最后，我们还使用了两项关于意大利选民的重要全国调查结果，它们分别由塞缪尔·巴恩斯（Samuel H. Barnes）教授在1968年，巴恩斯教授和恰卡莫·萨尼（Giacomo Sani）教授在1972年指导进行的。这些广泛的调查，对于建立地区实验开始时政治态度和公民行为方面的标准，具有特别的帮助作用。

制度的、政治的个案研究

1976—1989年间，对于地区制度的内部政治和6个样本地区的政治发展，我们做了一些个案研究。我们定期到这些地区去访问，与政治领袖、政党代表、高级文官和利益集团领袖见面。我们与这些地区政治经济生活中的核心参与者，相识并熟悉了起来，从他们那里，我们获得了内部政治运作的核心信息，对这些在过去20年里激励了地区政治的人物有了切身的了解。

关于地区政治发展，当地媒体是另一个重要信息来源。同样，地区议会辩论记录，也是一个重要信息来源，它为我们在采访时所提到的政治运作提供了详细的背景资料。随着研究的深入，我们扩大了收集此类信息的范围，把托斯卡纳、翁布里亚和马尔凯作为普通地区包括了进来。对于作为特殊地区之一的弗留利–威尼斯朱利亚，我们完成了一个更为详尽的研究，下面会谈到这一点。

对立法的分析

我们考察了从 1970 年到 1984 年所有的地区立法，特别关注 6 个样本地区，希望借此对地区立法方面的绩效做一评估。在国家以下的层级，地区是主要的立法机构，它所起的作用证明，人们对立法结果特别关注是有道理的（关于立法的分析，详见第三章）。

对地区计划的个案研究

1976 年，在 6 个样本地区，我们对地区的社会和经济计划进行了全面的个案研究，从广义上说，研究对象跨越了 10 年时间。我们的目标是，从需求的角度重建决策过程，然后跟随它进入政治“黑箱”，接着再追寻至它的行政执行阶段，最后是它对社会的影响。有关地区计划和决策过程的信息，是从对这 6 个地区的定期和广泛的访问得来的。我们与地区和地方的文官、各有关部门的代表以及文化和学术界的领袖交谈，同时收集了大量相关文件和统计资料。后来这一研究也扩大到了其他三个地区：托斯卡纳、翁布里亚和马尔凯。

检测与公民的联系程度

为了从普通公民的角度对这20个地区政府进行评估，1983年1—2月，通过卡洛·卡塔尼奥研究所（Carlo Cattaneo Institute）的记者—研究者网络，我们进行了一项“联系公民”研究，看看地区官僚机构如何对待公民的匿名索取信息要求（此项研究在第三章有更详尽的论述）。

对弗留利-威尼斯朱利亚地区的特别研究

1983年，我们受弗留利-威尼斯朱利亚（5个“特别”地区之一）政府之邀，到那里做一项类似我们在6个样本地区所做的调查，包括访问议员和共同体领袖，做地区计划与立法的个案研究，以及对该地区做一般的政治分析。我们在弗留利-威尼斯朱利亚获得的资料，不如6个样本地区时间跨度大，但是，在这里的研究扩大了我们的视野，使之不仅局限于“普通”地区，还涵盖了5个特别地区所面临的特定挑战。

附录 B
有关地区议员态度变化的统计数据

下面的表格在统计资料上支持了第二章的一个结论，涉及的是人们对地区议会逐渐出现的温和倾向的不同解释。

通过比较任何一个既定年度离任和就任的议员的政治态度，我们可以对离任效果进行评估。例如，表 B—1 显示，在 1976 年的调查中，1975 年初次当选的议员有 37%对左—右问题指数表示过极端的看法，而在重访的前议员中，这一数字只有 28%。表 B—3 显示，1975 年新当选的议员中有 44%强调社会冲突不可调和，而在他们所取代的前议员中则只有 31%。在这两个调查中，离任者要比继任者更温和。

我们还有数据显示，一些现任议员在经历了一段时间后，其态度发生了变化。表 B—1 表明，在 1975 年连选连任的议员中，45%曾经在 1970 年表达过极端主义看法，而 6 年后在我们第二次调查中，这一数字只有 28%。在表 B—1、B—2 和 B—3 的小表中，也有类似的比较，它表明，在 1970—1976 年和 1976—1981 / 1982 年间，在个人层面，政治倾向在持续温和化。在大多数个案中，变化要比议会作为整体大得多。例如，表 B—1 显示，1970—1976 年，左—右翼极端分子的比例，在现任议员中下降了 11%，而在连任的议员中则下降了 17%。换句话说，整体的变化集中体现在连任的议员身上。

对上述各表的上下小表进行比较显示，在 1970—1975 年间，也就是说在新制度的第一个立法任期内，制度的社会化功能特别强大。在我们进行第二次采访时，个人政治态度的变化，较之离职的议员，连选连任的议员更为明显。例如表 B—1，在那些 1975 年离开议会的人中，极端主义者的比例由 1970 年的 35%下降到 1976 年的 28%，而在连任的议员中，比例是由 45%下降到 28%。

如果我们把新当选的议员视为一个参照组，我们就可以对全国的政治趋势部分地作出评估（要记住，在更大的全国选区，也就是另一种类型的参照组，完全没有证据表明，在这些年里出现了政治的温和化）。假设 1975 年新当选的议员在 1970 年时有着与 1970 年新当选议员类似的政治观点，而他们并没有受到制度的社会化影响，那么，我们所观察到的大多数个人的政治态度变化就要归因于制度的社会化，虽然全国性趋势可能也会有些影响。例如，在表 B—1 中，1975 年新上任者持极端观点的比例为 37%，而 5 年前，当时的新任议员则为 42%，5 年下降了 5 个百分点；另一方面，在连选连任的议员中，同一比例则下降了 17 个百分点。因此，其中至少有 12 个百分点可以归结为制度的效果。根据我们的假设，制度的社会化大约可以解释 1970—1976 年间 2/ 3 的个人政治态度变化。可以解释 1976—1981/ 1982 年间大约一半的类似变化，其余的因素则归因于全国的发展趋势。当然，要对全国趋势做更直接更精确的估计，需要对地区政府以外的政治家们做类似的调查才行。

表 B—1　1970—1975 年和 1975—1980 年，极端意识形态的衰落：离任效果，全国政治，还是信仰的变化？

	议员在 1975 年选举中			在所示年份的所有议员中
	离任	连任	新任	
左右翼极端分子比例：				
1970 年	35%	45%		42%
1976 年	28%	28%	37%	31%
	议员在 1980 年选举中			在所示年份的所有议员中
	离任	连任	新任	
左右翼极端分子比例：				
1976 年	32%	29%		31%
1981—1982 年	24%	22%	20%	21%

注：这里所说的极端依据的是书中表 2—2 和书中图 2—1 给出的左—右问题指数。表中下划线部分的都是在给出的年份中任职的议员。

表 B—2　　1970—1975 年和 1975—1980 年，跨党派一致的增多：离任效果，全国政治，还是信仰的变化？

	议员在 1975 年选举中			在所示年份的所有议员中
	离任	连任	新任	
跨党派一致平均值：				
1970 年	27.4	26.6		26.9
1976 年	26.8	33.3	29.5	31.0
	议员在 1980 年选举中			在所示年份的所有议员中
	离任	连任	新任	
跨党派一致平均值				
1976 年	30.4	31.4		31.0
1981—1982 年	34.8	35.6	35.2	35.4

注：这里所说的跨党派一致是指，受访者对除了本党以外的其他党派的平均认同程度（从 0 到 100），参见本书图 2—2。表中下划线部分都是在给出的年份中任职的议员。

表 B—3　　1970—1975 年和 1975—1980 年，对冲突的强调在减少：离任效果，全国政治，还是态度的变化？

	议员在 1975 年选举中			在所示年份的所有议员中
	离任	连任	新任	
强调冲突不可调和的比例				
1970 年	47%	54%		52%
1976 年	31%	32%	44%	36%
	议员在 1980 年选举中			在所示年份的所有议员中
	离任	连任	新任	
强调冲突不可调和的比例				
1976 年	34%	29%		36%
1981—1982 年	29%	25%	32%	29%

注：表中的问题能够测量出对不可调和冲突的强调程度。表中下划线部分都是在给出的年份中任职的议员。

附录 C
制度绩效（1978—1985 年）

制度绩效指数的各种变量（1978—1985 年）

变量 1　立法改革，1978—1984 年

变量 2　日托中心，1983 年

变量 3　住房和城市发展，1979—1987 年

变量 4　统计和信息服务，1981 年

变量 5　立法创新，1978—1984 年 *

变量 6　内阁稳定，1975—1985 年 **

变量 7　家庭诊所，1978 年

变量 8　官僚的责任感，1983 年

变量 9　工业政策工具，1984 年

变量 10　迅速通过预算的能力，1979—1985 年 **

变量 11　地方健康中心的开支，1983 年

变量 12　农业开支能力，1978—1980 年

* 变量 5 的数据只有 5 个“特别地区”有（即 Va、Tr、Fr、Si 和 Sa）。

** 变量 6 和 10 的记分已经与本文所描述的大不一样，绝对分数越高，绩效越高。

表 C—1　制度绩效指数各变量的相关性（r）（1978—1985 年）

	指数	变量 1	变量 2	变量 3	变量 4	变量 5	变量 6	变量 7	变量 8	变量 9	变量 10	变量 11	变量 12
指数	1.000 0	0.874 2*	0.850 6*	0.806 7*	0.797 0*	0.778 7*	0.681 3*	0.640 0*	0.624 6*	0.580 3*	0.577 2*	0.544 9*	0.468 2
变量 1	0.874 2*	1.000*	0.772 1*	0.598 2*	0.729 3*	0.761 1*	0.492 5	0.594 3*	0.503 0	0.393 6	0.442 5	0.460 3	0.442 4
变量 2	0.850 6*	0.772 1*	1.000 0	0.868 7*	0.588 9*	0.811 3*	0.499 7	0.689 5	0.356 1	0.325 1	0.158 8	0.519 1	0.384 3
变量 3	0.806 7*	0.598 2*	0.868 7*	1.000 0*	0.573 2*	0.827 2*	0.552 6	0.562 6*	0.281 3	0.480 7	0.254 6	0.539 1*	0.121 0
变量 4	0.797 0*	0.729 3*	0.588 9*	0.573 2*	1.000 0	0.606 5*	0.279 0	0.532 1	0.419 4	0.540 6*	0.441 4	0.351 5	0.454 8
变量 5	0.778 7*	0.761 1*	0.811 3*	0.827 2*	0.606 5*	1.000 0*	0.487 4	0.468 4	0.456 8	0.567 7	0.466 9	0.179 9	0.429 4
变量 6	0.681 3*	0.492 5*	0.499 7*	0.552 6*	0.279 0	0.487 4*	1.000 0	0.333 0	0.575 8	0.246 9	0.548 8*	0.315 0	0.318 8
变量 7	0.640 0*	0.594 3*	0.689 5*	0.562 6*	0.532 1*	0.468 4*	0.333 0	1.000 0	0.187 3	0.262 5	0.011 7	0.225 5	0.199 7
变量 8	0.624 6*	0.503 0	0.356 1	0.281 3	0.419 4	0.456 8*	0.575 8*	0.187 3	1.000 0	0.240 6	0.609 8*	0.328 2	0.324 0
变量 9	0.580 3*	0.393 6	0.325 1	0.480 7	0.540 6*	0.567 7*	0.246 9	0.262 5	0.240 6	1.000 0	0.614 9*	0.222 5	0.104 5
变量 10	0.577 2*	0.442 5	0.158 8	0.254 6	0.441 4	0.466 9*	0.548 8*	0.011 7	0.600 9*	0.614 9*	1.000 0	0.117 1	0.375 7
变量 11	0.544 9*	0.450 3	0.519 1*	0.539 1	0.351 5	0.179 9*	0.315 0	0.225 5	0.328 2	0.222 5	0.117 1	1.000 0	−0.038 6
变量 12	0.468 2*	0.442 4	0.384 3	0.121 0	0.454 8	0.429 4*	0.318 8	0.199 7	0.324 0	0.104 5	0.375 7	−0.038 6	1.000 0

附录 D
在统计分布图中使用的地区简称

简称　地区

Ab　阿布鲁齐（Abruzzi）
Ba　巴西利卡塔（Basilicata）
Cl　卡拉布里亚（Calabria）
Cm　坎帕尼亚（Campania）
Em　艾米利亚–罗马涅（Emilia-Romagna）
Fr　弗留利–威尼斯朱利亚（Friuli-Venezia Giulia）
La　拉齐奥（Lazio）
Li　利古里亚（Liguria）
Lo　伦巴第（Lombardia）
Ma　马尔凯（Marche）
Mo　莫利塞（Molise）
Pi　皮埃蒙特（Piemonte）
Pu　普利亚（Puglia）
Sa　撒丁（Sardegna）
Si　西西里（Sicilia）
To　托斯卡纳（Toscana）
Tr　特伦蒂诺–上阿迪杰（Trentino-Alto Adige）
Um　翁布里亚（Umbria）
Va　瓦莱达奥斯塔（Valle d’Aosta）
Ve　威尼托（Veneto）

附录 E
地方政府的绩效（1982—1986 年）和地区政府的绩效（1978—1985 年）

本研究的重点是地区政府的绩效。有人或许会感到奇怪，地区政府的质素怎么会与同地区的地方政府的质素连在了一起（如果确实有的话）。如果地区政府的绩效主要是由“内在”因素决定的，如特定政务官的战略和选择，那么，我们就没有多少理由预期，它会与同地区的地方政府的绩效相关。但是，如果“生态性”因素，如一个地区的社会和经济结构，或者其公民传统，起着更为重要的决定性作用，那么，这些因素同样也应该影响邻近的地方政府的绩效。

当然，对意大利地方政府进行全面的评估，超出了本研究的范围。不过，几项关于地方政府的全国性研究给我们提供了一些相关的资料，这些研究是由 Corte dei Conti（意大利的一个全国性行政仲裁组织）进行的。这些研究考察了每一地区内的地方政府的活动，评估了大量的项目和服务，从人员培训，到运动设施，到学校食堂；从城市规划办公室，到垃圾和废水处理；从图书馆到城市供水系统。我们可以将这些信息汇总，在各地区对地方政府的活动做一大致评估。表 E—1 提供了完整的相关指标。

与上述 Corte dei Conti 的研究部分地相一致，我们总结的衡量地方政府绩效的标准，与公民对地方政府的满意程度高度相关，这种满意程度是在地区层面总计得出的。换句话说。Corte dei Conti 和意大利选民，在对各地区地方政府质素的判断上，一般是一致的，虽然现有的数据还不足以让我们把特定地方政府的绩效与公民对其评价联系起来。图 E—1 显示，地方政府的绩效——由所提供的服务衡量出来的，反过来，与地区政府的质素非常紧密地相关。同样，大众调查告诉我们，选民对地区政府的评价与对地方政府的评价高度相关。图 E—2 表明，对地方政府的总体满意程度，与对地区政府的总体满意程度具有极高的相关性（另一方面，对全国政府的总体满意程度与前两者都不相关。也就是说，对地区政府和地方政府深感满意，并不意味着，在绩效优异的地区，人们会持一种更为宽容的标准看待全国政治）。简而言之，我们和意大利选民都同意，在既定的地区，地区政府的绩效越好，地方政府的质素就越高。好的地区政府和好的地方政府并存，如果政府绩效是由公民传统和社会资本决定的，上述结果就恰恰是我们意料之中的。

表 E—1　　地方政府绩效的指数成分（1982—1986 年）

成分	因子载荷
城市运动设施的提供	0.939
城市排污系统的提供	0.930
城市图书馆的提供	0.919
城市垃圾回收的提供	0.917
城市技术服务的提供	0.912
城市日托所的提供	0.883
城市供水系统的提供	0.850
城市校车的提供	0.806
城市的行政培训	0.673
城市的人员流动	0.640
城市会议场所的提供	0.546
城市行政改革	0.528
城市学校食堂的提供	0.499
拥有城市规划办公室的市镇	0.375
拥有技术办公室的市镇	0.342

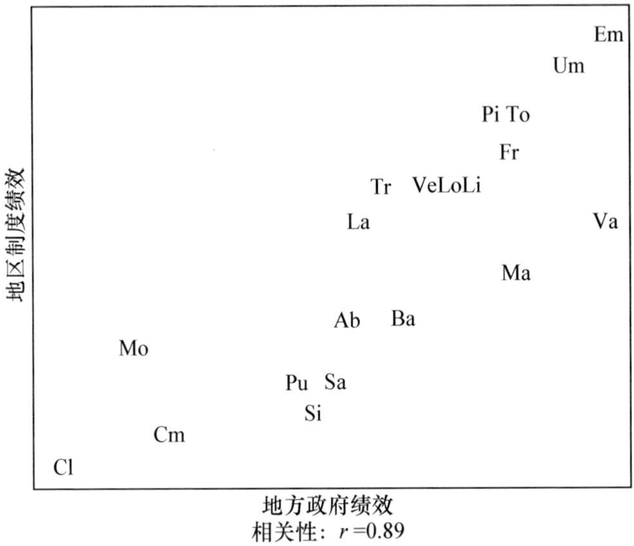

图 E—1　地区和地方政府的绩效

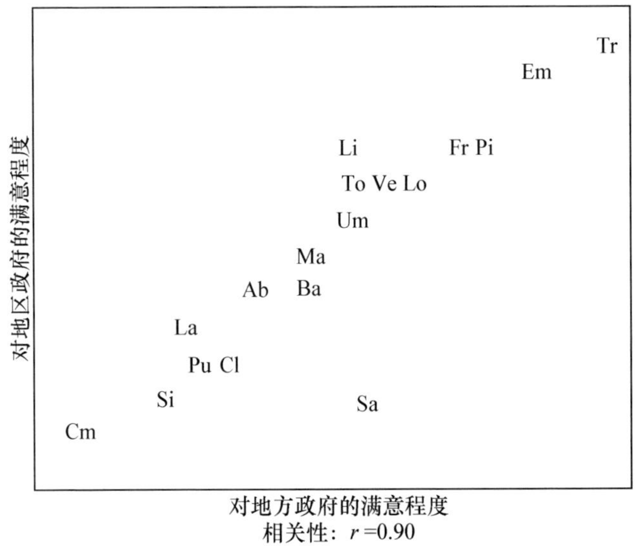

图 E—2　对地区和地方政府的满意程度

附录 F
公民参与与传统（1860—1920 年）

公民参与传统的指数成分（1860—1920 年）

变量 1　社会主义和大众性政党的力量（1919—1921 年）

变量 2　人均拥有合作社的比例（1889—1915 年）

变量 3　互助会成员数量（1873—1904 年）

变量 4　投票率（1919—1921 年）

变量 5　1860 年前成立的地方团体数量

表 F—1　　公民参与传统指数变量之间的相关性（*r*）（1860—1920 年）

	指数	变量 1	变量 2	变量 3	变量 4	变量 5
指数	1.000	0.973*	0.931*	0.906*	0.782*	0.563*
变量 1	0.973*	1.000	0.901*	0.877*	0.707*	0.539
变量 2	0.931*	0.901*	1.000*	0.764*	0.676*	0.494
变量 3	0.906*	0.877*	0.764*	1.000	0.609*	0.464
变量 4	0.782*	0.707*	0.676*	0.609*	1.000	0.131
变量 5	0.563*	0.539	0.494	0.464	0.131	1.000

* 显著性（单边）<0.01。

当代世界学术名著·政治学系列

现代政治分析（第六版）	［美］罗伯特·A. 达尔 等
论民主（第二版）	［美］罗伯特·A. 达尔
民主及其批评者	［美］罗伯特·A. 达尔
美国宪法的民主批判（第二版）	［美］罗伯特·A. 达尔
复合共和制的政治理论（第三版）	［美］文森特·奥斯特罗姆
使民主运转起来：现代意大利的公民传统	［美］罗伯特·D. 帕特南
民族—国家与暴力	［英］安东尼·吉登斯
现代性与自我认同：晚期现代中的自我与社会	［英］安东尼·吉登斯
社会的构成：结构化理论纲要	［英］安东尼·吉登斯
制度激励与可持续发展	［美］埃莉诺·奥斯特罗姆
第三波：20 世纪后期的民主化浪潮	［美］塞缪尔·P. 亨廷顿
民主政体的崩溃	［美］胡安·林茨
欧洲自由主义的兴起	［英］哈罗德·J. 拉斯基
民主理论的现状	［美］伊恩·夏皮罗
资本主义与社会民主	［美］亚当·普热沃尔斯基
美国注定领导世界？——美国权力性质的变迁	［美］约瑟夫·S. 奈
伟大的社会转型：20 世纪的经济思想与制度变迁	［美］马克·布莱思
遏制民族主义	［美］迈克尔·赫克特
利益集团社会（第 5 版）	［美］杰弗里·M. 贝瑞 等
正义的制度：全民福利国家的道德和政治逻辑	［瑞典］博·罗思坦
政治社会学（第五版）	［美］安东尼·M. 奥勒姆 等
全球秩序与全球治理	［英］安德鲁·赫里尔
福利国家的变迁：比较视野	［英］马丁·瑟勒博-凯泽

图书在版编目（CIP）数据

使民主运转起来：现代意大利的公民传统 /（美）帕特南著；王列，赖海榕译．—北京：中国人民大学出版社，2015. 1

（当代世界学术名著．政治学系列）

ISBN 978-7-300-20414-7

Ⅰ．① 使… Ⅱ．①帕…②王…③赖… Ⅲ．①民主管理－研究－意大利 Ⅳ．① D754.624

中国版本图书馆 CIP 数据核字（2014）第 297649 号

使民主运转起来

现代意大利的公民传统

［美］罗伯特·D. 帕特南（Robert D. Putnam） 著

王　列　赖海榕　译

Shi Minzhu Yunzhuan Qilai

出版发行	中国人民大学出版社		
社　　址	北京中关村大街 31 号	**邮政编码**	100080
电　　话	010-62511242（总编室）		010-62511770（质管部）
	010-82501766（邮购部）		010-62514148（门市部）
	010-62515195（发行公司）		010-62515275（盗版举报）
网　　址	http://www.crup.com.cn		
经　　销	新华书店		
印　　刷	运河（唐山）印务有限公司		
规　　格	155 mm×235 mm　16 开本	**版　　次**	2015 年 1 月第 1 版
印　　张	16.5	**印　　次**	2022 年 4 月第 3 次印刷
字　　数	241 000	**定　　价**	59.00 元

Making Democracy Work: Civic Traditions in Modern Italy by Robert D. Putnam